Éditions du Moment
15, rue Condorcet
75009 Paris
www.editionsdumoment.com

Rentiers d'État

DU MÊME AUTEUR

Un Assassin au-dessus de tout soupçon, Balland, 1984.

Des Affaires très spéciales, avec Jacques-Marie Bourget, Plon, 1986.

Chirac et dépendances, avec Jean-François Probst, Ramsay, 2002.

L'Empire de l'eau. Suez, Bouygues et Vivendi, Argent, politique et goût du secret, Ramsay, 2005.

Aux frais de la princesse - Enquête sur les privilégiés de la République, J-C. Lattès, 2007.

Bertrand le Magnifique. Enquête au cœur du système Delanoë, Flammarion, 2008.

Le Sénat. Enquête sur les superprivilégiés de la République, avec Robert Colonna d'Istria, éditions du Rocher, 2008.

Régions, le grand gaspi, avec Robert Colonna d'Istria, éditions du Rocher, 2010.

La Caste des 500 - Enquête sur les princes de la République, J-C. Lattès, 2010.

Les Profiteurs du développement durable, Presses de la Cité, 2011.

Défense française : le devoir d'inventaire. Enquête sur les faiblesses de l'armée et les milliards gaspillés par l'État, éditions du Moment, 2013.

Histoire secrète de la corruption sous la Ve République, sous la direction d'Yvonnick Denoël et Jean Garrigues, en collaboration avec Renaud Lecadre, Matthieu Pelloli, Jean-Paul Philippe, Noël Pons, Jean-Michel Verne, Nouveau Monde, 2014.

Yvan Stefanovitch

Rentiers d'État

ÉDITIONS DU MOMENT

INTRODUCTION

Une année d'enquête dans les palais parisiens de la République nous a conduits dans un monde merveilleux, légal, mais tout à fait scandaleux. Celui des « hauts fonctionnaires absolument débordés » que nous appellerons également ici avec un zeste d'ironie « fonctionnaires hauts absolument débordés ». Haut fonctionnaire publique territoriale, Zoé Shepard, avait fait partie de cette espèce à Bordeaux. Elle avait décrit ce monde, où il faut faire semblant de travailler, dans son ouvrage *Absolument dé-bor-dée ou le paradoxe du fonctionnaire*[1].

Dans la capitale, la petite troupe des hauts fonctionnaires d'État absolument débordés recrute bien sûr dans la caste incontournable des énarques titulaires d'un emploi à vie à la sortie de leur école. En « deuxième choix » parmi l'autre catégorie des énarques, ceux recrutés au tour extérieur au sein des fonctionnaires ayant une dizaine d'années d'ancienneté. Et enfin et surtout parmi les personnels les plus privilégiés. Nommés de manière discrétionnaire par le président de la République, une prérogative essentielle du monarque républicain sous la Ve République, ils ont deux origines. Pour reprendre les expressions consacrées, ils sont désignés soit « au tour extérieur » soit « à la discrétion du gouvernement », sans la moindre justification ou condition. Pour être appelé par le prince et faire partie des hauts fonctionnaires nommés au « tour extérieur », il n'y a

1. Albin Michel, 2010.

également aucune obligation de diplôme ou de statut, mais une seule exigence : être âgé de quarante-cinq ans au moins. Le « tour extérieur » se différencie des désignations « à la discrétion du gouvernement ». Selon la loi, ce « tour extérieur » n'a rien à voir avec une nomination politique contrairement aux désignations d'ambassadeurs et de préfets qui sont assumés en tant que tel. Ce qui est une aimable plaisanterie d'une hypocrisie rare...

La petite troupe de fonctionnaires hauts absolument débordés nage comme un poisson dans l'eau parmi les ambassadeurs, les préfets en mission de service public, les généraux de gendarmerie, certains chefs de services à Bercy, les inspecteurs généraux des finances, de l'éducation nationale, des affaires sociales, les conseillers d'État, de la Cour des comptes et les contrôleurs généraux des finances. Nous en avons même retrouvé des représentants au sein d'une assemblée consultative de la République, le Conseil économique social et environnemental (Cese). Une institution de la République qui ne sert à rien, sinon à rétribuer discrètement des syndicalistes et des élus naufragés du suffrage universel ou sans mandat. Le Cese sert d'alternative à la haute fonction publique lorsque celle-ci ne peut accueillir un personnage à remercier ou à dédommager.

Sur un effectif total d'environ 2 000 personnes au sein des plus grandes institutions de contrôle et d'inspection de la République, la petite troupe des fonctionnaires hauts et assimilés absolument débordés en regroupe environ le quart. Ce qui représente au moins 500 emplois pratiquement fictifs, rémunérés mensuellement pour la plupart entre 7 000 et 20 000 euros net. Une fourchette qui s'élève ainsi jusqu'aux plus hauts salaires de la fonction publique à l'exception des présidents des administrations et agences de l'État, dont le salaire mensuel flirte avec les 30 000 euros net, selon la loi. Une enquête systématique à base d'entretiens et de statistiques officielles nous a permis d'identifier plusieurs personnalités publiques et politiques parmi ces fonctionnaires hauts absolument débordés. Divisée en trois catégories, cette sorte de tribu témoigne d'un système beaucoup plus essentiel, organisé et sophistiqué qu'un simple réseau de recasés de la République, à base de victimes du suffrage universel et de proches ou amis de l'Élysée.

La première catégorie regroupe ceux qui font ou ont fait semblant de travailler en assurant une sorte de service vraiment minimum : l'ex-Premier ministre Édouard Balladur ; les écrivains Régis Debray et Érik Orsenna ; l'ancienne ministre de la Culture Christine Albanel ; l'ex-conseiller en communication de Michel Rocard Pierre Zémor ; l'ancien ministre de la Défense François Léotard ; l'avocat Arno Klarsfeld ; la fille d'un très proche ami de François Mitterrand Paule Dayan ; l'ex-secrétaire d'État UMP à la Jeunesse Jeannette Bougrab ; le conseiller d'État Jean-Baptiste de Froment ; l'ex-président du Conseil général de l'Essonne, Jérôme Guedj ; le bras droit de Martine Aubry, Pierre de Saintignon ; l'ancien conseiller de François Hollande Aquilius Morelle ; l'ex-conseiller général PS de l'Oise Bertrand Brassens ; l'ancien conseiller de François Hollande Aquilino Morelle ; le député Jean-Yves Le Drian battu aux législatives de 1993 ; les anciennes ministres Dominique Voynet et Dominique Bertinotti…

La deuxième catégorie n'est ou n'était jamais à son bureau et ne produit aucun document, assurée qu'on ne lui demandera aucune explication en raison de ses protections politiques. En font ou faisaient partie Marie-France Garaud (ancienne conseillère de Jacques Chirac), Jean Germain (sénateur maire de Tours), le magistrat Dominique Barella, l'ex-député UMP de Guyane, Léon Bertrand, et sa suppléante, Juliana Rimane…

La troisième catégorie rassemble des hauts fonctionnaires qui ne peuvent pas accomplir la moindre mission parce qu'on ne leur donne tout simplement rien à faire ! Pour deux raisons principales : soit le service en sureffectif n'a pas de mission à leur confier soit le service n'ose pas donner de travail à un ancien Premier ministre ou ministre ou encore à un haut fonctionnaire trop marqué politiquement. Dans cette catégorie, les hauts fonctionnaires se métamorphosent de temps à autre en parlementaires ou patrons d'exécutifs locaux et vice versa… On y retrouve, ou retrouvait, l'éminence grise de Bertrand Delanoë, Bernard Gaudillère ; le président d'un petit parti politique François Asselineau ; le Premier ministre Michel Rocard ; l'ex-ministre de la Santé Jean-François Mattéi ; l'ancien ministre et commissaire européen Michel Barnier ; l'ex-présidente de Ni putes Ni soumises et secrétaire d'État Fadela Amara ; le député François Hollande ; l'ancien ministre et actuel commissaire européen Pierre Moscovici ; l'infirmière Isabelle Deleu ; l'ancienne ministre Brigitte Girardin ; l'ex-chef de cabinet à Matignon de Jean-Marc Ayrault et conseiller général de Seine-et-Marne Jean-Pierre Guérin…

Majoritaires dans ces trois catégories, les fonctionnaires hauts absolument débordés ont fait des efforts incessants pour être élus ou réélus tout en pantouflant de temps à autre dans le privé. Ils ne seraient jamais arrivés à leur fin sans une procédure complètement dérogatoire au droit du travail français. En effet, le statut du fonctionnaire français leur permet de mener plusieurs carrières de front : dans la fonction publique, au parlement, comme élu local et par moment dans le privé. L'ancien Premier ministre, Édouard Balladur, a été le meilleur dans le genre puisqu'il a tout mené de front. Tout cela est rendu possible par la réglementation sur le détachement ou la disponibilité pour convenances personnelles des membres de la fonction publique. En fait, ces deux positions administratives profitent surtout aux hauts fonctionnaires. Le détachement de longue durée dans une administration, un ministère, une entreprise public ou comme parlementaire (sans limitation de temps) leur permet de quitter leur emploi d'origine pour une durée de cinq ans, renouvelable une fois au maximum. En préservant leurs droits à la retraite et à l'avancement. La disponibilité pour convenances personnelles offre aux hauts fonctionnaires la possibilité de pantoufler dans le privé de cinq à dix ans au maximum. Dans ce cas de figure, ils perdent leurs droits à l'avancement et à la retraite.

Le meilleur exemple d'un fonctionnaire absolument débordé reste celui du futur président de la République François Hollande. Comme notre livre le raconte, François Hollande est depuis juin 1980 magistrat à la Cour des comptes. Pendant 26 années sur ces 35 ans, il était détaché comme directeur de cabinet de deux ministres, puis comme parlementaire, en disponibilité dans un cabinet d'avocats (six mois) et aujourd'hui à nouveau détaché comme président de la République. Durant les neuf ans, où François Hollande était censé travailler à plein temps à la Cour (de 1980 à 1983, de 1985 à 1986 et de 1993 à 1996), il a multiplié les activités politiques. Le jeune auditeur, puis conseiller référendaire de 2e classe à la Cour a été chargé de mission officieux de François Mitterrand à l'Élysée de 1980 à 1983 et s'est présenté en Corrèze à plusieurs élections municipales ou législatives.

Comme il l'a reconnu lui-même à la télévision en 1989, puis devant témoins en 1985 et 1986, il était un conseiller très intermittent à la Cour des comptes. En réalité, il y était si absolument débordé qu'on ne lui donnait aucune mission ! Ce jeune magistrat s'investissait en politique à un point tel que cela lui aurait interdit d'avoir une profession pour en vivre… Conclusion : sans être absolument débordé à la Cour des comptes, François Hollande n'aurait pas été une des étoiles montantes du PS au milieu des années 1990.

Dans une lettre envoyée, le 9 décembre 2014, à l'hebdomadaire *Marianne*, Sylvie Hubac, directrice de cabinet du président de la République, François Hollande, écrit : « *En sa qualité de* *membre de la Cour des comptes, François Hollande bénéficiera d'une pension civile de l'État pour laquelle lui-même comme ses employeurs ont cotisé jusqu'en mai 2012. [...] Cette retraite correspondra au grade de conseiller référendaire 1*re *classe atteint par François Hollande en 1993, sans avancement de grade depuis cette date. Elle devrait être de 3 473 euros net mensuels lorsqu'il en demandera la liquidation.* » Curieux de donner une retraite à un haut fonctionnaire qui n'a jamais travaillé en tant que tel. Dans la même missive, son auteur précise que François Hollande percevra également 11 813 euros net mensuels pour ses retraites de parlementaire, d'élu local et d'ancien président de la République. Dernier avantage du haut fonctionnaire absolument débordé : au terme de son quinquennat en 2017, François Hollande pourrait revenir travailler à la Cour des comptes. En effet, le président de la République a annoncé officiellement qu'il ne siégerait pas au Conseil constitutionnel qui doit, selon lui, observer des règles de neutralité politique notamment de la part de ses membres.

Ces hauts fonctionnaires absolument débordés ont des frères siamois au Conseil économique social et environnemental (Cese), place d'Iéna à Paris. L'assiduité des membres de cette assemblée et la qualité de leur travail relèvent tout bonnement d'une sorte de sabotage organisé dans la plus grande opacité. En effet, le Cese ainsi que ses 26 petits frères de province (13 l'an prochain), les Ceser (Conseil économique social et environnemental régional), sont un monde merveilleux pour leurs 2 482 membres, pas pour le contribuable. Ces institutions consultatives de la société civile, qui ont mission de conseiller le gouvernement et le parlement, coûtent au total en moyenne 100 millions d'euros par an. 40 millions d'euros pour le Cese au palais d'Iéna à Paris et 60 millions d'euros pour les Ceser. Les rapports au vitriol de la Cour des comptes sur ces machines à gaspiller les compétences et l'argent du contribuable s'accumulent. Mais pas question, à gauche comme à droite, de supprimer ces institutions de bienfaisance où l'État, les syndicats et les associations recasent amis dans le besoin, proches à récompenser ou adversaires à écarter… Nommés pour un maximum de 10 ans par le président de la République, les organisations syndicales, patronales, agricoles, mutualistes, familiales et environnementales, les conseillers de ces assemblées produisent à un train de sénateur des rapports (appelés des « avis ») que ni les sénateurs ni les députés, pas plus que le gouvernement ne lisent. Des documents qui présentent deux défauts mortifères : ils sont consensuels par principe et rédigés avec des moyens techniques et humains dérisoires, les conseillers rapporteurs n'ayant même pas de bureaux pour travailler.

Plus de la moitié des 233 conseillers de la place d'Iéna à Paris font reverser directement leur indemnité mensuelle de 3 000 euros net au syndicat ou à l'organisation qui les a mandatés. Même chose pour une bonne partie des 2 249 membres des Ceser dont les indemnités sont d'environ 800 euros net en moyenne par mois. Tout cela est curieusement légal et finance notamment des syndicats et associations agréés par l'État en fonction de critères plutôt flous. Résultat de ces petits arrangements tout à fait légaux, un quart environ des conseillers à Paris et en province fabriquent leur assiduité qui repose uniquement sur la signature d'un cahier d'émargement. Rien de plus simple que de signer avant de prendre la poudre d'escampette avec la complicité passive de tous les dirigeants de ces assemblées. Ces conseillers, étant donné leurs multiples responsabilités dans le monde du paritarisme syndical ou associatif, ne peuvent matériellement pas être très présents. Or, les organismes syndicaux et associatifs comptent beaucoup sur leur rémunération pour se financer. S'ils sont sanctionnés pour leurs absences, ces conseillers sont certains de voir leur mandat non renouvelé au Cese ou dans les Ceser. Ce qui pour eux se traduit par la perspective d'une retraite nettement moins intéressante. L'horreur…

Parmi ces conseillers absolument débordés, Laurence Parisot, ex-patronne du Medef, et le maire UMP de Calvi, Ange Santini, auraient dû être démissionnés d'office, en 2014 et 2015, en raison de leur absence durant six mois consécutifs. Il n'en a rien été… On peut mentionner d'autres cas semblables ces quinze dernières années : Jean Mattéoli, ancien président du Conseil économique et social ; Jean-Claude Casanova, économiste ; Pierre Séassari, président de la Chambre des métiers de Haute-Corse et Dominique Chardon, ex-nº2 de la FNSEA.

Nous n'avons pu aborder ici, faute de place, d'autres institutions, où sévissent quelques centaines de fonctionnaires hauts absolument débordés. Ces derniers sont nommés par le président de la République, et quelquefois également par celui du Sénat et de l'Assemblée nationale. Ils fleurissent dans des corps d'inspection nettement moins importants ou rémunérateurs : l'inspection générale des bibliothèques, de l'agriculture, du développement durable, de l'administration, des affaires culturelles, des monuments historiques, du patrimoine, des sports, de la justice… Ces postes largement moins bien payés attirent moins… Les tire-au-flanc de la haute administration sont aussi intéressés par les 600 et quelques comités Théodule (des conseils ou commission ad hoc), usines à gaz chargées de diagnostiquer les évolutions sociales et économiques de notre pays. Certaines de ces instances sont supprimées chaque semaine, d'autres sont créées ; nombre d'entre elles ne servent strictement à rien sinon à enterrer un problème. À l'exemple de la CRE (Commission de régulation de l'énergie), les 38 AAI (Autorités administratives indépendantes) sont recherchées notamment par les blessés du suffrage universel. Enfin, quelques fonctionnaires hauts absolument débordés atterrissent dans le fauteuil très rémunérateur de président d'une entreprise publique, d'une agence ou d'opérateur de l'État, où le travail reste très difficile à contrôler.

Première partie

LE PALAIS D'IÉNA

À un jet de pierre de l'Assemblée nationale sur le boulevard Saint-Germain, la brasserie le Concorde sert deux jours par semaine de bureau, selon ses propres mots, à Jean-Luc Bennahmias, ancien europarlementaire marseillais qui n'exerce aujourd'hui pas le moindre mandat. Député européen Vert, puis réélu sous la couleur orange du Modem avant de rompre à l'amiable avec ce parti, ce partisan enthousiaste de François Hollande n'a pas réussi à être investi aux Européennes de 2014 dans le Sud-Est sur la liste socialiste. Président du tout nouveau Front démocrate écologiste et social, seule formation à soutenir le gouvernement en dehors du PS, il espère bien devenir ministre, ayant déjà raté deux fois le coche, comme son complice et ami le sénateur EELV (Europe écologie Les Verts) de l'Essonne, Jean-Vincent Placé. Sexagénaire grande gueule et sympathique, Jean-Luc Bennahmias ne s'imagine pas raccrocher les gants après environ vingt ans de mandats électifs. L'ancien secrétaire fédéral des Verts, ex-bras droit de Dominique Voynet, puis second de François Bayrou prétend ne rien savoir faire d'autre. L'abonné du TGV Marseille-Paris reste donc à la recherche d'un poste et d'un bureau. En attendant de plus hautes fonctions, ce visiteur du soir à l'Élysée se verrait bien nommé « PQ » (Personnalité qualifiée), le 16 novembre 2015, par le président de la République, au Conseil économique social et environnemental (Cese), une assemblée qui s'appelait jusqu'en 2008 Conseil économique et social (Ces). L'élection du nouveau président du Cese pour la mandature 2015-2020 devrait avoir lieu entre la mi-novembre et le mois de décembre de la même année.

Une assemblée coûteuse et inutile

Attablé à « son bureau », Jean-Luc Bennahmias nous reçoit donc à la terrasse du Concorde, le lieu de rendez-vous préféré des députés avec la basserie chic et branchée Le Bourbon située, elle, juste en face de l'Assemblée nationale. Entre deux poignées de main à l'ancien ministre Arnaud Montebourg, au frondeur du PS l'ex-député de l'Essonne Jérôme Guedj, à Jean-Vincent Placé, des bises à l'ex-ministre du logement Cécile Duflot et à la candidate écolo aux présidentielles de 2012, Eva Joly, cet incorrigible fumeur n'a pas d'état d'âme sur le Cese. Il y a notamment rédigé lors de son mandat 1999-2004 un rapport remarqué « Sport de haut niveau et argent » paru en juin 2002. « *Il est vrai que le Cese ne représente pas un travail à plein-temps pour chacun de ses membres*, explique-t-il. *Habitant à Marseille, je consacrais chaque mois quatre jours à Paris pour faire le job au palais d'Iéna. Le temps de bosser sur des rapports, d'assister aux séances plénières et aux travaux de ma section de travail du cadre de vie. À mon avis, 80 % environ des conseillers assistaient aux séances plénières et 60 % aux travaux de leurs sections respectives. Les plus assidus de mes collègues de l'époque étaient les représentants des syndicats ou des associations, alors que les chefs d'entreprises souvent absents devaient eux jouer avec un agenda très chargé.* »

À l'écouter, l'absentéisme au palais d'Iéna relève de la fable et la plupart des conseillers méritent leurs indemnités à quelques exceptions près… Pas la moindre critique dans sa bouche sur les travaux du Cese que personne ne lit. Au contraire : ils sont « de très grande qualité ». Son diagnostic : les journalistes préfèrent utiliser les rapports parlementaires. Un peu court comme explication… Notre enquête montre que certains des 233 conseillers du Cese ont pris l'habitude de se tourner les pouces au vu et au su de l'administration, de l'institution et de leurs collègues. Beaucoup plus grave et pernicieuse qu'à l'Assemblée nationale ou au Sénat, cette pratique n'est pas acceptable pour l'opinion publique. Il faut savoir que le Cese avec ses déclinaisons régionales les Ceser (Conseils économiques sociaux environnementaux et régionaux) coûte près de cent millions d'euros par an au contribuable. Au service du gouvernement et du parlement, cette assemblée purement consultative est hébergée dans le magnifique et monumental palais d'Iéna, à deux pas de la place du Trocadéro. Le président de la République et le Premier ministre nomment de manière complètement discrétionnaire 40 de ces 233 membres : les PQ. Mais la nomination de Jean-Luc Bennahmias au Cese ne passera pas comme une lettre à la poste. Plus d'un millier de candidats se sont déjà fait connaître à l'Élysée et Matignon. En quasi-totalité, il s'agit de militants du PS qui ont perdu leur mandat, leur emploi ou les deux à la fois lors des dernières élections départementales et municipales.

Lionel Jospin avait déjà désigné Jean-Luc Bennahmias conseiller au sein de cette institution pour la mandature 1999-2004. C'était un lot de consolation, car il aurait été élu député européen Vert si la ministre de l'Environnement, Dominique Voynet, avait tenu à ce qu'il continue d'occuper à Paris son poste de secrétaire national des Verts, lui refusant ainsi une troisième place éligible sur la liste de son parti aux Européennes de 1999. Contraint d'assumer ce rôle d'apparatchik chez les écolos, cet ancien conseiller régional d'Île-de-France (de 1992 à 1996) avait alors demandé à sa patronne d'être affecté à Paris au Ces. Recevant le message 5 sur 5, Matignon l'avait intégré au Ces parmi les 40 PQ nommées, en septembre 1999, par le président Jacques Chirac et son Premier ministre Lionel Jospin.

3 000 euros net mensuels
pour 10 heures maximum de présence

Au total, l'Élysée et le gouvernement placent directement 67 conseillers (dont 40 PQ, 11 représentants de l'outre-mer, 4 des associations et 4 des jeunes ou étudiants). L'État a défini de manière souvent discutable les critères de représentativité des organismes professionnels qui choisissent les 166 autres. Ces derniers sont désignés par les grands syndicats de salariés, de patrons, d'artisans, de professions libérales et d'agriculteurs, les coopératives, les associations et les mutuelles. La possibilité de décrocher un de ces 233 emplois très privilégiés pour cinq ans (renouvelable une seule fois depuis 2008) reste aujourd'hui très séduisante. Les avantages en tout genre sont loin d'y être seulement honorifiques pour dix heures de présence par mois au grand maximum. C'est-à-dire deux séances plénières – les deuxième et quatrième mardis après-midi de chaque mois – et pendant les travaux en section (commission), les deuxième et quatrième mercredis après-midi. Pour un revenu mensuel net de 2 796,90 (premier mandat) à 3 143,01 euros (deuxième mandat), dont une Indemnité représentative de frais (Irf) de 1 893,38 euros qui est forfaitaire et échappe à l'impôt. Pour quatre fois deux heures de travail par mois que nous arrondissons à dix heures, les conseillers (dont 45 % de femmes) empochent un revenu horaire moyen net de 300 euros ce qui représente 39 fois le montant du Smic horaire à 7,50 euros en janvier 2015 ! Une prime à la productivité de 454,11 euros récompense même chaque auteur d'un rapport qui s'intitule « avis » au Cese. Une gratification inconnue à l'Assemblée nationale et au Sénat ! Par ailleurs, 72 personnalités associées (des experts de la société civile), renouvelables et nommées pour deux ans par décret, empochent une indemnité brute de 261,71 euros net par participation à une réunion de section.

N'étant pas élus, les 233 conseillers sont donc désignés pour cinq ans. Les 166 nommés par des représentants de la vie économique se recrutent presque uniquement chez les grands syndicats de salariés issus de l'après-guerre (69), les plus puissantes organisations patronales (27), d'agriculteurs (20) ou d'artisans (10) et les professions libérales (4). 34 par des associations, fondations et mutuelles. 11 par l'outre-mer. 18 par des organismes agissant dans le domaine de l'environnement et de la protection de la nature. Enfin, viennent les 40 PQ choisies par le Président et le Premier ministre. Les organisations les mieux représentées au sein du Cese sont les syndicats CGT, CFDT et FO (17 conseillers chacun) qui ne laissent que des miettes aux autres : CFTC : 6 conseillers, CGC : 7, UNSA : 3, FSU : 1 et Solidaires : 1. Le cumul avec un mandat parlementaire reste le seul interdit pour les conseillers du palais d'Iéna.

L'État soigne particulièrement les présidents des 18 groupes de cette assemblée : à savoir ceux de la CGT, de la CFDT, de FO, de la CFTC, de CGC, de l'UNSA, de l'Entreprise (réunissant le Medef et la CGPME), de l'Agriculture (FNSEA et Jeunes Agriculteurs), de l'Artisanat (Union professionnelle artisanale), des Professions libérales (Union nationale des professions libérales), des Associations (Ligue de l'enseignement et Fondation de France), de l'environnement et nature, l'outre-mer, des mutuelles, des coopératives, des organisations étudiantes et mouvements de jeunesse, de l'Unaf (Union des associations familiales) et des PQ. Ces sortes de dignitaires de la démocratie sociale et de la société civile perçoivent une indemnité mensuelle forfaitaire de frais de 3 786,76 euros (non imposable) à ajouter à leur indemnité de fonction de 1 893,38 euros brut, soit un revenu brut mensuel de 5 680,14 euros. Ce qui représente 4 560 euros net mensuels pour chacun d'entre eux qui, par ailleurs, collectionnent les casquettes professionnelles rémunérées ou bénévoles à l'exemple de Raymond Soubie. Ancien conseiller social à l'Élysée et chef d'entreprise, il préside le groupe des 40 PQ nommées par le tandem Élysée-Matignon. Les 6 vice-présidents de l'institution (1 CGT, 1 FNSEA, 1 CFDT, 1 Medef, 1 associatif et 1 environnemental) et les 2 questeurs (1 CFDT et 1 FO) figurent curieusement au rang des laissés pour compte. Avec les indemnités octroyées au conseiller lambda, ils n'empochent qu'une enveloppe annuelle de frais de représentation de 1 000 euros qu'ils peuvent utiliser au bar du Conseil au sous-sol (le public n'y a pas accès), où le café coûte 50 centimes et le whisky, à peine 4 euros. Pourtant, ils organisent le travail de l'assemblée et définissent les sujets des rapports à venir en compagnie des deux questeurs, des huit autres membres du bureau et du président Jean-Paul Delevoye. Sur un pôle de 7 chauffeurs, deux sont au service du président et cinq sont prioritairement rattachés aux personnalités suivantes : la secrétaire générale, le directeur de cabinet et les deux questeurs, mais assurent également un service général au profit des déplacements des vice-présidents, des présidents de formations de travail (sections ou délégations) ou des conseillers. Ces chauffeurs peuvent également porter des plis, croit nécessaire de préciser le service de presse du Conseil. Annie Podeur, cinquante-huit ans, secrétaire générale de cette assemblée en détachement de son poste de maître des requêtes à la Cour des comptes, touche le plus haut salaire de l'institution, soit 10 000 euros net par mois. La crise reste indolore au palais d'Iéna… Une chose est sûre : cette haute fonctionnaire nantaise, anciennement détachée à la tête des services départementaux du Maine-et-Loire et de diverses agences du ministère de la Santé, gagnerait nettement moins bien sa vie à la Cour des comptes.

Jean-Paul Delevoye a voulu jouer la carte de la transparence en nous recevant les 9 et 23 juin et le 7 juillet 2015. Il nous a laissé sa fiche de paye de président du Cese. À ce titre, l'ancien médiateur de la République touche 6 342,8 euros net mensuels auxquels s'ajoute sa retraite pour douze ans de mandat de parlementaire de l'ordre de 3 000 euros net par mois et une pension du même montant comme ancien maire de Bapaume (pendant trente ans), conseiller général (vingt et un ans) et régional (six ans). Soit un revenu total mensuel de plus de 12 000 euros net. Sans compter la mise à disposition au palais d'Iéna d'un appartement de fonction, avec personnel de maison, et deux Citroën C5 avec deux chauffeurs qui ne cessent de faire des allers-retours entre Bapaume dans le Pas-de-Calais (lieu de son domicile) et Paris.

Les près de 150 membres du personnel du Cese (pour 233 conseillers) perçoivent un salaire net mensuel moyen de 4 000 euros net toutes primes et heures supplémentaires comprises. Les cinq plus hauts salaires de l'institution (secrétaire général, directeur de cabinet, chef de cabinet, conseiller spécial et conseiller diplomatique) s'échelonnent entre 8 600 et 10 000 euros net par mois. Soit un peu moins du double que pour les postes équivalents à l'Assemblée nationale et au Sénat. Un agent bénéficie de 54 jours de congés annuels, de 104 samedis ou dimanches chômés et de 11 jours fériés légaux. Soit un total de 169 jours de repos sur les 365 de l'année. Cela laisse à un agent 196 journées pour travailler, alors qu'il doit légalement en effectuer 207, selon une décision du président Jean-Paul Delevoye. Sans commentaires… De plus, certains employés ont droit d'ajouter à leur temps de travail 20 minutes d'habillage et de déshabillage et d'autres, un forfait pour fermeture tardive qui reste impossible à contrôler selon un rapport de la Cour des comptes de février 2015. Petite cerise sur le gâteau : le salaire minimum net mensuel d'un employé de base du Cese affiche un chiffre de 2 425 euros contre 2 400 euros pour leurs collègues de l'Assemblée et du

Sénat. Mais, il est vrai que ces 150 employés environ restent à effectifs et avantages réduits quand on les compare avec les salaires en or des 1 200 et 1 350 employés du Sénat et de l'Assemblée nationale pour respectivement 348 sénateurs et 575 députés. Conclusion : il y a 3,4 employés par sénateur et 2,3 agents par député contre 1,5 fonctionnaire pour chacun des 233 conseillers du Cese sans compter les 72 personnalités associées qui interviennent en section. Ces chiffres bruts expliquent pourquoi les rapports des députés et des sénateurs sont de bien meilleure qualité que ceux du Cese. Plus précisément des centaines d'administrateurs aident les parlementaires à rédiger leurs rapports contre une vingtaine seulement au Cese. Une stratégie destinée en fait à ne pas concurrencer le parlement qui vote le budget du Cese, une assemblée uniquement consultative.

Un parachute doré pour le « Motodidacte »

Christian Estrosi illustre lui à la caricature le gaspillage et l'inutilité profonde de l'assemblée du palais d'Iéna. Ancien ministre, aujourd'hui patron de l'UMP dans les Alpes-Maritimes, député, président de Métropole Nice Côte d'Azur (500 000 habitants) et candidat aux régionales de décembre contre Marion Maréchal-Le Pen, Christian Estrosi y a bien profité d'une sinécure dorée. En effet, en 1993, ce « bébé Médecin [1] » se retrouve à la rue : la fédération RPR des Alpes-Maritimes dissoute, son président, Christian Estrosi était mis au chômage. La même année, il perd son siège de conseiller général de Nice VIII, arrivant seulement en quatrième position. Et le 16 décembre 1993, il boit le calice jusqu'à la lie. Le Conseil constitutionnel invalide son élection à la députation dans la 2e circonscription (celle de Jacques Médecin), pour avoir dépassé ses frais de campagne, le rendant ainsi

1. En référence à Jacques Médecin, ancien parrain de Nice, dont Estrosi a été l'adjoint.

inéligible. « *Les emmerdes, ça vole toujours en escadrille* » disait le président Jacques Chirac…

Dix ans après avoir commencé sa carrière politique (élu en 54e position sur la liste Médecin aux municipales de Nice de 1983), l'ancien motard professionnel, ce qui lui vaut le méchant surnom de Motodidacte, a ainsi perdu toute légitimité, à l'âge de trente-huit ans. Il ne lui reste plus qu'un mandat, celui de vice-président du conseil régional Provence-Alpes-Côte d'Azur. C'est-à-dire 21 000 francs brut par mois (soit 3 200 euros), sans compter les frais de représentation. Insuffisant pour vivre entre Nice et Paris et ne pas perdre le contact avec son nouveau parrain en politique, Nicolas Sarkozy, ministre du Budget à l'époque. Le seul appui de son beau-père le défunt Jean Sassone (dont il a épousé la fille Dominique, aujourd'hui sénatrice et vice-présidente de Nice Métropole Côte d'Azur), ancien patron de la loge Union et Espérance du Grand Orient à Nice, ex-conseiller municipal de cette ville et important concessionnaire Citroën du garage de l'Arenas (fournisseur de la municipalité), ne suffit plus…

Neuf mois seulement après la perte de son siège de député, son deuxième « parrain », Nicolas, lui déniche dans la capitale un emploi sans la moindre obligation. En effet, le 7 septembre 1994, le président de la République, François Mitterrand, sur la demande de son Premier ministre Édouard Balladur, nomme par décret, en Conseil des ministres, Christian Estrosi au Conseil économique et social (Ces). Au titre de personnalité qualifiée dans le domaine économique, social, scientifique ou culturel en même temps que 39 autres personnalités. Le « Motodidacte » quitte donc le circuit de la politique pure pour une planque de la République. Aux frais du contribuable, l'ancien champion de moto empoche ainsi 15 000 francs net par mois (soit 1 676 euros 2015), une rémunération qui, sans être extraordinaire, est plus que convenable au regard de l'absence totale d'assiduité exigée dans le beau palais d'Iéna. Il possède une carte de visite parisienne, un statut social en attendant des jours meilleurs. Outre les frais contractés dans la capitale remboursables sur justificatifs, l'ancien député a droit gratuitement, chaque année, à une quarantaine d'allers-retours Paris-Nice en avion. En remerciement, il se range immédiatement sous la bannière balladurienne de son parrain pour les présidentielles de 1995. Dès sa réélection en 1997 comme député des Alpes-Maritimes, Christian Estrosi est obligé de démissionner du Ces. Mais il n'a jamais oublié comment il a pu poursuivre sa carrière politique dans ce placard douillet ni grâce à qui... Dans *Le Monde* du 24 février 2006, il y fait clairement allusion : « *Chirac a tendance à achever ceux qui sont tombés à terre ; Nicolas les relève* ». Fort bien conseillé par son mentor, Christian Estrosi a pu lancer la stratégie de reconquête de tous ses anciens mandats qui se terminera par sa prise de la mairie de Nice en 2008. Quatorze années après son exfiltration au palais d'Iéna...

Une seule condition : avoir dix-huit ans

Le choix du Ces n'était pas dû au hasard. L'ancien champion a quitté le lycée à dix-sept ans pour les courses de deux roues. Un ex-motard professionnel, avec pour tout diplôme le certificat d'études, cela aurait fait un peu désordre au Conseil d'État, à l'Inspection des finances ou à la Cour des comptes. En fait, si ces trois corps prestigieux et d'autres moins connus peuvent accueillir des favoris du pouvoir, ils acceptent plus difficilement un fils de modestes forains italiens originaires de Pérouse, dans la province d'Ombrie, ayant tenu une loterie devant la gare du Sud de Nice. Et suivant la procédure du « tour extérieur », le président de la République et le Premier ministre ne peuvent nommer dans ces grands corps que des Français âgés de quarante-cinq ans au moins. À l'époque, Christian Estrosi est bien de nationalité française, mais n'a que trente-neuf ans… Le seul placard doré possible reste donc le palais d'Iéna (siège du Ces), où l'âge minimum requis à l'époque est vingt-cinq ans (dix-huit ans aujourd'hui).

Troisième assemblée de la République, l'institution fêtera, en 2016, ses quatre-vingt-dix ans dans ses luxueux et monumentaux locaux. Complètement inconnue du grand public, elle reflète le mariage particulièrement pervers d'un corporatisme, unissant patrons, salariés et associations, et de notre république monarchique. Le corporatisme n'a pas d'autre point de chute honorifique aussi bien rémunéré que le Cese. Ces conseillers sont chargés de maintenir le consensus de cette assemblée sur tous les grands problèmes de société en confectionnant des rapports. Rien ne bouge… Mais tous les cinq ans, le président de la République, le Premier ministre, ainsi que les ministres de la Jeunesse et de la Vie associative disposent avec le Cese du pouvoir d'offrir 67 placards dorés bien utiles pour remercier, panser des plaies ou faire taire…

Pourtant, le Cese donne sur son site une définition ambitieuse de sa mission : « *De par la représentation avec ses 233 membres des principales activités économiques et sociales, le Conseil favorise la collaboration des différentes catégories professionnelles entre elles et assure leur participation à la politique économique et sociale du gouvernement* ». Une vaste rigolade sauf pour les membres d'associations puisque tous ces responsables syndicaux et patronaux sont obligés de se rencontrer régulièrement ailleurs qu'au Cese. En effet, représentants patronaux et des syndicats de salariés cogèrent paritairement, donc ensemble, l'indemnisation du chômage, la formation professionnelle, les caisses de retraites et les retraites complémentaires.

Retraites chapeaux pour syndicalistes

Une fois à la retraite, les 233 conseillers touchent le jackpot. Pour un seul mandat de cinq ans, ils empochent une pension mensuelle brute de 707 euros et de 1 126 euros pour dix ans de mandat. Leurs droits à pension s'ajoutent à la ou aux retraite(s) de droit commun, dont la quasi-totalité des anciens conseillers bénéficient après avoir exercé une ou plusieurs activités professionnelles rémunérées. Ces pensions sont versées aux anciens conseillers dès que cessent leurs fonctions au Cese, puisque la moyenne d'âge de ses 233 membres s'élève aujourd'hui à soixante ans. Dans son rapport public annuel de février 2015, la Cour des comptes établit le caractère irrégulier des pensions servies aux anciens conseillers. « *Le montant des cotisations et le calcul de la pension sont assis,* fait remarquer la Cour, *d'une part, sur le montant de l'indemnité de base et d'autre part, sur celui de l'Indemnité représentative de frais (Irf). Or, l'Irf n'est pas un élément de rémunération et n'est, du reste, pas soumise à l'imposition sur le revenu, ce qui démontre qu'elle a vocation à couvrir des frais professionnels.* » Privilège curieux offert aux anciens conseillers : l'Irf peut certes être réduite pour défaut d'assiduité, mais le mode de calcul de la pension ne tient pas compte de ces abattements. Les conseillers les moins assidus empocheront une pension du même montant que les autres, alors qu'ils ont versé des cotisations inférieures. Travailler moins pour gagner plus… Informé de l'enquête de la Cour des comptes (la secrétaire générale du Cese est en détachement de la Cour), Jean-Paul Delevoye a rapidement rectifié le tir. Depuis décembre 2014, l'Irf n'est plus prise en compte dans le calcul des cotisations versées par les 233 conseillers du Cese.

Certes, les députés ont droit à une retraite de 1 550 euros (pour cinq ans d'activité également) et les sénateurs, à 1 900 euros brut (pour six), mais soucieux d'être réélus, eux ne comptent pas leurs heures, pour se faire apprécier de leurs électeurs, les habitants de leur circonscription pour les députés, les maires ou conseillers municipaux pour les sénateurs. Les 233 conseillers ne sont pas astreints à ce genre d'obligation. De plus, les parlementaires sont tenus de venir deux fois par semaine dans la capitale pour participer aux travaux de leur assemblée et encourent des sanctions financières en cas d'absence (depuis octobre 2015 pour les sénateurs). Par rapport au temps de présence des parlementaires dans leur assemblée respective et à leur travail réel, le montant de la retraite des conseillers du Cese est vraiment une aubaine. Le rendement de leur pension reste imbattable aussi, comparé à celui de l'ensemble des salariés du privé dans l'Hexagone. Pour les anciens salariés du privé à carrière complète (soit près de quarante ans d'activité), le montant mensuel moyen brut du total de toutes leurs pensions s'élève à 1 760 euros. Pour leurs ex-collègues à carrière incomplète, la moyenne des pensions s'élève à 1 306 euros brut mensuel. Ces régimes de retraite du privé sont gérés principalement par la Cnav (Caisse nationale d'assurances vieillesse) et les organismes de retraite complémentaires à savoir l'Agirc (pour les cadres) et l'Arrco au profit des non-cadres. Curieuse ironie du sort : plusieurs conseillers sont administrateur, président et vice-président de ces deux organismes paritaires de retraite.

Beaucoup plus avantageux, le régime de retraite des conseillers du Cese n'est affilié à aucune de ces deux caisses. Inutile puisque c'est le contribuable qui paye ce dispositif dérogatoire et très profitable. La Caisse de retraite des anciens membres du Cese, de leurs veuves et orphelins mineurs, demeure pourtant lourdement déficitaire, l'État la subventionnant aujourd'hui à près de 85 %, sous une forme ou une autre. « *Calqué sur celui des parlementaires, ce régime a été créé en 1958 par les membres du Cese eux-mêmes*, explique Jean-Édouard Ducray de l'association Sauvegarde retraites. *Son régime reste l'un des plus privilégiés puisque son rendement "boursier" est de 6,18 euros pour chaque euro cotisé. Parmi ses bénéficiaires, on retrouve les 130 anciens conseillers du Cese désignés par les syndicats de salariés, de patrons et d'artisans. C'est-à-dire les principaux dirigeants du paritarisme syndical à la française qui gèrent les organismes de sécurité sociale, d'indemnisation du chômage, de formation professionnelle et de retraite de droit commun. Conclusion : les mêmes personnes qui gèrent le système de retraite français profitent au Cese par ailleurs, pour elles-mêmes, d'un régime spécial hors normes. Ce qui constitue une sorte de "retraite chapeau" très confortable, mais à l'usage exclusif des grands patrons des syndicats français.* »

Des cumulards du paritarisme

Pour illustrer ce mélange des genres bien français, prenons l'exemple d'un grand cumulard syndicaliste Philippe Pihet nommé au Cese par le syndicat FO, dont il est secrétaire confédéral du secteur retraite depuis 2011. Ce syndicaliste de cinquante-neuf ans n'est pas un perdreau de l'année... Au compteur, il a quinze ans de carrière à l'Urssaf et vingt-deux à l'Assurance retraite des personnels de la Sécurité sociale qui l'a détaché à FO. Aujourd'hui, le Cese ne représente qu'une toute petite partie de ses activités, la partie émergée d'un iceberg. Ce symbole du paritarisme cumule des rémunérations et des remboursements de ses frais liés à ses multiples postes d'administrateur : au Conseil d'orientation des retraites (lieu de réflexion et de discussion créé par le gouvernement), au Comité de pilotage des régimes de retraite (Copilor), au Fonds de solidarité (FSV), au Haut Conseil de financement de la protection sociale et à la Comarep (Commission des accords de retraite et de prévoyance). À ce propos, la commission dirigée par le député UMP Nicolas Perruchot, sur « les mécanismes de financement des organisations syndicales d'employeurs et de salariés » (2011) écrit dans son rapport : « *Étant donné qu'il s'agit d'organismes d'intérêt général, il est tout à fait normal que la rémunération et les frais de déplacement des administrateurs soient pris en charge par ces organismes, d'autant qu'on courrait sinon le risque d'une surreprésentation des fonctionnaires et des retraités* ». Philippe Pihet exerce également les fonctions de vice-président bénévole de l'Arrco (qui lui rembourse ses frais), qu'il a présidée de 2011 à 2013, ayant laissé son poste de présidence tournante à Didier Weckner représentant du Medef. Rien de plus normal (sic), puisque les grandes centrales syndicales de salariés et patronales ont le droit, depuis 1983, de se répartir par roulement, entre elles, la présidence de différents organismes sociaux de gestion paritaire dans une opacité quasi totale. Philippe Pihet dirige également au titre de FO « la lettre du secteur retraite » publiée régulièrement sur le site Internet du syndicat.

Il cumule aussi les postes d'administrateur dans les Institutions de prévoyance (IP) qui, de fusion en fusion, se sont taillé un véritable fief dans l'assurance complémentaire de santé individuelle souscrite à partir des entreprises. Ces IP vont devoir se battre avec les grandes compagnies d'assurances, les banques et les mutuelles pour se partager le pactole que représente le budget de quatre à cinq milliards d'euros. Une IP est créée et gérée à parts égales par les grands syndicats de salariés et patrons, d'une entreprise, d'une branche d'activité ou de plusieurs d'entre elles. Personne morale de droit privé à but non lucratif, chaque IP complète les prestations de la Sécurité sociale contre tous les risques classiques de la vie mais produit également de l'épargne-retraite. Ces contrats sont établis dans le cadre d'une entreprise ou d'une branche. Les plus connues des IP sont l'AG2R, Malakoff-Médéric et Humanis. Jusqu'en 2012, Philippe Pihet était administrateur de la gouvernance du groupe Malakoff Médéric, dont Guillaume Sarkozy est le délégué général. Un des deux questeurs du Cese, Rose Boutaric (trésorière confédérale du syndicat FO) est membre du conseil d'administration de l'AG2R et président de sa filiale, le SGAM AG2R. Le CTIP (Comité technique des institutions de prévoyance) joue le rôle de porte-parole des IP auprès du gouvernement. Philippe Pihet est administrateur de cet organisme. Il est également président de l'Ocirp (Organisme commun des institutions de rente et de prévoyance), qui a proposé le premier contrat collectif de « garantie dépendance » à souscrire par les salariés d'une entreprise ou d'une branche. En 2013, les IP représentaient 12,8 milliards d'euros de cotisation, 13,2 millions de cotisants et 2 millions d'entreprises adhérentes. Cet ensemble paritaire constitue un puissant groupe de pression corporatiste alliant patronat et syndicats face à un gouvernement qui veut unifier et réformer en profondeur le système de retraite dans l'Hexagone.

Tout au long de l'année 2015, ce syndicaliste FO a fait partie de la quarantaine de représentants syndicaux qui négociaient avec le patronat l'avenir des retraites complémentaires Agirc et Arrco, menacées aujourd'hui de faillite. Comment peut-il exercer ses nombreuses fonctions d'administrateur et syndicales tout en travaillant au palais d'Iéna ? Mystère… Une certitude : les 3 000 euros net mensuels que lui verse le Cese constituent une partie seulement de ses revenus. Malgré son agenda de ministre, au premier semestre de l'année 2015, Philippe Pihet a été absent uniquement à quatre des dix-neuf sessions plénières du palais d'Iéna. Nous avons pu retrouver ce témoignage de sa grande assiduité grâce au vote des conseillers enregistré à chaque plénière à propos d'un ou deux « avis » du Cese. Régulièrement publié par la Documentation française, chacun de ces fascicules de cinquante à deux cents pages informe du vote de chaque conseiller (considéré donc comme présent) sur chaque projet d'avis proposé. Impossible de savoir s'il était physiquement présent. Le Cese refuse de communiquer sur la présence ou non des conseillers en séance. Lors des assemblées plénières des mardi 23 et mercredi 24 juin, nous avons pu constater l'absence de Philippe Pihet, qui ne figurait pas parmi les votants. Dont acte, Philippe Pihet ne triche pas. Il est présent ou absent dans l'hémicycle. Certes, ces sessions plénières ne durent pas plus de deux heures. Ce qui s'apparente à un temps de travail très très partiel… Soit environ quatre heures par mois. Théoriquement, Philippe Pihet assiste aussi chaque mois, à deux réunions pendant deux fois deux heures de sa section des affaires sociales et de la santé. Problème : le Cese ne divulgue pas les noms des absents lors de ces travaux. Aussi, nous ne pouvons pas avoir la moindre idée de l'assiduité de Philippe Pihet à ces réunions de section ni d'ailleurs d'aucun conseiller du palais d'Iéna.

L'un des négociateurs principaux de la réforme du système de retraite français se cache derrière ce grand costaud discret au visage sévère barré d'une moustache impeccable à la Napoléon III. Il n'a pas beaucoup fait profiter le Cese de son expertise, n'ayant pris la parole dans l'hémicycle qu'à trois reprises en quatre ans et demi. En outre, il n'a pas rédigé un seul « avis », même pas sur l'avenir du système de retraite dans l'Hexagone. Un sujet qui semble peu préoccuper les conseillers du palais d'Iéna : leur dernière contribution sur les retraites, le rapport « Teulade », remonte à septembre 2001 et ses conclusions s'apparentent à un « circulez, y a rien à voir… » en bonne et due forme. En un mot, l'auteur de cet avis, René Teulade, membre du PS et président de la Mutuelle de retraite de la fonction publique (MRFP), qui gère à l'époque le complément de retraite de la fonction publique, se trompe de A à Z à propos de l'avenir de nos retraites. L'ancien ministre des Affaires sociales de Pierre Bérégovoy note : « *Il n'est ni possible ni nécessaire d'engager tout de suite la grande réforme des retraites. Il serait injuste de baisser encore la pension des actuels retraités qui subissent des pertes de pouvoir d'achat depuis 1983. Le niveau relatif des retraites est globalement satisfaisant. L'âge de départ à la retraite ne peut être reculé en situation de sous-emploi*[1]. »

L'avis de René Teulade, particulièrement consternant avec quinze ans de recul, reste un classique absolu de rapports du Cese qui doivent obéir à une règle d'or : ne pas briser le consensus entre syndicats ouvriers et patronaux. Philippe Pihet ne s'y est donc pas risqué. Alors à quoi sert le Cese si ses membres les plus compétents sont interdits d'« avis » sur les sujets les plus sensibles pour cause de maintien du consensus au palais d'Iéna ?

Jean-Paul Delevoye, père la rigueur d'une pétaudière

En tant que dirigeant syndical de FO, Philippe Pihet défend au Cese les intérêts des salariés du privé cotisant à l'Arrco, alors qu'une fois retraité du palais d'Iéna, il touchera une pension d'un régime très spécial du public beaucoup plus avantageux que celui de l'Arrco. Le syndicaliste cotise à hauteur de 15 % du régime de retraite du Cese (l'État finançant le reste sous une forme ou une autre), tandis que pour l'Arrco le partage s'établit entre une cotisation de 40 % pour le salarié du privé et de 60 % pour l'employeur. Une réforme du régime très spécial de retraite des conseillers du Cese n'a jamais paru urgente à Philippe Pihet qui est toujours resté muet comme une tombe sur le sujet, malgré les rapports au vitriol de la Cour des comptes. En revanche, il devient intarissable quant aux menaces de faillite pesant sur les retraites complémentaires de l'Agirc-Arrco. Bien dans son rôle de père la rigueur du palais d'Iéna et de sauveur de l'institution, Jean-Paul Delevoye a décidé de s'attaquer, non de mettre fin, aux privilèges des futurs

1. Onze ans plus tard, le 8 juin 2011, le tribunal correctionnel de Paris avait condamné l'auteur de l'avis (devenu sénateur de la Corrèze) à une peine de 18 mois de prison avec sursis et 5 000 euros d'amende pour abus de confiance. En compagnie de sept autres dirigeants de la MRFP, il avait, entre 1992 et 2000, indûment perçu de cette mutuelle des indemnités et bénéficié à titre gracieux d'un logement. Le décès de ce proche de François Hollande, en février 2014, soit deux mois avant le délibéré de cette affaire en appel, avait entraîné la fin de l'action publique à son encontre.

retraités du Cese. Pas seulement en raison du prix exorbitant de ces pensions payées à hauteur de 85 % par l'État directement ou indirectement, mais aussi face au déséquilibre financier croissant et inquiétant de la Caisse de retraite des anciens membres du Cese, de leurs veuves et orphelins mineurs. À terme, un risque budgétaire pour l'État de 218 millions d'euros constitués de droits acquis par un millier de pensionnés actuels et futurs du Cese.

Début 2015, le bureau de cette assemblée (rassemblant les 18 présidents de groupes et Jean-Paul Delevoye) a voté cette réforme par 17 voix pour et deux abstentions. La culture du consensus entre patrons, salariés, écologistes et associations, n'a pas été démentie par ce scrutin malgré la présentation de deux mesures radicales. La première, la plus spectaculaire : la division par deux de la pension servie pour un premier mandat de conseiller, soit 350 euros brut par mois contre plus de 707, comme ça aura été le cas jusqu'au 15 novembre 2015. Pour deux mandats, tout nouveau conseiller empochera dorénavant une pension brute mensuelle de 689,19 euros brut contre 1 126 auparavant. Mais, le conseiller réélu en octobre 2015 n'y perdra pas grand-chose, puisqu'il touchera 1 051,96 euros brut mensuel pour un deuxième mandat. La seconde mesure aura également pour effet d'augmenter de 66 % la cotisation de retraite des 233 conseillers du Cese qui s'élève aujourd'hui à 614,97 euros par mois pour un premier mandat plus 307,48 euros avec un second.

Jean-Paul Delevoye et les deux questeurs ont gelé la subvention spéciale et directe de l'État à la Caisse de retraite à hauteur de 4,90 millions d'euros sur un budget total 2015 de 9,7 millions d'euros. Il n'en reste pas moins que le même État subventionne toujours directement ou indirectement les pensions des conseillers à hauteur de 85 %. Les conseillers payent 1,6 million de cotisations dans l'année, le Cese les cotisations patronales à hauteur de 3,2 millions d'euros et l'État, 4,90 millions d'euros. L'augmentation des cotisations des conseillers et la diminution des pensions ont permis pour l'instant de stopper la contribution croissante de l'État. Le rapporteur spécial sur le Cese dans la loi de finances 2015, le député UDI Philippe Vigier, reste toujours inquiet vu le montant des pensions à payer qui ne cesse d'augmenter : « *Malgré les réformes opérées et la subvention d'équilibre, la situation de la caisse de retraite reste précaire. Elle l'est d'autant plus que les recettes tirées de la location du palais d'Iéna* [Nda : à des sociétés de cinéma, pour des défilés de mode et des expositions en tout genre], *qui contribuaient à son équilibre, vont à la fois être réduites par les travaux à engager et contribuer à les financer. Il faut ajouter à ce constat le renouvellement des membres qui va s'effectuer en novembre 2015 : en application de la nouvelle limitation à deux mandats, 64 conseillers ne pourront pas être renouvelés. En ajoutant les non-renouvellements du fait des organisations chargées de faire des propositions, le Cese s'attend à un renouvellement de 90 à 120 conseillers, et par suite, eu égard à l'âge de ces derniers, à la liquidation de nombreuses nouvelles retraites.* » En un mot, le parlementaire a peur que l'État doive remettre encore plus la main à la poche pour sauver la caisse de retraite du Cese.

Cette réforme des retraites a été exposée à une petite centaine de conseillers du Cese présents lors de la séance plénière du 9 juin 2015, à 14 h 30. Les deux questeurs, Rose Boutaric et Philippe Le Clézio (secrétaire confédéral CFDT en charge de la fiscalité et du financement de la protection sociale), se sont relayés à la tribune pendant quarante-cinq minutes pour lire leur texte devant une petite centaine de conseillers. À la fin de ce cours magistral, aucun conseiller n'a posé de questions et le texte de la réforme n'a pas été soumis au vote. Après moi, le déluge… Dans la foulée, l'assemblée est passée à l'examen du projet d'avis sur « le stockage de l'énergie électrique, une dimension incontournable de la transition énergétique ».

L'assemblée du consensus et de la sieste

Alain Obadia, ancien membre du comité central du Parti communiste et de la direction de la CGT, est alors monté à la tribune pour présenter cet avis au nom de la section des activités économiques, que préside le bien bronzé Jean-Louis Schilansky au titre de l'Union française des industries pétrolières (Ufip). Assis tout seul au banc du gouvernement, ce partisan très officiel du gaz de schiste buvait du petit lait en écoutant l'ex-patron des cadres de la CGT et ancien du cabinet de Martine Aubry dresser un véritable catalogue des différentes techniques de stockage de l'électricité. Un simple état des lieux plutôt technique et assez hermétique pour un non-spécialiste de l'énergie durable. Et pas question pour le rapporteur de relancer la polémique entre zélateurs du nucléaire, du pétrole et des énergies renouvelables. Interdit... Aucune audace, impertinence ou innovation dans ses propos. Dès le début des vingt minutes de l'intervention d'Alain Obadia, un conseiller de l'outre-mer et un autre de FO originaire du Sud-Ouest ont d'ailleurs carrément piqué un roupillon. Le premier, droit comme un i, avait les bras fermement croisés sur sa chemisette bleue, tandis que le second, un barbu à la carrure de rugbyman, était affalé au fond de son siège, épuisé sans doute par un long voyage depuis son île du Pacifique. Cela ne choquait personne. C'est l'heure habituelle de la sieste au palais d'Iéna. D'autant plus que les conseillers avaient assisté la veille au soir dans l'hémicycle à une projection privée du film *La Loi du marché*, en présence de l'acteur Vincent Lindon, suivie d'un débat avec Jean-Paul Delevoye. Comme d'habitude, la moitié de la centaine de conseillers présents ont manifestement décroché au bout de quelques minutes. Les uns pianotaient sur une tablette ou un ordinateur ouverts bien en évidence, les autres téléphonaient en mettant la main sur leur combiné, envoyaient ou recevaient des SMS sur un smartphone, discutaient à voix basse avec leur voisin ou encore lisaient *Le Monde* du jour. Imperturbable dans son fauteuil en surplomb, Jean-Paul Delevoye n'a pas dit mot pour les rappeler à l'ordre. Ce vieux routier de la politique de soixante-neuf ans ne pouvait pourtant pas ne pas voir, même si son regard plongeait davantage sur l'écran de son ordinateur que sur l'hémicycle.

Les deux dormeurs ont été réveillés par les applaudissements nourris marquant la fin de l'intervention d'Alain Obadia. Durant presque une heure, des conseillers représentants quatorze groupes (sur dix-huit au total au Cese) se sont alors succédé, tour à tour, à la tribune pour dire tout le bien qu'ils pensaient du travail du « cher Alain ». Du théâtre, sans la moindre improvisation, mais avec des comédiens peu habitués à faire dans la nuance et la légèreté. Certes, il y avait du beau linge parmi les intervenants : Maryse Dumas, ex-numéro 2 de la CGT, Laurence Hézard, ancienne directrice générale de GrDF-Suez jusqu'en 2013 et Dominique Gillier, ex-secrétaire général de la Fédération générale des mines et de la métallurgie CFDT. Les discrets applaudissements ponctuant chaque intervention n'ont pas empêché le conseiller de l'outre-mer et son collègue de FO de reprendre leur sieste. Alors que le premier s'est contenté de bayer aux corneilles avant de refermer ses paupières, le second a pris le temps de se lever à deux reprises pour aller téléphoner à l'extérieur de l'hémicycle avant de replonger immédiatement dans les bras de Morphée. L'assemblée avait tout d'une salle de classe un vendredi après-midi. Aucun conseiller n'a posé la moindre question. Probablement harassé par ses réunions syndicales en Midi-Pyrénées ainsi que ses allers-retours incessants entre la capitale et le Sud-Ouest, ce même syndicaliste FO a tranquillement fait sa sieste tout au long également des deux heures de plénières les 23 et 24 juin. Cette fois en compagnie d'une sexagénaire de son syndicat placée à trois sièges du sien et d'un PQ à l'autre bout de l'hémicycle. Le conseiller de l'outre-mer avait préféré rester chez lui à des milliers de kilomètres. Bien entendu, ces conseillers absolument débordés connaissaient la musique. Les caméras, qui filment les séances en permanence, ne s'attardent jamais sur les deux derniers rangs de l'hémicycle, où peuvent sévir les dormeurs en toute impunité. C'est-à-dire les représentants de FO, de l'outre-mer et des PQ de la CFTC, des associations, de l'UNAF et des Jeunes. Plus difficile de paresser quand on appartient aux groupes de la CFDT, de la CGT, de l'entreprise, de la CGC, de l'environnement et nature, de l'artisanat qui sont situés en plein milieu de l'hémicycle. Depuis le banc du public, une bonne paire de jumelles suffit à prendre les dormeurs en flagrant délit sans le moindre doute…

Les tricheurs du palais d'Iéna

Ce même mardi 9 juin, à 16 h 37 exactement, les « débats » ont pris fin, soit une heure après l'intervention d'Alain Obadia à la tribune. Le président Jean-Paul Delevoye a alors mis aux voix le projet d'avis de stockage de l'énergie électrique. Nombre de conseillers se sont extirpés de leur siège pour appuyer sur un bouton rouge (non), jaune (abstention) ou vert (oui) à la place d'un ou plusieurs collègue(s) absent(s), dont la carte électronique était insérée dans le boîtier de vote. Avant de déclarer le scrutin clos, Jean-Paul Delevoye a fait preuve d'une grande patience, interrogeant la salle pour savoir si « tout le monde avait bien voté »… Deux minutes plus tard, l'ancien ministre de la Fonction publique et médiateur de la République proclamait les résultats : 161 votes favorables au projet d'avis, pas de vote contre et deux abstentions. Puis, il conclut la plénière après avoir remercié l'ensemble des conseillers pour « la qualité de leurs travaux ». Pour le profane dans l'assistance, le résultat de ce vote reste incompréhensible. En effet, durant les deux heures et neuf minutes de cette séance, le nombre de conseillers présents dans l'hémicycle n'a jamais dépassé la petite centaine, même en comptant les retardataires et ceux qui se sont absentés quelques minutes avant de revenir à leur place. Or le vote électronique indiquait près de 160 votes. Un peu gêné, Jean-Paul Delevoye nous a expliqué peu après dans son bureau la raison de cette différence : « *Comme la centaine de conseillers présents, la soixantaine de conseillers absents dans l'hémicycle a signé le cahier d'émargement, situé à l'entrée, et donné procuration à l'un de leurs collègues avec des instructions de vote sur l'avis avant de partir vaquer à leurs occupations dans le palais d'Iéna.* »

La conseillère Annick du Roscoät, ancienne présidente du Centre national des indépendants et paysans (Cni), nous a dévoilé, le 23 juin 2015, le secret de polichinelle entourant ces votes. Bien connue pour son franc-parler, cette proche de Jacques Chirac a été nommée par lui au palais d'Iéna en 2005, puis renouvelée par Nicolas Sarkozy en 2010, et ne pourra donc plus se voir attribuer un fauteuil au Cese, par le nouveau président de la République. En novembre 2015, cette veuve de soixante-sept ans, ancienne conseillère générale et régionale de Loire-Atlantique, a donc toute sa liberté de parole pour appeler un chat un chat : « *À mon arrivée au palais d'Iéna en 2005, j'ai été scotchée par le montant important des indemnités versées aux conseillers et des avantages octroyés par rapport à leur travail effectif. Ce gaspillage repose sur un système scandaleux qui camoufle un absentéisme terrible. En effet, sont comptés comme votants au moins une soixantaine de conseillers qui viennent, lors de chaque assemblée plénière, signer le cahier d'émargement avant de quitter immédiatement et définitivement le palais d'Iéna. Il leur suffit de parapher le registre de présence, de serrer quelques mains et de repartir... Juste avant, ces petits malins demandent au personnel chargé du cahier d'émargement de remettre leur carte de vote électronique à un autre conseiller auquel ils ont donné par téléphone des instructions de vote.*

Et ils sont de plus en plus nombreux, en cette année 2015, à sécher ainsi les plénières dans l'hémicycle, parmi la centaine de conseillers qui savent qu'ils ne seront pas renouvelés pour la prochaine mandature. Impossible, car ils ont déjà deux mandats de cinq ans au compteur ou qu'ils ont plein de petits camarades qui rêvent de prendre leur place. La soupe est bonne au palais d'Iéna et les deux questeurs, des syndicalistes dits ouvriers, sont tellement sympathiques ! »

Une tricherie, dont personne ne veut entendre parler. Au gouvernement comme dans les organisations syndicales, professionnelles ou associatives. Pas dupe mais diplomate, le rapporteur spécial sur le Cese dans les lois de finances, le député UDI Philippe Vigier, estimait en 2013 : « *Il conviendrait de sanctionner plus lourdement les conseillers qui ne siègent pas* ». On attend toujours… En fait, plus de la moitié des 233 conseillers du Cese ne participe pas aux plénières. Nous avons établi cette donnée statistique à partir des 97 avis ou résolutions votés, depuis 2011, en séance plénière, édités sous forme de petits fascicules par la Documentation française et consultable sur le site de l'institution. Soit 97 avis adoptés (contre deux seulement rejetés) en 55 mois, ce qui représente moins de 2 avis ou résolutions mensuellement, 1,76 exactement. Nous y avons recensé chaque fois le nombre de votants qui ne descend pas en dessous de 143 et grimpe parfois jusqu'à 212. La majorité des avis et résultats, soit une cinquantaine sur les 97, ont été validés par un nombre de votants compris entre 157 et 176. Soit une moyenne de l'ordre de 167 votants sur 233 inscrits. Conclusion : selon tous les témoignages recueillis et nos propres observations, la participation dépasse rarement la petite centaine de conseillers pour 165 à 170 votants.

Le racket « légal » des syndicats sur le Cese

Très occupés pour certains vu leurs multiples casquettes et pour d'autres ne voulant pas assister à une grand-messe tout à fait inutile à leurs yeux, 70 conseillers ne participent que ponctuellement aux travaux du palais d'Iéna. Soit un tiers des 233 conseillers. Le chiffre officiel de 163 conseillers présents en moyenne est confirmé par Jean-Paul Delevoye avec un taux d'assiduité de 70 % pour 2014. Mais, Jean-Paul Delevoye et ses services ne prennent bien évidemment pas en compte les absents « tricheurs ». C'est-à-dire ceux qui signent le cahier d'émargement pour ne pas subir de sanction financière. Conclusion : sur un total de 233 conseillers, une moyenne de 70 ne participent que très rarement aux plénières ainsi que 60 autres au minimum qui se font passer pour présents. Or, Jean-Paul Delevoye connaît l'identité de ces tricheurs multirécidivistes puisqu'il sait qui a voté par procuration. En fait, la fraude aux tricheurs semble bel et bien tolérée par le président du Cese comme elle l'a été par son prédécesseur, Jacques Dermagne (décédé en 2012) qui avait créé le cahier d'émargement. Sans ce gros mensonge, le taux d'assiduité moyen des conseillers en plénière tombe, en 2014, à 42 % avec une moyenne de 130 conseillers absents pour 103 présents.

Nous avons assisté à quatre plénières, où les présents dans l'hémicycle n'ont jamais dépassé une petite centaine. Tous les conseillers interrogés nous ont confirmé que ce chiffre était représentatif de la réalité. Difficile de mettre un nom sur les tricheurs, mais pas pour les petits camarades conseillers qui observent leur manège depuis des années et votent souvent à leur place. Ces indélicats, paradoxalement domiciliés en général dans l'Île-de-France, n'ont vraiment aucun état d'âme.

S'ils ne signent pas le cahier d'émargement, les absents sont donc considérés comme tels et perdent, comme nous le verrons plus loin, 284 euros par plénière manquée. Loin d'être égoïste, leur motivation à être absolument reconnu comme présents se cache pour la plupart d'entre eux derrière le mystérieux article 54 du règlement intérieur de l'assemblée qui stipule : « *Les membres du Conseil qui le souhaitent sont autorisés à abandonner aux organisations syndicales, associatives ou professionnelles la rémunération qui leur est accordée au titre l'article 1er du décret n° 59-602 du 5 mai 1959* ». Sur son site, le Cese donne une petite précision lapidaire : « *La plupart des membres reversent leur indemnité à l'organisation qui les a désignés au Conseil* ». Jean-Paul Delevoye et ses services ont toujours refusé d'en dire plus... La consultation du rapport d'enquête du député UMP, Nicolas Perruchot – « Les Mécanismes de financement des organisations syndicales d'employeurs et de salariés » (2011), authentifie ce système bizarre. Ce document exceptionnel livre quelques chiffres étonnants : pas moins de 126 conseillers sur 233 abandonnent leur rémunération brute mensuelle à l'organisation dont ils sont souvent salariés et qui les a désignés comme leur représentant au Cese. Soit pour l'année 2010, une manne de 5,91 millions d'euros brut. Se sont partagé ce pactole treize organisations professionnelles et syndicats qui ont reçu, chaque mois, leur petit cadeau de l'État directement par un virement du Cese. Ont été ainsi privés de leur indemnité au profit de leur organisation, les 27 conseillers du Medef et de la CGPME (Confédération des petites et moyennes entreprises), les 10 de l'UPA (Union professionnelle artisanale), les 18 de la FNSEA (Fédération nationale des syndicats et exploitants agricoles) et des Jeunes Agriculteurs ainsi que les 69 des syndicats de salariés (CGT, FO, CFDT, CGC, CFDT, UNSA, FSU et Solidaires). Malheureusement, le rapport Perruchot ne donne aucun chiffre de reversement pour les autres conseillers désignés par des associations, des coopératives et des mutuelles. De plus, Jean-Pierre Delevoye et ses services maintenant une chape de plomb sur toutes ces informations, nous ne pouvons pas actualiser de manière sérieuse les chiffres de 2010.

Pour acheter la paix sociale, l'État subventionne ainsi de manière déguisée, mais légale, des organisations syndicales de salariés, patronales et agricoles. Le problème : à chaque absence d'une plénière ou réunion de section, ces conseillers font perdre l'Irf (Indemnité représentative de frais) de 284 euros à leur syndicat ou organisation. S'ils ne signent pas le cahier d'émargement sans motif d'excuse valable, ces conseillers se font rappeler à l'ordre par le trésorier de leur confédération. Et les trésoriers confédéraux des syndicats et organisations professionnelles ne badinent pas avec les ressources de leurs organismes. Un syndicaliste trop souvent absent ne sera pas renouvelé par son syndicat. Adieu la super-retraite qui, pour le coup, bénéficie à l'ancien conseiller et non à son syndicat. Le racket légal des syndicats sur les indemnités des conseillers encourage les absentéistes à devenir les tricheurs.

Trésorière nationale de FO et questeur du Cese !

Petit détail amusant : l'un des deux conseillers questeurs du Cese, Rose Boutaric, fait dans le conflit d'intérêts sans que cela ne déclenche la moindre vague sur l'océan de tranquillité et de consensus du palais d'Iéna. Alors qu'elle occupe le poste de trésorière nationale du syndicat FO, elle doit sanctionner les conseillers absents au Cese, lors des plénières ou des réunions de section, et donc à l'occasion ses 16 collègues de FO. Ce faisant, elle nuit aux finances de son syndicat ! Nous avons constaté qu'un absentéisme certain frappait une dizaine des 17 conseillers de FO. Interrogé, Jean-Paul Delevoye a refusé de nous répondre, invoquant la confidentialité de ces informations liées à son audition dans le cadre du rapport du député Nicolas Perruchot. Lors de cette audition, le 21 septembre 2011, Jean-Paul Delevoye a bien reconnu que les indemnités revenant aux membres du Cese sont parfois directement reversées aux organisations, dont ils sont par ailleurs membres. Il a même précisé : « *Chacun des 233 membres du Conseil reçoit en tant que tel une indemnité, mais les syndicats et certaines organisations professionnelles que ces membres représentent demandent que le Conseil leur verse directement cette indemnité, les membres en question y trouvant leur compte en raison du régime de retraite avantageux du Conseil, avec un système de double cotisation au cours du premier mandat de cinq ans et un minimum vieillesse garanti. Ce procédé, qu'on peut analyser comme un soutien indirect aux associations professionnelles, n'a rien de choquant en soi, dans la mesure où ces sommes figurent dans les comptes de ces organisations.»* En principe, moins d'une centaine de conseillers ne rétrocèdent rien ou qu'une partie. Parmi eux, les 40 PQ (nommées à titre personnel), les 10 conseillers de l'Unaf (qui reversent 500 euros par mois) et quelques autres.

Selon tous les témoignages et nos observations, les conseillers les plus assidus sont toujours les mêmes. Ils se recrutent parmi les 3 de l'Unsa, l'unique représentant de la coordination rurale comme de la Confédération paysanne, les 17 de la CGT, les 17 de la CFDT, les 4 des organisations de jeunesse et étudiantes et les 27 du monde de l'entreprise. À l'inverse, des travées clairsemées abritent les rois fainéants du palais d'Iéna qui prospèrent parmi les 40 PQ, les 17 conseillers de FO (qui comptent donc dans leurs rangs un des deux questeurs), les 12 de l'outre-mer, les 20 de l'agriculture les 10 de professions libérales. Lors des votes, les conseillers de ces groupes appuient sur les boutons de vote électronique de plusieurs de leurs collègues. Directeur de cabinet de Jean-Pierre Delevoye, Christian Leroux avance une explication peu convaincante: «*La discipline reste plus importante dans les rangs des syndicats de salariés et au Medef*». Une seule chose est sûre: assis durant les plénières derrière Jean-Paul Delevoye (son patron depuis une quinzaine d'années), ce quinquagénaire sympathique semble absolument débordé... Jamais un dossier dans les mains ou devant en lui en séance. Il ne cesse de tapoter sur son smartphone posé sur son genou droit. À ses côtés, Christine Tendel, patronne du service de communication, enceinte, noircit sans cesse du papier, fait son boulot.

Répertorié seulement à partir de 2005, dans les lois de finance successives adoptées au Sénat et à l'Assemblée nationale, le taux d'assiduité des conseillers dans l'hémicycle a grimpé, en un an, de 14 points avant de chuter de 17 points en neuf ans ! Le hit-parade des présents ressemble à une montagne russe : 73 % en 2004, 87 % en 2005 ; 87 % en 2007 ; 82 % en 2008 ; 85 % en 2010 ; 78 % en 2011 et 2012 ; 79 % en 2013 et 70 %, en 2014. Après avoir pris connaissance de ces chiffres, le député UDI Philippe Vigier écrit dans son rapport spécial sur le Cese dans la loi de finances 2015 : « *Une assemblée crédible, c'est d'abord une assemblée... dont les membres sont assemblés. Selon les indicateurs de performance, le taux des membres présents en réunion plénière est de 70 % et en section, de 71,5 %. Le Cese étant composés de membres qui exercent quasiment tous un métier par ailleurs, ces taux, stables, paraissent difficilement améliorables, et ce d'autant que des pénalités ont été instituées en cas d'absences répétées.* » Un an auparavant dans le cadre de la loi de finances 2014, le même député avait noté dans son rapport spécial : « *Pour 2013, les résultats ont été de 79 % en séance plénière. Le rapporteur spécial a souhaité un effort de rigueur sur le sujet de l'absentéisme.* » Rapporteur sur le même sujet dans la loi de finances 2009, le sénateur PS de la Loire, Jean-Claude Frécon, chantait lui *Tout va très bien Madame la marquise* : « *L'assiduité aux réunions mérite non seulement d'être évaluée, mais aussi d'être publiée et suivie. Il s'agit là d'un impératif incontournable pour une assemblée à caractère constitutionnel. Malgré le fait que ses membres exercent le plus souvent une autre activité (chefs d'entreprise, syndicalistes, responsables d'associations...), le Cese n'a d'ailleurs pas à rougir de sa performance en la matière. Ainsi, le taux de présence s'élève-t-il à 86 % en séances plénières et à 64 % en réunion de section pour 2008.* » Alors que six ans auparavant, le sénateur socialiste se félicitait de la présence à 86 % des conseillers dans l'hémicycle, son collègue député affirme en 2015 que les 233 conseillers ne peuvent pas faire mieux que les 70 % d'assiduité constatés en 2014…

Un laxisme triomphant

Ces chiffres étonnants et contradictoires à plus d'un titre doivent être replacés dans leur contexte peu transparent. Jusqu'à l'arrivée de Jean-Paul Delevoye à la tête du palais d'Iéna en novembre 2010, et malgré l'existence d'un cahier d'émargement pour les séances, seules des sanctions financières minimes étaient prévues contre les conseillers absents sans motif valable. À l'époque, une atmosphère de laxisme généralisé régnait au palais d'Iéna. Dès son arrivée à la présidence du Cese, Jean-Paul Delevoye l'a dit et répété : le palais d'Iéna a cinq ans pour prouver son utilité. Faute de quoi, ajoutait l'ex-médiateur de la République, l'institution disparaîtrait. Soucieux de sauver cette assemblée brocardée régulièrement pour son côté auberge de luxe pour victimes du suffrage universel, Jean-Paul Delevoye tente, dès l'année 2011, d'améliorer son image, en s'attaquant notamment au laisser-aller d'une bonne partie des conseillers. L'ancien président de l'Association de maires de France (Amf) pendant dix ans décide de durcir le flicage des élus, en se reposant uniquement sur le cahier d'émargement. Un système mis en place sans grand succès dans plusieurs conseils régionaux, dont celui d'Île-de-France et qu'il a également connu au Sénat et au conseil général du Pas-de-Calais. En l'absence de la signature d'un conseiller, les deux questeurs syndicalistes FO et CFDT ont donc ordre de lui appliquer les sanctions financières prévues par le règlement intérieur. Mais attention, ces retenues ne peuvent frapper que l'Indemnité représentative de frais (Irf), qui s'élève à 1 893,38 euros sur un revenu mensuel net moyen de 3 000 euros par conseiller.

Mais ces nouvelles mesures ne semblent pas claires pour tout le monde. Ainsi dans son rapport de 2013 consacré comme chaque année au Cese dans la loi de finances, le vice-président UMP de la Commission des finances du Sénat, le sénateur haut-marnais Charles Guené, accumule les erreurs : « *La mesure du taux d'absentéisme a été modifiée en 2011. Désormais les conseillers doivent signer la liste d'émargement chaque jour de plénière pour être comptabilisés présents. La table d'émargement se trouve dans l'hémicycle. Il est vrai qu'un taux d'absentéisme trop élevé entraîne un abattement sur l'indemnité des conseillers.* » D'une part, le cahier d'émargement, on l'a vu, existe depuis 2005 sur décision du président Jacques Dermagne qui l'a mis en place officiellement pour sanctionner les conseillers absents. D'autre part, depuis le début 2012, la table supportant le cahier d'émargement n'est plus dans l'hémicycle, mais a réintégré sa place à l'extérieur. Et l'essentiel est ailleurs : l'ancien médiateur de la République a décidé, pour la première fois, d'appliquer des textes pour sanctionner l'absentéisme.

Depuis mai 2011, Jean-Pierre Delevoye a aménagé plusieurs textes qu'il appelle joliment les « règles du présentéisme » au Cese. La seule grande nouveauté : sur 12 plénières et 12 réunions de section par trimestre, un conseiller peut sécher deux plénières et deux réunions de section sans encourir la moindre sanction. Sans excuse justifiable par un certificat médical ou une obligation professionnelle importante, toute absence supplémentaire se traduit par une perte sèche de 284 euros. Et ainsi de suite jusqu'à la suppression totale de l'Irf pour trois mois (soit 5 680,56 euros) en cas d'absence non justifiée d'un conseiller, chaque trimestre, à 10 plénières et 10 réunions de section. Selon les données du Cese, la somme annuelle des sanctions financières n'a cessé de d'augmenter : 88 325,96 euros en 2012, 119 580,67 euros en 2013 et

132 489,21 euros en 2014 (le chiffre de 125 000 euros nous a été fourni dans un premier temps). En 2008, avant l'arrivée de Jean-Paul Delevoye, ces mêmes sanctions s'élevaient à 62 894,42 euros. Ce qui voudrait dire que le total des sanctions a doublé en six ans. Ce dont le président du Cese n'est pas peu fier !

La publicité soudaine faite à ces pénalités financières mérite quelques explications et éclaircissements. Le terrible absentéisme des conseillers n'avait jamais été abordé dans la presse ou au parlement depuis la création en 1925 de l'ancêtre du Cese, le Conseil national économique. Lanceuse d'alerte à sa façon, Dominique Marcilhacy a mis fin à ce long sommeil le 30 mai 2004. Cette conseillère du groupe de l'Unaf (Union nationale des associations familiales), magistrate de profession, a jeté un beau pavé dans la mare en dénonçant ce jour-là « *l'absentéisme chronique* » régnant au Ces, dans le communiqué suivant envoyé à l'AFP : « *En violation des textes, les conseillers absents ne sont pas démis d'office et continuent de percevoir leurs indemnités de présence de 2 755,36 euros net par mois. Les décrets régissant le Conseil économique et social disposent que l'indemnité des membres "varie en fonction de la présence des membres aux séances du Conseil ou de ses formations et en fonction de leur participation à ses travaux" et que "lorsqu'un membre régulièrement convoqué s'est abstenu pendant six mois sans motif légitime d'assister aux séances du Conseil ou de ses sections, il est démissionnaire d'office et il est pourvu à son remplacement dans les conditions prévues à l'article précédent." Or, un certain nombre de membres du Ces ne mettent jamais les pieds au Conseil : ils ne se déplacent même pas pour signer les registres. Ainsi, entre septembre 2001 et août 2004, deux conseillers au moins ne sont JAMAIS venus dans la section où ils sont tenus de siéger. En plénière, trois membres ne sont JAMAIS venus en cinq ans de mandature, certains seulement deux ou trois fois… Malgré cela, aucune démission d'office n'a été constatée. Mieux encore, leurs indemnités sont intégralement versées à tous les conseillers quelle que soit leur participation. Rappelons que le Ces coûte 32 millions d'euros au contribuable, dont 20 millions au titre des indemnités des conseillers.* »

L'omerta sur quatre brebis galeuses

Cette courageuse mère de cinq enfants et catholique scrupuleuse avait ainsi terminé en beauté son mandat 1999-2004 juste avant la désignation de ses successeurs. Au beau milieu de l'univers consensuel et opaque du palais d'Iéna, ce coup de gueule avait à peine tiré l'institution de sa douce léthargie. Cependant, sept mois plus tard, en février 2005, le président du Ces de l'époque, Jacques Dermagne, ancien vice-président du CNPF (Conseil national du patronat français) précise à l'hebdomadaire *Paris-Match* qu'il vient de prendre une mesure « *radicale* » : « *À moins de 50 % de taux de présence sur un trimestre, les conseillers ne toucheront pas l'intégralité de leur indemnité* ». Sans donner plus de détails… C'est un premier pas pour lutter contre un absentéisme endémique, mais un premier pas timide car le président Jacques Dermagne se refuse à appliquer dans son intégralité le règlement intérieur du Ces et la loi qui prévoient de lourdes sanctions. En effet, l'article 59 du règlement stipule : « *Une moitié de l'indemnité prévue à l'article 2 du décret 59-602 du 5 mai 1959* (Nda : l'Irf) *est liée à la participation aux travaux de l'assemblée, l'autre moitié à la participation aux séances des sections* ». L'article 60 de ce même règlement intérieur précise : « *Les fractions d'indemnités prévues à l'article 59 sont réduites proportionnellement au nombre des séances ou des scrutins auxquels les conseillers n'auront pas pris part sans excuse valable* ». On ne peut pas être plus clair. La totalité de l'Irf d'un conseiller pouvait déjà être supprimée. Curieusement, les deux rapporteurs spéciaux des lois de finances sur le Cese, Philippe Vigier et Charles Guené, semblent ignorer ces textes puisqu'ils parlent tous deux d'un « *renforcement des sanctions* » pour absentéisme décidé et claironné par Jean-Paul Delevoye qui ne fait en réalité qu'appliquer la loi. On marche sur la tête !

De plus, l'article 18 du décret n° 84-558 du 4 juillet 1984 sur l'obligation de présence des conseillers du Ces (toujours en vigueur aujourd'hui) prévoit bien la démission d'office en cas de six mois d'absence consécutifs. Là encore, les parlementaires Philippe Vigier et Charles Guené n'ont visiblement jamais eu connaissance de ce décret.

Première conséquence de ce texte jamais appliqué même aujourd'hui au palais d'Iéna : Jacques Dermagne aurait dû déclarer d'office comme démissionnaire quatre conseillers de la mandature 1999-2004. Nous avons dressé ce hit-parade des conseillers « invisibles » dans l'hémicycle en examinant le résultat des 109 scrutins organisés durant ces cinq années, faute d'avoir accès au cahier d'émargement qui semble relever du secret Défense. La première star de l'absentéisme de cette période était Jean Mattéoli (décédé en 2008), l'ancien patron des Charbonnages de France, qui n'a été présent qu'à deux reprises sur le total de 109 plénières. Soit moins d'une fois tous les deux ans. Un gaspillage des deniers publics consternant puisque cette PQ n'était pas n'importe qui. En tant qu'ex-président du Cese de 1987 à 1999, on l'avait chargé justement de sanctionner les conseillers absents du palais d'Iéna ! Une mission qu'il n'a jamais remplie. Durant cette même période, l'économiste Jean-Claude Casanova n'est jamais venu, mais a tout de même rédigé un avis intitulé « Conjoncture au premier semestre 2002 ». Il a été également membre du Conseil d'analyse de la société (2004-2008), dirigeant contesté de la Fondation nationale des sciences politiques et nommé, en juillet 2012, à la Commission sur la rénovation et la déontologie de la vie publique créée par François Hollande. Même chose pour le coiffeur Pierre Séassari, président à l'époque de la Chambre des métiers de la Haute-Corse, présent à six reprises. Soit une moyenne d'un peu plus d'une fois par an. Dominique Chardon, nº 2 de la FNSEA, a été présent lui dans l'hémicycle quatre fois en cinq ans. Soit moins d'une fois par an en moyenne.

L'explication de ce laxisme, Ghislaine Ottenheimer et Renaud Lecadre la donnent en partie dans leur ouvrage *Les Frères invisibles*[1] : « *En feuilletant le Who's Who, on s'aperçoit que nombre de maçons, lorsqu'ils ont un incident de carrière, effectuent un petit détour par le Conseil économique et social. La rémunération n'est pas extraordinaire (15 000 francs par mois) mais plus que convenable par rapport à l'assiduité exigée en ce lieu. Elle permet de surcroît d'avoir une carte de visite, en attendant des jours meilleurs ou la prochaine alternance politique.* » Hormis Jean-Paul Delevoye qui le nie, les six anciens présidents de cette assemblée étaient tous maçons et 30 à 40 % de ses membres ont appartenu et appartiennent toujours à cette confrérie, notamment parmi les syndicats de salariés et patronaux. Même si le règlement l'exigeait, il n'était pas question pour ces présidents de sanctionner des frères « réfugiés » au palais d'Iéna. En fait, un conseiller « invisible » ne risquait pas de voir ses indemnités amputées, même s'il ne mettait jamais les pieds au palais d'Iéna durant la totalité de son mandat, renouvelable à l'époque sans limitation de durée. Aucun scandale ne risquait d'éclater, puisque les plénières ne seraient ouvertes au public qu'à partir de 1984 et que les cahiers d'émargement restent secrets, aussi bien pour les plénières que pour les réunions de sections.

L'intervention de Dominique Marcilhacy, en août 2004, fait donc scandale, mais ne change pas grand-chose. Certes, le président du Ces à l'époque, Jacques Dermagne, ex-numéro 2 du CNPF, fait le minimum syndical à l'automne suivant pour lutter officiellement contre l'absentéisme. Mais pas question

1. Albin Michel, 2001.

d'appliquer le règlement et la loi. Sous prétexte de fraternité, la puissance du réseau maçonnique et son culte du secret ont permis à l'absentéisme de prendre des proportions énormes dans cette assemblée. Les façades du palais d'Iéna rappellent les codes de cette société philosophique. Ainsi, onze panneaux de mosaïque y ont été ajoutés en 1992, sous la présidence de Jean Mattéoli, celui même qui deviendra le roi de l'absentéisme sept ans plus tard. Actuellement en cours de rénovation, ces sculptures de Royne et Guardici représentent des allégories sans ambiguïté : la lune, le soleil, la voûte étoilée, la pyramide, la pierre taillée, la paix, la chaîne d'union fraternelle et les trois premiers degrés de la vie des initiés : apprenti, compagnon et maître. À l'entrée du Cese, l'influence maçonnique transparaît également, mais seulement pour l'initié. Une sculpture de bronze figure deux personnages qui se tournent le dos, séparés par deux colonnes tronquées, à l'image de celles qui ornaient le temple de Salomon dans la mythologie de l'Égypte antique. Le premier, Horus, fils d'Osiris et d'Isis, tient dans une main un globe terrestre et dans l'autre, un sceptre. Le second, l'avant-bras tendu en équerre, symbolise Isis qui, pour les maçons, est la veuve de l'architecte du temple de Salomon, Osiris. D'après la légende, Osiris fut victime d'un crime passionnel qui fit d'Isis une veuve. Les maçons se désignent entre eux comme les enfants de la veuve. Bien qu'à la tête de ce véritable temple maçonnique, Jean-Delevoye se défend d'être un frère. Il est bien le seul à le croire !

Les silences et les oublis de Jean-Paul Delevoye

Malgré la réelle application des sanctions financières à partir de 2011, une bonne partie des rois fainéants du palais d'Iéna a continué d'utiliser à grande échelle le même subterfuge qu'avant. Signer le cahier d'émargement près de l'entrée de l'hémicycle avant de s'en aller sous les yeux de ses pairs. Rien de plus facile au milieu du va-et-vient incessant dans la monumentale salle des pas perdus, située à l'entrée de l'assemblée. Il suffisait (et il suffit toujours) d'arriver à 13 h 45 (heure d'ouverture du cahier d'émargement) et de repartir avant 14 h 30 (début de la plénière) et le tour était joué. Mais les deux nouveaux questeurs ont rapidement repéré le manège. Pour tenter de s'opposer à cette désinvolture, ils ont installé, en avril 2011, le même système de pointage, mais à l'entrée de l'hémicycle au bas du fauteuil du président. Le cahier d'émargement signé, le conseiller pouvait plus difficilement tourner les talons et ressortir sous les objectifs des caméras filmant la séance en continu. Sale temps pour les tricheurs. Mais début 2012, le registre de signature réintégrait sa place, à l'extérieur, à une vingtaine de mètres de l'entrée de l'hémicycle, un endroit surveillé par aucune caméra. Très officiellement, Jean-Paul Delevoye nous a expliqué ce changement : « *C'est pour des raisons de sécurité que le contrôle a été rétabli à l'extérieur de l'hémicycle. Pendant près d'un an, l'émargement a été organisé dans l'hémicycle, mais celui-ci s'effectuait dans les zones de dégagement qui normalement doivent être totalement libres pour permettre une sortie rapide de l'hémicycle en cas de sinistre.* » Les pompiers ont le dos large et le cahier des tricheurs, une longue vie devant lui.

Système de pointage complètement pervers, le cahier d'émargement manuscrit n'existe pas à l'Assemblée nationale et est tombé en désuétude au Sénat. Quelle peut être l'utilité d'un tel cahier d'émargement au Cese quand on sait que tous les débats sont filmés ? Le service de presse affirme : « *Pour s'assurer de la présence de chaque conseiller aux plénières et réunions de section, tout autre moyen que le cahier d'émargement serait beaucoup plus compliqué et mobiliserait beaucoup plus de personnel que les deux agents affectés à la tenue de ce registre.* » Au nom de la rigueur budgétaire et du consensus lié à cette assemblée symbole du paritarisme, Jean-Paul Delevoye n'a pas voulu s'attaquer à la soixantaine de conseillers tricheurs... Installer un système de contrôle réel à l'image de celui mis en place par le président UMP Gérard Larcher au Sénat eut été bien préférable. Jean-Paul Delevoye en a d'ailleurs convenu devant nous. Un système imparable basé sur trois indicateurs : la mesure de l'assiduité lors des votes dans l'hémicycle, des questions orales avec débat et des réunions en commission. Il s'est contenté d'appliquer le règlement intérieur de l'institution et le décret sanctionnant les conseillers qui ne signent pas le cahier d'émargement. Ce qui représente déjà un réel progrès par rapport à ses six prédécesseurs.

En revanche, il semble moins facile au palais d'Iéna de tricher sur la présence en réunions de sections, lesquelles se déroulent dans des salles très petites en présence d'une quinzaine de conseillers au maximum. Difficile de signer le cahier d'émargement placé à côté du président de section ou d'un administrateur et de s'éclipser sans être remarqué. Résultat : avant la présidence de Jean-Paul Delevoye, le taux de présence en section y était bien plus faible que dans l'hémicycle avant de remonter au même niveau, en 2014, avec la simple mise en œuvre pratique des sanctions financières prévues depuis 1959, mais jamais appliquées. Les chiffres officiels témoignent bien d'une hausse incessante de la présence des conseillers aux réunions de sections. En 2004, 50 % ; 64 % en 2007 ; 60 % en 2008 ; 66 % en 2011 et 71,5 % en 2014. Sur ce point, Jean-Paul Delevoye a réussi son pari : améliorer la présence des conseillers en commission. Cette efficacité des sanctions pour les réunions de sections prouve bien a contrario que les mêmes menaces ne sont guère dissuasives pour les plénières.

Laurence Parisot médaille d'or de l'absentéisme

La confrérie des conseillers rois fainéants est bien connue au palais d'Iéna, mais elle n'est que très rarement montrée du doigt.

Pas question de tuer la poule aux œufs d'or, au nom de la transparence de la vie publique… Nous avons à plusieurs reprises observé le manège évident des conseillers tricheurs. Sur la période de la mandature Delevoye, soit durant quatre ans et demi, la consultation des 99 votes sur des avis ou résolutions lors de 88 plénières permet d'identifier de manière formelle les conseillers les plus souvent absents, mais pas les tricheurs. Ces plénières sont consacrées uniquement à la présentation et au vote de ces avis ou résolutions. Les conseillers « non tricheurs » absents de ces plénières ont bien perdu une partie de leur Indemnité représentative de frais. Des sanctions qui prennent également en compte leurs absences aux réunions de section qui se déroulent en principe au lendemain des plénières. Jean-Pierre Delevoye s'est toujours refusé à donner plus de détails et en particulier les noms des intéressés. Or, l'un des conseillers les plus lourdement sanctionnés est l'un de ses principaux soutiens dans sa tentative de réélection à la présidence du Cese en décembre prochain. Ceci explique peut-être cela…

Du 13 janvier au 7 juillet 2015, la médaille d'or de l'absentéisme au palais d'Iéna a été décrochée ex æquo par Ange Santini, maire UMP de Calvi, et Laurence Parisot, ancienne patronne du Medef. Ces deux conseillers n'ont participé à aucun des 20 votes organisés sur des avis ou résolution lors des 17 plénières. À trois reprises, semble-t-il, Laurence Parisot a signé le cahier d'émargement ce que Jean-Paul Delevoye se refuse à confirmer se contentant d'un lapidaire : « *On ne l'a pas souvent vue* ». Pourtant, le cérémonial était immuable. Elle s'asseyait à la gauche de l'hémicycle parmi les PQ avant de repartir rapidement. En un mot, l'ancienne patronne du Medef se moque des règles du « présentéisme ». Un membre du cabinet de Jean-Paul Delevoye nous a confirmé ce hit-parade sans plus, mais reproche surtout à Laurence Parisot de ne pas s'être servie de son compte Twitter pour faire de la pub au Cese !

Le plus grave n'est pas là. En effet, Jean-Delevoye et les deux questeurs du Cese auraient dû déclarer Ange Santini démissionnaire d'office en 2014 et appliquer la même sanction à Laurence Parisot en 2015. Curieusement comme trois de ses prédécesseurs à la tête du Conseil économique et social, Gabriel Ventejol, Jean Mattéoli et Jacques Dermagne, Jean-Paul Delevoye n'a pas appliqué l'article 18 du décret n° 84-558 du 4 juillet 1984. Interrogé, le 7 juillet 2015, en présence de sa directrice de la communication Christine Tendel, le président du Cese nous a affirmé qu'il ne connaissait pas ce décret ! Nullement contrarié, mais prétextant un rendez-vous, il nous a alors rapidement quitté après avoir affirmé que ses services vérifieraient. Depuis, pas de nouvelles de sa part…

Battu aux élections régionales de 2010, l'ancien patron du Conseil exécutif corse depuis 2004, Ange Santini, s'est retrouvé au Cese malgré lui, sur décision de Nicolas Sarkozy qui lui a également accordé la Légion d'honneur. L'ancien président de la République n'a jamais eu de sympathie particulière pour le maire de Calvi et a ainsi réussi à l'évincer en douceur de sa position de patron de la droite corse pour le remplacer par un de ses amis le député et ancien maire UMP de Porto-Vecchio, Camille de Rocca-Serra. Officiellement bien sûr, Ange Santini a été nommé au Cese pour faire profiter cette assemblée de son expérience en tant qu'ancien président du Conseil exécutif corse. Riche propriétaire de luxueux campings près de Calvi, Ange Santini ne vient que rarement au palais d'Iéna. Visiblement les sanctions financières que lui appliquent les deux questeurs le laissent de marbre et les travaux du Cese ne semblent pas le passionner. En quatre ans et demi de mandat, il a participé uniquement à 17 plénières sur 88 au total : six en 2011, onze en 2012, six également en 2013, et zéro en 2014 et 2015.

La vice-présidente de l'Ifop, administratrice de BNP Paribas, Michelin, EDF, la Coface et membre du conseil de surveillance du groupe Michelin, Laurence Parisot s'était « autonommée », en juin 2013, au Cese en tant que présidence du Medef, juste avant de perdre son siège au profit de Pierre Gattaz. Elle remplaçait au palais d'Iéna l'ancienne présidente de Manpower France, Françoise Gri, démissionnaire. Dès son arrivée, cette maîtresse femme s'est fâchée avec ses petits camarades patrons du groupe entreprises. Du coup, en décembre suivant, elle a quitté ce groupe pour intégrer celui des Personnalités qualifiées. Elle y a remplacé Pierre Charon élu sénateur des Hauts-de-Seine en septembre 2011, mais ne s'est guère montrée plus assidue que lui aux travaux du palais d'Iéna. Depuis sa nomination, l'ancienne patronne du Medef a assisté, en trois ans, à cinq plénières en 2013, quatre en 2014 et aucune en 2015 jusqu'à ce jour. Le 21 février 2013, la présidente du Medef déclarait pourtant sur RTL : « *Nous avons besoin de faire des économies. La France est addicte à la dépense publique et il faut qu'on sorte de cette logique-là.* »

On peut s'étonner que Laurence Parisot tienne ces propos et participe au gaspillage du budget de l'État en occupant un poste fictif au palais d'Iéna. Elle aurait pu demander à exercer cette responsabilité à titre bénévole. Mais l'État providence a parfois des avantages. Il suffit simplement d'en connaître les bons plans… Son absentéisme ne l'a pas empêchée de se mêler de la campagne pour l'élection du nouveau président du Cese à l'automne prochain. Toujours soutenu par FO entre autres, Jean-Pierre Delevoye veut rempiler, mais affronte des concurrents sérieux, dont Patrick Bernasconi numéro 2 du Medef qui ne compte pas Laurence Parisot dans ses petits papiers. Dans l'édition du *Figaro* du 24 mars 2015, sous le titre « Le Cese : la bataille pour la présidence est lancée », la journaliste Domitille Arrivet écrit : « *Laurence Parisot soutient aujourd'hui Jean-Paul Delevoye "dont le bilan est bon", affirme-elle. "Peu importe le chemin qui a mené l'ex-ministre de la Fonction publique au palais d'Iéna. Ce qui m'intéresse, c'est l'action qu'il mène, se justifie Laurence Parisot. Le problème du Cese n'est pas la légitimité du président, c'est la représentativité. L'entreprise y est sous-représentée par rapport au social et à l'environnemental.*" » Laurence Parisot parle d'or, le monde de l'entreprise y est sous-représenté et aurait bien besoin d'une ambassadrice digne de ce nom…

Un sabotage organisé place d'Iéna

En fait, Laurence Parisot, Ange Santini et les nombreux rois fainéants du palais d'Iéna ont quelques excuses. Tous sont bien placés pour savoir que le Cese ne sert à rien, sinon à distribuer emplois et salaires fictifs pour le plus grand profit des représentants syndicaux du corporatisme paritaire, des associations et des recasés de notre république monarchique. Les chiffres sont connus et authentifient le gaspillage. Le Cese n'a été saisi que 2 fois par le gouvernement en 2012, 5 fois en 2013, 7 fois lors des dix-huit derniers mois. Bien sûr, cette sorte de cercle de réflexion produit quelques travaux, la plupart en se saisissant le plus souvent lui-même ! Un total général de 77 avis de 2011 à 2014, soit une moyenne de 19 avis ou résolutions pondus par an. Si l'on rapporte cette cadence infernale au budget du Cese (près 40 millions d'euros pour 2014), le coût moyen de chacun de ces 19 rapports s'élève à plus de 2 millions d'euros. Ça fait cher la page…

Obsédé par son image de père la rigueur, Jean-Paul Delevoye a coupé dans tous les budgets de l'institution. Certes, le palais d'Iéna avait pris de mauvaises habitudes, plongé qu'il était dans un profond sommeil. Ainsi à l'instar de l'ancien président du

Sénat Christian Poncelet, qui s'était auto-attribué un appartement de fonction à vie avec voiture de fonction et chauffeur, l'ex-président du Conseil économique et social, Jacques Dermagne, avait demandé, fin 2010, à continuer de bénéficier d'une voiture de fonction avec chauffeur et d'un bureau place d'Iéna. Jean-Paul Delevoye avait hésité avant de refuser. Plus sérieusement, faute de pouvoir augmenter directement le budget du Cese pour améliorer la qualité de ses « avis », il l'a transformé en une sorte de salle de spectacle pour événements et autres coups marketing. Les plus grands noms de la mode, de la publicité et du cinéma, viennent s'y ébattre lui rapportant une manne de 2,5 millions d'euros en 2014. Ce ballon d'oxygène a surtout servi à renflouer la caisse de retraite des conseillers et à diminuer la dotation de l'État au Cese de 0,4 % en 2015, sans améliorer les conditions de travail misérabilistes des conseillers auteurs des fameux avis ou rapports. Le coût de fonctionnement du Cese par conseiller a diminué légèrement, en 2015, pour s'établir à 18 360 euros contre 19 000 euros l'année précédente. Certes, mais les conseillers rapporteurs vivent trois mois d'enfer pour pondre leurs avis. Rien à voir avec le rythme de travail des députés ou sénateurs rapporteurs qui sont épaulés par quatre à cinq collaborateurs (payés par une enveloppe mensuelle de 9 500 euros pour les premiers et de 7 548 euros pour les seconds) et des centaines d'administrateurs du parlement (rémunérés grassement par l'État autour de 10 000 euros brut mensuels).

Les conseillers rapporteurs sont condamnés au système D pour faire le job. En dehors de la bonne volonté des conseillers et de l'aide d'un seul administrateur du Cese, l'institution prévoit tout de même une enveloppe de 7 000 euros pour chacun des 19 avis adoptés en moyenne par an. Les personnalités auditionnées ont leurs frais de transport et d'hébergement à Paris remboursés. Le

Cese assure les frais de mission des conseillers rapporteurs, notamment le transport et l'hébergement sur les lieux visités et le coût de frappe des avis. Mais il arrive souvent que des voyages soient refusés uniquement pour des raisons financières. Un genre d'événements inconnu au Sénat ou à l'Assemblée nationale.

Une institution nuisible à la République

Conséquence de ce manque de moyens humains et matériels, la qualité des avis : ces documents mort-nés ressemblent à des dissertations d'étudiants de Sciences Po avec leurs thèse, antithèse et synthèse. De bonnes copies, mais sans la moindre idée originale ou nouvelle. Elles ne sont pour la quasi-totalité d'entre elles qu'une simple compilation de travaux existants. Personne ne les lit, car elles sont nettement moins percutantes et documentées que celles des parlementaires, de la Cour des comptes ou de l'Inspection générale des finances. En outre, de l'aveu même de Jean-Paul Delevoye, les rapports du palais d'Iéna doublonnent avec six organismes consultatifs dépendants du gouvernement et toutes sortes d'autres comités Théodule gérés également par Matignon. Ces avis et résolutions n'ont que deux avenirs possibles : à la verticale dans une poubelle ou à l'horizontale, au fond d'un tiroir. Conclusion : le palais d'Iéna compte pour du beurre, personne ne se soucie de ses avis, il reste coupé des réalités du pays et ses travaux ne valent pas tripette. Quant au fait que le Conseil économique et social soit devenu environnemental en 2008, il ne change rien à l'affaire. L'institution, qui faisait déjà beaucoup de vent, était censée alors se spécialiser dans les énergies renouvelables et le développement durable. Un pari raté malgré sa logorrhée d'avis produits à l'occasion de la conférence de Paris sur le climat, fin 2015.

Jean-Paul Delevoye ne manque pas de s'insurger contre cette réalité. Il nous déclare péremptoire : « *30 % des textes de lois ou des règlements s'inspirent des travaux du Cese et notamment de ses avis».* L'histoire de cette assemblée ne garde pourtant que le souvenir de trois avis qui ont influencé le parlement et le gouvernement : le rapport Wresinski « Grande pauvreté et précarité économique et sociale » (1987) à l'origine du RMI, le rapport Barthélémy « L'entreprise individuelle » qui inspira la loi Madelin sur les travailleurs indépendants (1994) et celui sur l'harmonisation des Smic (2002). Pour près d'un siècle d'existence, ce bilan reste bien maigre. Certes, la nature consultative du Cese se conjugue difficilement avec la performance de cette assemblée. Jean-Paul Delevoye croit avoir trouvé un joker grâce à un indicateur intitulé « Diffusion des avis du Cese et mention dans la presse de l'institution et de ses travaux ». Cet indicateur prévoyait, pour 2015, 6 000 articles contre 7 500 l'année précédente, où les fortes retombées ne s'expliquent que par le refus très contesté du président du Cese de valider la pétition citoyenne de la Manif pour tous ! Navrant.

Des conseillers n'hésitent plus à cracher dans la soupe en privé comme en public. Mardi 16 juin 2005, Sophie de Menthon s'est carrément lâchée au journal de 20 heures sur France 2. Déjà connue pour ses critiques voilées sur le Cese, cette chef d'entreprise a osé dire publiquement ce que nombre de conseillers avouent seulement en privé : « *Qui lit nos rapports ? Personne... Si on ne fait pas une réforme en profondeur du Conseil économique social et environnemental, il faut le supprimer, car il ne sert à rien.* » Piqué au vif, Jean-Paul Delevoye lui a répliqué du tac au tac, en son absence, lors de la plénière du 23 juin : « *Un conseiller qui critique le Cese doit faire attention à ses propos. S'il n'est pas bien dans cette maison qu'il la quitte. Il faut être solidaire dans cette maison indispensable à la République et à la démocratie.* » Fermez le ban !

François Lucas, premier vice-président de la Coordination rurale et conseiller depuis 2005, a dénoncé les multiples gaspillages et dysfonctionnements du Cese dans une interview recueillie les 29 juin et 7 juillet 2015 : « *Les deux plénières par mois ne servent pas à grand-chose. C'est du gaspillage d'argent public. Tout est joué d'avance. Les dés sont pipés pour obtenir un consensus mou sur un projet d'avis déjà présenté juste avant à midi lors d'une conférence de presse. Comme si le vote du texte était une simple formalité ! En plénière, un conseiller ne peut pas prendre la parole, s'il ne s'exprime pas au nom de son groupe pour expliquer son vote. Et pas plus de trois minutes avant d'être applaudi rituellement. Écrite à l'avance, cette explication de vote ne m'apprend jamais rien. Et je sais de quoi je parle, parce que j'ai manqué une seule plénière et une seule réunion de section en cinq ans de mandat. Avant de venir, j'ai toujours lu le rapport sur lequel on va voter. C'est la moindre des choses… Mais, je ne peux pas poser une question d'actualité ou sur l'avis en cours d'adoption ! Ce n'est pas interdit, mais personne n'ose… Alors comme une bonne partie de la petite centaine de conseillers présents en moyenne à chaque plénière, je travaille sur mon ordinateur, car j'ai beaucoup d'autres responsabilités. Le seul avantage des plénières reste de nous fournir dans la capitale, et notamment à moi céréalier charentais, un bureau pour bosser sur nos dossiers en cours. Incroyable mais, à part les 18 présidents de groupe, le président Delevoye et les deux questeurs, les conseillers ne disposent pas de bureau au palais d'Iéna. Je travaille aussi souvent dans la grande salle des pas perdus du palais d'Iéna, assis dans un fauteuil devant une grande table. Vous avez dit gaspillage ?* »

Je te tiens, tu me tiens par la barbichette…

Sur la représentativité de la vingtaine de syndicalistes représentants du monde agricole au Cese, François Lucas ne mâche pas ses mots non plus : « *Aux dernières élections professionnelles en 2013, la FNSEA, les Jeunes Agriculteurs (JA) et leurs organisations satellites ont recueilli 60 % des voix, ce qui leur donne pourtant le droit d'occuper 18 des 20 sièges du groupe agricole au Cese, des sièges qui restent d'ailleurs le plus souvent vides en plénière. La Coordination rurale, avec moi-même, et la Confédération paysanne, avec son ancien porte-parole Régis Hochart, occupent deux sièges seulement. Or nos deux organisations ont recueilli chacune 20 % des voix aux dernières élections professionnelles. En toute bonne logique, nos deux syndicats devraient avoir chacun 4 sièges au Cese et la FNSEA et ses satellites pas plus de 12 sièges. C'est Matignon qui décide de manière discrétionnaire du nombre de conseillers au Cese par organisation représentative.* » Membre du Cese depuis 2005, François Lucas explique que l'indemnité mensuelle globale de plus de 3 115,75 euros net que lui verse le Cese lui a permis d'exercer ses anciennes fonctions de président de la Coordination rurale dans de bonnes conditions. Son exploitation de céréales ne lui rapporte plus rien depuis 2005, puisqu'il l'a provisoirement laissée à un agriculteur qui en vit. François Lucas est salarié par son syndicat, une organisation qui emploie une quarantaine de personnes. Rien à voir avec les moyens colossaux du syndicat agricole largement majoritaire en France, la FNSEA, avec ses 1 200 salariés dans l'Hexagone, qui possède des moyens importants pour se faire entendre des pouvoirs publics…

L'ancienne conseillère Dominique Marcilhacy va encore plus loin dans sa dénonciation de cette assemblée pour conseillers absolument débordés et pour certains tricheurs : « *Est-ce que les 18 groupes de conseillers du Cese sont représentatifs de la société française ? Est-ce normal et utile qu'on alimente de cette façon telle ou telle association et pas une autre ? Une chose est sûre : au palais d'Iéna, la vie peut se résumer à la maxime bien connue "Tu me tiens, je te tiens par la barbichette..." Dans le domaine de la politique familiale, les gouvernements ont un intérêt majeur à ce que l'Unaf (l'Union nationale des associations familiales) soit sage et gentille dans ses prises de position. Or l'Unaf est très sage, et très gentille, parce que grassement subventionnée et qu'elle bénéficie de dix places au Cese, elle a le monopole de la représentation parmi 8 500 associations familiales dans l'Hexagone*[1] *! Ces places sont une forme de subvention, et peuvent être une sorte d'achat.* » Le Premier ministre Lionel Jospin a démis la même Dominique Marcilhacy de ses fonctions au Cese, en 2001, à la demande du professeur de médecine Henri Joyeux, le président du groupe Famille de France. Il ne supportait pas que la conseillère, représentante de son organisation au sein du groupe Unaf au Cese, ait manifesté son indépendance. L'exclue du palais d'Iéna a alors fait un recours devant le Conseil d'État qui a ordonné, le 4 juillet 2003, sa réintégration, la juridiction administrative ayant validé sa liberté de parole au Cese par rapport à son groupe. Le clou de l'affaire : le président à l'époque, Jacques Dermagne, n'a pas voulu régler ses deux ans d'arriérés d'indemnités à Dominique Marcilhacy prétextant qu'elle avait été absente sans raison pendant deux ans ! Alors que le même Jacques Dermagne oubliait de sanctionner des conseillers qui ne mettaient jamais les pieds aux plénières et dans les réunions de section. Dominique Marcilhacy a finalement récupéré son dû à l'issue d'une longue bataille juridique.

L'Unaf reçoit une subvention annuelle d'environ 27 millions d'euros par an. Ses 10 conseillers au Cese (dans un groupe qui inclut 5 autres militants d'associations désignés par elle de manière discrétionnaire) y sont les seuls représentants pour près de 8 500 associations familiales dans l'Hexagone. En somme,

1. Entretien avec l'auteur.

l'assemblée du palais d'Iéna accorde ses « faveurs » à une sorte de syndicat unique des familles françaises, qui décide souverainement à qui elle octroie son agrément ! Une faveur que l'Unaf partage avec six syndicats de salariés qui désignent 69 conseillers à leur convenance. Bien que ces organisations ne représentent pas plus de 8 % au total de la population active française, ces 69 syndicalistes occupent presque un tiers des 233 sièges du Cese. Et bien sûr, ils sont toujours les premiers à défendre cette assemblée. Le palais d'Iéna est, entre autres, un moyen commode et complètement légal de financer les syndicats de salariés et de patrons ainsi que certaines associations, quelquefois directement comme on l'a vu. Le Premier ministre définit par voie réglementaire, c'est-à-dire sans l'aval du Parlement, les règles permettant de sélectionner les organisations appelées à procéder à ces désignations et à la répartition des sièges du Cese. L'enjeu est de taille pour ces organisations, puisque la participation aux travaux du Cese constitue l'un des signes extérieurs de leur légitimité et de la reconnaissance, dont elles bénéficient. Il l'est également pour l'institution elle-même, dont la représentativité dépend directement de celle des organisations qui y sont représentées.

La CGT à l'origine de la création de l'institution

Les anciens ou actuels membres du Cese, de Jean-Luc Bennahmias à Christian Estrosi en passant par l'ex-patronne du Medef, Laurence Parisot, Ange Santini, Dominique Marcilhacy, François Lucas et la soixantaine de conseillers tricheurs ignorent qu'ils ont pu profiter de cette sinécure grâce à la CGT ! L'historien Michel Carmona raconte : « *La Grande Guerre a donné aux syndicats un rôle capital dans le consensus nécessaire aux quatre ans de conflit et Léon Jouhaux espérait bien en recueillir les fruits. À l'époque, l'argumentation de la CGT réformiste était la suivante : nous syndicats ouvriers avons soutenu l'Union sacrée pour la guerre, notamment dans les fabriques d'armement, mais nous n'avons jamais été associés à la décision d'entrer en guerre contre l'Allemagne. En fait, Léon Jouhaux, en lutte avec les sympathisants communistes de son syndicat, voulait tirer quelques bénéfices et avantages pour son organisation. C'est-à-dire nommer des représentants dans une assemblée consultative associée aux décisions du gouvernement. La fin des hostilités en 1918 devait marquer ainsi pour lui l'avènement de la démocratie sociale avec la création d'un Conseil national économique aidé de petits frères régionaux*[1]. »

Curieusement, malgré son jeune âge (35 ans) et sa bonne santé, Léon Jouhaux n'a jamais été appelé sous les drapeaux (ce qui lui fut âprement reproché), mais il accepta d'être nommé commissaire de la nation chargé, dans l'esprit de l'Union sacrée, de la propagande en faveur de la guerre dans les milieux ouvriers. Cette position provoqua l'opposition de la minorité communiste de la CGT qui, elle, tenait un discours très pacifiste dénonçant la guerre. Au congrès de Lille en juillet 1921, Léon Jouhaux réussissait (avec 52 % des voix) à empêcher le ralliement de la CGT à sa tendance bolchevique pilotée depuis Moscou, dont les membres firent alors scission pour créer la CGT-U. Avec son idée de créer un Conseil économique national, Léon Jouhaux entendait améliorer la définition de l'intérêt général et aussi mettre fin à la lutte des classes. Pour ce syndicaliste franc-maçon notoire et farouchement anticommuniste, il fallait « *en finir avec la politique du poing tendu* » et la CGT réformiste devait être « *présente partout où se discutaient les intérêts ouvriers* ». Le Conseil national économique devait servir au dialogue entre patrons et ouvriers.

1. Entretien avec l'auteur.

Le chef du gouvernement, le radical et franc-maçon anticlérical, Georges Clemenceau, avait reçu, en 1919, une délégation de la CGT et s'était engagé devant Léon Jouhaux à mettre à l'étude un tel Conseil à caractère purement consultatif. En outre, de nombreux hauts fonctionnaires et politiques de la puissante IIIe République victorieuse de l'Allemagne, comme Henry de Jouvenel, Joseph Paul-Boncour ou André Tardieu, voulaient associer au travail gouvernemental des syndicalistes et des patrons. Des hommes engagés dans la vie économique et sociale, apportant leur compétence et, avec elle, une vision différente des problèmes concrets de la vie nationale.

Cette idée d'une sorte de « démocratie sociale » et d'une « syndicalisation de la République » leur tournait dans la tête depuis la fin du siècle précédent.

En 1925, le gouvernement du cartel des gauches créait par un simple décret un Conseil national économique (CNE) de 47 membres divisés en trois groupes : population et consommation (9 délégués), travail (30 représentants des syndicats, dont 9 pour la CGT, 1 pour la CFTC, 5 pour le patronat, 4 pour les cadres) et capital (8 membres). Ils étaient désignés par « les organismes professionnels ou sociaux les plus représentatifs » selon une proportion en qualité et en nombre décidée par Édouard Herriot président du Conseil. C'est-à-dire par les grandes confédérations ouvrières et patronales, les coopératives de consommations, les syndicats d'artisans, les travailleurs intellectuels, les travailleurs chrétiens, les organisations d'agriculteurs, et quelques associations. En fait, les fondateurs du CNE veulent amender le modèle jacobin et instituer une sorte d'administration consultative. « *L'État tutélaire* » comme on se plaît à le penser depuis Tocqueville, ayant fait en sorte « *qu'entre lui et les particuliers, il n'existe plus qu'un espace immense et vide* ».

Pour eux, le modèle centralisé français s'est construit à partir de l'exclusion des « corps intermédiaires », c'est-à-dire des diverses formes sociales ou politiques existant entre l'État et les individus : syndicats, associations, partis, collectivités locales, institutions d'autorégulation de la société civile. Et il serait temps de proposer une nouvelle société.

À l'origine, les rapporteurs du Conseil d'État qui dirigeaient les travaux de haute tenue des conseillers ne touchaient aucune indemnité de fonction. En fait, de jeunes auditeurs du Conseil d'État réalisaient l'ensemble des rapports. L'absence de toute PQ à l'époque concourant aussi à cette absence de rémunération. Pour un syndicaliste, patronal, ouvrier, ou un membre d'une association, c'était d'abord un honneur de faire partie de cette institution. Pas question d'être rémunéré. Le président du Conseil le radical Édouard Herriot a été le premier président de droit de cet organisme corporatif aux côtés de deux vice-présidents, Léon Jouhaux et Paul de Peyerimhoff, président du comité central des houillères et grand financier des partis politiques. Installé dans une aile du Palais-Royal à côté du Conseil d'État, le Conseil national économique voyait assez vite son existence menacée par une maladie infantile devenue aujourd'hui mortifère. Ses études économiques se retrouvaient quasiment toujours à la traîne des décisions gouvernementales. En effet, cette assemblée devait attendre d'être saisie par le gouvernement pour lancer ses travaux dans un domaine précis. Un mode de fonctionnement lent organisé, semble-t-il, pour ne pas trop concurrencer le parlement…

Un laboratoire économique et social

À l'origine, le Conseil national économique remplissait une fonction importante. L'État voulait le transformer peu à peu en un véritable laboratoire administratif et social au service du gouvernement. Entre 1914 et 1918, l'État avait pris en charge une grande part de l'économie nationale. Après-guerre, les politiques ont le souci d'appliquer à l'administration les méthodes apparues dans l'industrie de guerre. La compétence s'impose comme valeur essentielle et au-delà de la question de la représentation des intérêts, l'expertise est requise dans la décision publique. Les membres du Conseil jouent alors plus un rôle de techniciens compétents que de représentants et défenseurs d'intérêts catégoriels, Comme l'explique l'historien Alain Chatriot auteur de *L'Expérience du Conseil national économique 1924-1940*[1] : « *Georges Salvador, un membre influent du Conseil d'État en relation avec toute la classe politique et les directeurs d'administration centrale, était la cheville ouvrière du Conseil national économique à son poste de secrétaire général, durant toute l'entre-deux-guerres. Parallèlement à ses fonctions au Conseil d'État, il coordonnait le travail des conseillers représentants de syndicats et d'associations ainsi que de nombreux hauts fonctionnaires désignés comme rapporteurs. Le futur vice-président du Conseil d'État, Alexandre Parodi, travaillait à ses côtés comme secrétaire général adjoint.* » Cette assemblée consultative produit à l'époque des rapports intéressants et novateurs sur l'enseignement technique, l'outillage national, le logement ou la prise en charge des chômeurs. De plus, le Conseil manage des expertises économiques sur toutes les grandes branches de l'industrie. Vu la pénurie de l'information économique à l'époque, leurs travaux rédigés sous la plume de hauts fonctionnaires ont même quelques succès dans la presse.

Pendant la période agitée du Front populaire, tous les rapports sont votés de façon quasi unanime. Ils reflètent la remise en cause

1. La Découverte, 2002.

du libéralisme et le développement de l'économie dirigée, suite à la crise de 1929. Cette officialisation du rôle du Conseil national économique permet à certains de ses membres de participer à l'application des lois sociales et aux négociations lors des grèves de 1936. Rien à voir avec son successeur d'aujourd'hui, le Cese, complètement démonétisé. Deux mois avant l'arrivée au pouvoir du Front populaire et la réunification de la CGT, la loi du 19 mars 1936 (et non plus seulement un décret) donne du muscle au Conseil national économique qui peut être non seulement saisi par le gouvernement, mais aussi par le Parlement. La troisième assemblée triple alors le nombre de ses membres, qui passent de 47 à 173, dont presque la moitié, 75, appartient à la CGT et aux syndicats ouvriers. En fait, l'institution quitte ses habits d'organisme multicorporatif pour enfiler ceux d'un « grand Conseil des syndicats » selon l'expression d'un autre franc-maçon reconnu Paul Ramadier, ministre du Travail dans le gouvernement Daladier. Une petite nouveauté préfigure l'arrivée des PQ après-guerre qui commencera à décrédibiliser l'institution près de 30 ans plus tard. Il s'agit de trois personnalités nommées, en 1936, par l'assemblée du Conseil en raison de leurs compétences dans le domaine économique : Fernand Maurette, professeur d'économie à HEC ; Charles Rist, sous-gouverneur honoraire de la Banque de France ; et André Siegfried, professeur au Collège de France. À l'époque, experts et rapporteurs extérieurs, issus des grands corps de l'État, des grands ministères et de l'université travaillent régulièrement pour cette assemblée, qui n'a pas besoin de recourir à des PQ. Organisé en une assemblée générale et des sections, comme son voisin le Conseil d'État, le Conseil national économique de 1936 voit, à la demande des intéressés, ses compétences s'étendre à l'arbitrage de conflits économiques, et un rôle important lui est attribué en matière d'élaboration des conventions collectives. Seul point noir : souvent consulté par le gouvernement, le Conseil national économique est peu écouté par l'Assemblée nationale et le Sénat qui se méfient de cette rivale potentielle.

La IVᵉ République et le début du gaspillage

Supprimé par Vichy, puis menacé de disparition par de Gaulle qui considérait ce « machin » comme inutile, le Conseil national économique est rétabli, en 1946, après le départ du Général, sous le nom de Conseil économique, non plus par une loi, mais directement par la Constitution de la IVᵉ République. Léon Jouhaux réalise alors son vieux rêve : devenir président du Conseil économique. La loi 47-1550 du 20 août 1947 précise l'organisation et les pouvoirs des membres du Conseil économique. Son article 5 stipule : « *Les crédits nécessaires au fonctionnement du Conseil économique sont inscrits au budget général, troisième partie, pouvoirs publics, à deux chapitres "Indemnités des membres du Conseil économique" et "Dépenses administratives du Conseil économique". Pour constituer son cabinet, le président du Conseil économique use de crédits figurant au chapitre des dépenses administratives, en observant les règles admises pour les cabinets ministériels.* » Son article 8 mentionne : « *L'indemnité des membres du Conseil économique est égale aux deux tiers du traitement d'un conseiller d'État. Le montant de l'indemnité ainsi fixée est considéré pour un tiers comme représentatif de frais.* » Conclusion : un tiers de l'indemnité des membres du Conseil économique échappe à l'impôt. Cela augure mal de la suite…

Mais, face à la mainmise du Parti communiste et de son représentant Benoît Frachon sur la CGT, Léon Jouhaux démissionne de ce syndicat en décembre de la même année et crée FO avec l'appui des services secrets américains. Pour diminuer le poids de la CGT et accorder de la place à FO, la loi du 20 mars 1951 entraîne une nouvelle composition du Conseil économique fort

De Gaulle en fait une institution de bienfaisance

Avec le retour au pouvoir du général de Gaulle, c'est le début de la descente aux enfers pour l'institution rebaptisée Conseil économique et social (Ces) en 1958. L'institution ne sera plus une assemblée d'experts au service du gouvernement comme sous la IIIe République et ne jouera jamais le rôle de tribune des syndicats que ces derniers souhaitaient. L'assemblée consultative se contentera d'apporter une bien modeste assistance à l'exécutif, ne gardant qu'un faible rapport avec le parlement qui ne pourra plus la saisir jusqu'en 2008. Certes, l'article 27 de l'ordonnance du 29 décembre 1958 a pour mission de sauver le Ces. Elle prévoit que « *dans un délai d'un an à compter de la publication de la présente ordonnance, le Premier ministre supprimera par décret pris en Conseil d'État les organismes consultatifs dont les attributions feraient double emploi avec celles du Conseil économique et social* ». Le président de la République Charles de Gaulle ne fera jamais appliquer cette ordonnance qui deviendra vite périmée. Le sort de cette assemblée est scellé : elle ne servira plus à grand-chose, sauf à financer les syndicats, comme sous la IVe République.

La Ve République achève aussi de la transformer, en 1962, en institution de bienfaisance de 200 membres pour politiques et syndicalistes. La baguette magique de ce changement se cache derrière les PQ qui passent de 8 en 1951 à 50 (dont 25 pour les DOM-TOM), en 1962, sur un total de 200 conseillers. Avec un conseiller sur quatre nommé par le gouvernement, le groupe des PQ (12 de métropole et 25 de l'outre-mer) devient le groupe le plus important, juste devant celui des syndicats de salariés, fort de 40 membres issus de plusieurs organisations. La qualité de PQ d'outre-mer va fournir des sinécures dorées fort utiles pour recaser les élus de l'Union française qui représentent les anciennes colonies africaines et les DOM-TOM. La liste est longue. On retrouve :

Robert Aubé (ancien sénateur UNR), René Fillon (trésorier du mouvement gaulliste RPF et sénateur UNR du Soudan), Édouard Gaumont (ancien député républicain socialiste), Lucien Junillon (ancien conseiller de l'Union française socialiste), André Laurent-Eynac (ancien vice-président de l'Assemblée de l'Union française radical), René Malbrant (député UNR de l'Oubangui-Chari), Michel Raingeard (ancien député RPF de Nantes) et Kenneth Vignes (ancien conseiller de l'Union française MRP), l'ancien ministre MRP Pierre Abelin, un personnage surprenant, André Lafont, syndicaliste exclu de FO et partisan de l'Algérie française, François Lopez (ancien député UNR d'Oran) et Paul Bacon (ancien ministre du Travail MRP).

Malgré son aversion pour les partis, de Gaulle fait aussi figurer, en 1962, parmi les PQ, les différentes forces politiques : Robert Lacoste (socialiste), Camille Laurens (indépendants et paysans), Édouard Ramonet (radical), Eugène Thomas (socialiste) et Louis Vallon (gaulliste de gauche). Mais, le Général recycle surtout dans le Ces les anciens parlementaires de tous bords et notamment les gaullistes[1]. La liste est longue. Certes, il fait aussi nommer des experts reconnus, issus du Conseil précédent : les juristes et économistes Maurice Byé, Jacques Dumontier et Alfred Sauvy, le médecin Étienne May et l'ancien président du Conseil économique Émile Roche. De nombreux experts économiques de premier plan font aussi leur entrée au Conseil par le biais des sections : Roger Nathan, Jean Labasse, Jacques Delors, Francis-Louis Closon, Henri Guitton, Bertrand de Jouvenel, Maurice Allais, Marcel Boiteux et Jacques Branger.

1. En janvier 1963 lors d'une nouvelle vague de nomination de PQ, on trouve Albert Liogier, ancien député, et Pierre Carous, maire de Valenciennes et ancien député UNR, Louis Bour, ancien député MRP de la Seine, et Marcelle Devaud ex-députée UNR de la Seine.

L'inflation du nombre des PQ au Ces sous la présidence de Gaulle a souvent été l'objet de commentaires très critiques des médias et des juristes. Cependant, peu de journaux dénoncent le reclassement des élus de la République, notamment les anciens parlementaires gaullistes, dans des sinécures dorées. L'éditorial du *Monde* des 7 et 9 juin 1959 dénonce le simple recasage d'anciens élus : « *Parmi les nouveaux venus figurent nombre d'anciens membres de la défunte Assemblée de l'Union française et quelques personnalités victimes du suffrage universel, notamment M. Robert Lacoste et d'anciens ministres du général de Gaulle* ». Et à propos des membres des sections, le journal note : « *Ces "experts", dont la qualification semble sensiblement comparable à celle des membres du Conseil, seront chargés de conseiller les conseillers. Désignés par le gouvernement, ils pourront contribuer à infléchir dans le sens désiré par les pouvoirs publics les travaux demandés au Conseil.* » Seul le dirigeant communiste Jacques Duclos se montre réellement critique lorsqu'il écrit, en 1963, dans son ouvrage *Gaullisme, Technocratie, Corporatisme*[1] : « *Le groupe des personnalités choisies en raison de leurs compétences est celui où le pouvoir case ses amis. Certaines nominations effectuées au titre de "personnalités qualifiées dans les domaines économique, scientifique ou culturel" après les élections de novembre 1962 sont significatives. […] Cette répartition des sièges dans le Conseil économique et social permet d'avoir un aperçu de ce que serait le Sénat nouvelle manière, où très certainement le nombre des personnalités désignées par le pouvoir serait bien plus important. De la sorte les amis des amis seraient bien casés et ne créeraient aucune difficulté au gouvernement dont ils seraient, au contraire, les serviteurs d'autant plus dévoués qu'ils auraient intérêt à l'être.* »

1. Éditions sociales, 1963.

François Mitterrand ridiculise l'institution

Sous prétexte d'une « réformette » du Conseil, François Mitterrand fait passer, en 1984, cette assemblée de 200 à 231 membres et le nombre de conseillers nommés par le gouvernement de 50 à 68, les autres étant désignés par les organisations auxquelles ils appartiennent. Dans la droite ligne du général de Gaulle, le président socialiste de la République accentue encore son rôle d'institution de bienfaisance pour politiques, syndicalistes et associatifs en quête de placards dorés. Toujours cette obsession du mariage entre corporatisme et république monarchique. Parmi les 68 nommés par le gouvernement, on en recense 17 sur proposition des organismes consultatifs compétents pour les représentants des entreprises publiques, de la vie associative et des Français établis hors de France ; 9 après consultation des organisations professionnelles de l'outre-mer ; 2 au titre de l'épargne et du logement ; et 40 PQ. Plus grave, en 1989, François Mitterrand achève de décrédibiliser le Conseil économique et social en y nommant la chanteuse populaire Georgette Lemaire. La chanteuse à succès des années 1970 est sur le point d'être expulsée de son appartement parisien, faute de spectateurs pour ses concerts et d'acheteurs pour ses disques. Après avoir reçu une lettre désespérée de l'auteur de *Vous étiez belle madame*, le Président fait payer son arriéré de loyer, lui évitant ainsi l'expulsion, lui trouve un logement HLM à Créteil avant de la nommer au Ces. Georgette n'a bien évidemment jamais mis les pieds au palais d'Iéna et s'est bien gardée d'y faire un rapport sur son expérience de la précarité. Bien des recalés socialistes du suffrage universel ont reçu également, en 1989, les faveurs mitterrandiennes sous forme d'une nomination au Ces comme le futur sénateur-maire PS de Lyon, Gérard Collomb (sa circonscription étant supprimée), Colette Gadioux, ancienne députée socialiste européenne (qui avait dû céder sa place sur la liste PS), Alex Raymond, ex-député de

Haute-Garonne (son élection ayant été invalidée, il sera remplacé par Lionel Jospin) et Eugène Teisseire, un ancien patron du PS dans la Nièvre, un département où François Mitterrand avait été réélu député presque sans interruption depuis l'après-guerre. Enfin, Véronique Colucci-Kantor, veuve de Coluche.

Alors Premier ministre, Michel Rocard n'a pas fait grand-chose pour s'opposer à ces mœurs mitterrandiennes malgré son peu d'intérêt à entretenir ses propres réseaux. Mieux, il a placé quelques proches au palais d'Iéna : Michel Dubois, son infatigable conseiller Tiers-Monde à Matignon ; Martine Frachon, son ancienne suppléante parlementaire de Conflans-Sainte-Honorine, battue d'un cheveu en juin 1988 dans la circonscription de Poissy ; et Gérard Lindeperg l'un de ses conseillers. Et aussi certains copains : Michel Gastagnet, ancien camarade scout, conseiller en communication, et Henry Hermand, un patron de grandes surfaces qui avait repris journal *Le Matin de Paris* avec Max Théret. Devenu Premier ministre d'une nouvelle cohabitation à partir de 1997, Lionel Jospin prendra moins de gants avec Chirac que Balladur avec Mitterrand. L'ancien trotskiste imposera à Chirac, en 1999, une trentaine de conseillers de gauche sur 40 au total nommés par le gouvernement et l'Élysée. Une fois Jacques Chirac réélu en 2002 et la cohabitation terminée, la promotion des 40 au palais d'Iéna comprendra, en septembre 2004, presque uniquement des blessés de droite au suffrage universel, des éjectés du gouvernement Raffarin II, des élus de l'UMP ayant dû céder leur siège sur ordre de l'Élysée et enfin des proches du Président. Certes, ce grand recyclage avait commencé avec François Mitterrand, président de la République, et son Premier ministre, Édouard Balladur. En 2004, on observe un savant équilibre cohabitationniste avec 18 personnalités de droite, 17 de gauche et 4 inclassables à savoir l'actrice Brigitte Fossey, la directrice juridique Elisabeth Bergé-Suet, le handballeur Nelson Paillou et le professeur d'économie Michelle de Mourgues. Les PQ ont été choisies officiellement « *en raison de leur compétence dans le domaine économique, social ou culturel* ».

La monarchie républicaine place d'Iéna

Un rapide examen de cette promotion « bleu horizon » 2004 reflète parfaitement notre république monarchique. Au premier rang de ces éclopés deux anciens ministres, Luc Ferry (Éducation nationale) et Jean-Jacques Aillagon (Culture). Le philosophe et écrivain obtenait ainsi un deuxième fromage deux mois à peine après avoir été parachuté pour cinq ans comme président du Conseil d'analyse de la société (1 800 euros brut mensuels) à Matignon. Troisième sinécure, ce professeur à l'université Paris-Diderot était également dispensé d'enseignement et détaché (avec son traitement de 4 300 euros brut mensuels), depuis 1995, au Comité national des programmes du ministère de l'Éducation, puis comme ministre. Trois sinécures légales pour une rémunération totale mensuelle de 9 600 euros brut sans compter ses nombreux droits d'auteur. Dans la même catégorie poids lourd était nommée au Ces l'époux de l'ancienne ministre Noëlle Lenoir, Philippe Valletoux, vice-président de Dexia, la banque franco-belge des collectivités locale qui fera faillite un peu plus tard.

Autre heureux élu parmi les copains battus ou à remercier, pour laisser la place aux favoris de l'Élysée, la protégée du Premier ministre à l'époque, l'ancienne « jupette » Élisabeth Morin, battue par Ségolène Royal, devenue présidente de la région Poitou-Charentes. Cette ancienne ministre de la Santé avait succédé à Jean-Pierre Raffarin à cette présidence en 2002, après que Jacques Chirac avait nommé ce dernier Premier ministre.

Dans l'attente de devenir députée européenne en 2007, le Ces sera donc un intermède douillet.

Autre récompensé : Claude Roulleau, un ami de vingt ans de Jean-Pierre Raffarin, placé à la tête du Conseil économique et social de Poitou-Charentes. Également rescapée des élections régionales, l'ancienne ministre de Jacques Chirac, puis d'Édouard Balladur, Lucette Michaux-Chevry (à l'époque mise en cause dans des affaires de corruption), qui n'ira finalement pas au palais d'Iéna. Une quinzaine de jours après sa nomination au Ces, cette élue UMP retrouvera une planque plus douillette comme sénatrice de la Guadeloupe. Autres « victimes » du suffrage universel qui ont reçu un dédommagement sous forme de siège au palais d'Iéna : Jean Baggioni, président de la Collectivité territoriale corse (de 1992-2004) qui, sur la pression insistante de l'Élysée et de Matignon, a cédé son poste à un autre élu de droite Ange Santini. Un siège au sénat lui a été promis. Il n'aura droit qu'à un lot de consolation place d'Iéna avant qu'Ange Santini l'y rejoigne. Plus classique : Georges de la Loyère, député UDF battu aux législatives de 1993. Enfin trois représentants du « mouvement des chaises musicales » : Bernard Plasait, sénateur UMP de Paris, qui ne s'est pas représenté en 2004 ; Paul Aurelli, ancien conseiller radical de Paris ; et Laurence Douvin, ex-élue de la capitale.

Les promus de septembre 2004 ont également été choisis en grand nombre parmi les proches et amis du président de la République. Dans l'ordre, le navigateur Gérard d'Aboville, ex-député européen ; André Daguin, ex-conseiller municipal UMP et président de l'Union des métiers et industries de l'hôtellerie, qui revendiqua la réduction de la TVA à 5,5 % dans la restauration et se montra très actif sur le sujet après sa nomination ; Pierre Figeac, ancien chargé de mission au cabinet du maire de

Paris ; le professeur Marc Gentilini, spécialiste des maladies tropicales et infectieuses, futur délégué général de la fondation Chirac « pour l'accès aux médicaments et à une santé de qualité » ; Jean-Claude Pasty, député européen et ex-collaborateur du chef de l'État ; Michel Roussin, vice-président du groupe Bolloré et ancien directeur de cabinet de Jacques Chirac à la mairie de Paris ; Philippe Dechartre, gaulliste de gauche et ex-secrétaire d'État du général de Gaulle. Parmi ces nominations de proches du président Jacques Chirac, la plus symbolique reste celle d'Anne Cuillé âgée aujourd'hui de soixante-dix ans. À lui seul, le parcours professionnel de cette énarque témoigne du véritable système d'emplois douillets réservés à quelques happy few au sein de la haute fonction publique.

Anne Cuillé, championne des « fromages »

Ex-directrice adjointe du cabinet de Jacques Chirac à la mairie de Paris, Anne Cuillé a collectionné des « fromages » en or au sein de cette collectivité avant et après le départ de son patron devenu président de la République. En détachement de son ministère d'origine, l'Intérieur, cette énarque a été successivement nommée en 1993 directrice générale du Crédit municipal de Paris (le Mont-de-piété), puis en 1999 de la Société nouvelle d'exploitation de la tour Eiffel (Snte). Selon ses propres déclarations, elle gagnait à ce dernier poste l'équivalent de 11 890 euros net par mois, c'est-à-dire plus que les hauts fonctionnaires les mieux payés du cabinet du maire de Paris à l'époque, Jean Tibéri. Mais à l'été 2001, la nouvelle majorité de gauche à l'hôtel de ville licencie cette veuve, sans préavis ni indemnité, de son poste de directrice générale à la Snte. Faute d'être recasée (Lionel Jospin est encore Premier ministre), Anne Cuillé est parachutée secrétaire générale de la Confédération nationale des petites et moyennes entreprises (CGPME) en septembre 2001. Un an plus tard, ce même syndicat patronal prend position très officiellement en faveur de Jacques Chirac à l'occasion de l'élection présidentielle. Et en octobre 2004, à l'âge de soixante ans, Anne Cuillé fait valoir ses droits à la retraite en tant qu'administrateur civil du ministère de l'Intérieur en disponibilité. Un mois auparavant, elle a reçu un dernier petit cadeau de Jacques Chirac avec sa nomination au Conseil économique et social. Son ancien patron avait quelque chose à se faire pardonner…

Anne Cuillé l'a expliqué bien involontairement à des policiers qui l'entendaient en 2010, dans le cadre de l'instruction diligentée par le juge Roger Le Loire sur la caisse noire de l'Uimm (Union industrielle métallurgique et minière). On s'en souvient, ce syndicat patronal avait amassé une caisse noire de 19 millions d'euros. Denis Gautier-Sauvagnac, dirigeant de l'Uimm et numéro deux du Medef, en charge des relations avec les syndicats avait la main haute sur ces activités occultes. Devant les policiers et le juge Le Loire, ce responsable patronal a admis qu'il s'agissait de « fluidifier les relations sociales », soit, en clair, de payer ses interlocuteurs des syndicats ouvriers (mais s'est toujours refusé à donner le moindre nom) ou patronaux. Anne Cuillé a reconnu avoir touché, entre 2001 et 2004, 54 000 euros en espèces provenant de cette caisse noire. Elle en a expliqué les raisons aux enquêteurs, puis au juge d'instruction : « *Il existait un différentiel entre mon salaire à la Snte et celui que voulait ou pouvait me verser la CGPME, à savoir 43 000 francs net par mois (6 555 euros) sur 12 mois. Il existait une différence de l'ordre de 35 000 francs net par mois (5 335 euros). […] J'en ai fait part à Denis Gautier-Sauvagnac qui m'a proposé de le combler en partie, avec une somme de plus ou moins 10 000 francs par mois en espèces (soit 1 520 euros). La nécessité de revenus m'a fait accepter cette proposition, ayant été évincée sans préavis ni indemnisation de la Snte. J'ajoute qu'étant veuve, je n'avais pas d'autres ressources que mes propres revenus. [...] Ces remises d'espèces se faisaient de la main à la main à l'occasion de nos rencontres périodiques*[1]. » Denis Gautier-Sauvagnac a confirmé les déclarations d'Anne Cuillé, qui n'a jamais déclaré ces sommes au fisc. Une lettre anonyme adressée au juge Roger Le Loire l'avait mise aussi en cause ainsi que d'autres dirigeants de syndicats patronaux. L'ancienne directrice adjointe de cabinet de Jacques Chirac n'a jamais été poursuivie pour ces faits.

Cette promotion bleu horizon du Ces pour l'année 2004 ne laissait que quelques miettes aux personnalités de gauche. Quatre en tout et pour tout. Gérard Le Gall, spécialiste des sondages au PS, conseiller du groupe Suez et proche de François Hollande ; Fodé Sylla, ancien président de SOS Racisme et ex-député européen (élu sur une liste communiste) depuis trois mois, qui ne décrochera un vrai job qu'en 2005, comme chargé de mission du groupe Areva ; Marie-Claude Tjibaou, veuve du leader canaque assassiné, déjà nommée en 1999 par Lionel Jospin et reconduite par Jean-Pierre Raffarin ; et enfin Marie-Claude Dieulengard, secrétaire médicale, ancienne députée PS (suppléante de Claude Évin) et ex-sénatrice. À l'époque, le Premier secrétaire du PS, François Hollande, avait dénoncé une « *conception clanique* » de la république après ces nominations décidées en Conseil des ministres. « *C'est hélas la confirmation que, pour le président de la République et le Premier ministre, l'État est leur propriété et qu'il n'y a pas de droit de cité pour les autres mouvements de pensée*, avait-il souligné. *Pour être qualifié au Ces, il faut être membre de l'UMP ou ami de Jacques Chirac, c'est la récompense des membres du clan qui ont pu connaître des difficultés dans leur vie publique* », concluait-t-il. Promise par le même François Hollande avec un

1. Procès-verbal d'instruction.

aplomb incroyable avant son arrivée à l'Élysée, la « *république exemplaire* » saura-t-elle s'imposer place d'Iéna contre la république monarchique ? Difficile à croire… La constitution de la Vᵉ République laisse le chef de l'État nommer à sa discrétion 6 000 hauts fonctionnaires aux emplois civils et militaires. Et au palais d'Iéna, notre monarchie républicaine a toujours voulu que ce soit selon le bon plaisir du Président. Analogue au système de charges de l'Ancien Régime, les 40 PQ s'inscrivent plus que jamais dans un système de prébendes et privilèges.

Pierre Charon exilé au palais d'Iéna

En janvier 2007, Nicolas Sarkozy annonçait déjà la couleur avec le même culot que François Hollande cinq ans plus tard : « *Je veux changer la pratique de la République. Je veux une République irréprochable.* » En mars suivant, le futur président promettait encore : « *Je veux que les nominations soient irréprochables.* » Trois ans plus tard, le 28 octobre 2010, le président de la République, Nicolas Sarkozy, et son Premier ministre, François Fillon, nommaient 40 Personnalités qualifiées au palais d'Iéna. Autant de nominations de complaisance, de remerciement d'obligés et de jeux de chaises musicales liés à des élections sénatoriales, législatives, cantonales, régionales ou municipales.

Pourtant, Nicolas Sarkozy avait prétendu vouloir redonner au Ces un vrai rôle dans le processus législatif. De deux manières, selon une loi organique promulguée en 2008. D'une part, cette assemblée pourra être saisie d'une question non seulement par le gouvernement, mais aussi par le parlement ou une pétition de 500 000 citoyens. D'autre part, parmi les 40 Personnalités qualifiées nommées par l'Élysée et Matignon en raison de « *leur expérience dans le domaine économique* », 15 le seront pour « *leurs compétences en matière d'environnement et de développement durable* ». Depuis, cette assemblée porte le nom de Conseil économique social et environnemental (Cese). Ce coup de jeune « écologique » a fait immédiatement pschitt... Parmi ces 15 personnalités dites « vertes » et nommées en octobre 2010, 8 sont liées à l'UMP ou à Nicolas Sarkozy et ne sont pas connues pour leur compétence en matière environnementale. Seulement trois personnalités sont spécialistes de ce domaine et non marquées politiquement. Enfin, une a été choisie pour sa qualité de grand dignitaire franc-maçon, et la dernière reste inclassable. Le décryptage systématique de ces 15 nominations permet de mieux cerner ce fait du prince.

La plus stupéfiante de ces nominations parmi les quinze personnalités « vertes » : Pierre Charon, 64 ans, le conseiller très spécial et porte-flingue aux chasses présidentielles de Nicolas Sarkozy. Sa mission : l'homme à l'humour ravageur est à l'écoute des rumeurs, les restitue au Président pour les contrecarrer ou, à l'occasion, les propager. Il est connu pour faire rire l'ancien chef de l'État et mieux vaut l'avoir comme ami que comme ennemi... En fait, sa nomination au palais d'Iéna a des allures de punition, de bannissement pour faute grave. Quelques semaines auparavant, ce conseiller du président de la République tombait en disgrâce pour des raisons que nous allons voir, chassé de son bureau à l'Élysée et privé de sa voiture de fonction avec chauffeur et gyrophare. Bon prince, Nicolas Sarkozy le nomme au Cese, lui laissant la présidence du domaine de Chambord, où il organisait, depuis 2009, les fameuses chasses présidentielles y invitant parlementaires, hauts fonctionnaires, chefs d'entreprises, magistrats, préfets et diplomates. Une activité qui se marie mal à l'évidence avec l'environnement et le développement durable. De plus, ce sarkozyste historique est un anti-écolo de choc qui chasse depuis l'âge de vingt-cinq ans.

Déjà à l'arrivée de Nicolas Sarkozy à l'Élysée, en mai 2007, et bien que membre du noyau dur sarkozyste, Pierre Charon s'était retrouvé mis à l'index par la première épouse du Président. Cécilia Sarkozy le jugeait beaucoup trop intrigant. Pierre Charon avait mis plus d'un an pour revenir, début 2008, dans les petits papiers de Nicolas Sarkozy, et ce surtout grâce à Carla Bruni, la deuxième épouse du chef de l'État, devenant son conseiller personnel, notamment en matière de relations publiques. Mais, deux ans plus tard, patatras, tout est à refaire… Cet homme de réseau dans la presse, le monde politique et le show-biz, paye ainsi sa gestion maladroite, en avril précédent, de l'affaire des rumeurs sur le couple présidentiel : il doit quitter l'Élysée pour le palais d'Iéna, en octobre 2010. Mais le Cese ne lui servira de point de chute que pendant onze petits mois. En effet, le 25 septembre 2011, ce diable d'homme est élu sénateur de Paris sans le soutien de l'UMP ni du président de la République. Il démissionne aussitôt du Cese. Le site de cette assemblée ne mentionne aucun document rédigé par lui durant son court mandat. Cerise sur le gâteau : le 21 janvier 2015, cette ancienne personnalité « verte » du Cese est nommée délégué national à la chasse par le nouveau président de l'UMP, Nicolas Sarkozy.

Lot de consolation pour la doublure d'Alain Juppé

Deuxième personnalité « verte » : Ange Santini, maire UMP de Calvi. Curieux coup de chapeau à cet ancien président du Conseil exécutif corse, accusé par la gauche et les nationalistes de vouloir bétonner l'île de Beauté. Son Padduc (Plan d'aménagement et de développement durable de la Corse) a heureusement été rejeté par l'assemblée régionale de Corse. Député suppléant pendant vingt ans de Jacques Chaban-Delmas, puis premier adjoint d'Alain Juppé à la mairie de Bordeaux, Hugues Martin a lui aussi été nommé conseiller économique social et environnemental « vert ». Certes, ce représentant de la vieille garde gaulliste pure et dure est bien à l'origine dans cette ville du plan Trivac (Trier, recycler, incinérer, valoriser et communiquer). Problème : bras droit de l'ancien Premier ministre dans la capitale de l'Aquitaine jusqu'en 2014, il lui est difficile de remplir sa mission au Cese. Alain Juppé insiste cependant lourdement auprès de Nicolas Sarkozy, afin qu'il soit nommé au palais d'Iéna. L'ex-locataire de l'hôtel Matignon veut absolument remercier ce « fidèle » parmi les fidèles avec ce lot de consolation. Explication : il l'a imprudemment relégué à une inconfortable troisième place de la liste officielle de l'UMP pour les sénatoriales de 2008, en Gironde. Malheureusement, une liste dissidente de droite a récupéré ce troisième siège. Conséquence : le maire de Bordeaux doit absolument trouver le moyen de montrer sa gratitude à ce futur retraité de la politique qui a très correctement tenu sa circonscription de député (perdue depuis) et sa mairie durant sa pénitence judiciaire au Canada. Depuis les élections municipales de 2014, Hugues Martin n'est même plus simple conseiller municipal de Bordeaux et peut donc se consacrer au Cese, où il préside la section de l'économie et des finances. Problème : son mandat de cinq ans au palais d'Iéna risque fort de ne pas être renouvelé, en octobre 2015, par François Hollande et Manuel Valls. Âgé de soixante-douze ans, Hugues Martin, l'éternel second, pourra enfin couler une retraite heureuse après plus de quarante ans de mandat à Bordeaux.

Quatrième personnalité « verte » nommée : la chef d'orchestre, Claire Gibault a été députée européenne dans la circonscription du Sud-Est sous l'étiquette UDF de 2004 à 2009. Cette musicienne s'est fait élire simple conseillère Modem du IXe arrondissement de Paris, en 2008 (réélue en 2014 comme UMP), après avoir pris une veste aux législatives de l'année précédente dans la capitale sous l'étiquette d'Avenir démocrate, le parti de Jean-Marie Cavada. Au Parlement européen, la directrice du Paris Mozart Orchestra a été rapporteur de deux résolutions, l'une sur le statut des artistes en Europe et l'autre sur la discrimination envers les femmes dans les arts du spectacle. Membre de la Commission de la culture et de l'éducation ainsi que de celle du droit des femmes et de l'égalité des genres, elle n'a laissé à Strasbourg aucun souvenir de son intérêt pour les questions environnementales et de développement durable. C'est pourtant en raison de sa compétence supposée dans ces deux domaines qu'elle a été nommée au Cese en octobre 2010. Explication : n'ayant pas été réinvestie aux Européennes de 2009, étant donné la faible influence du mouvement de Jean-Marie Cavada au sein de l'UMP, ce dernier avait plaidé sa cause auprès du président de la République. Formation se définissant comme « engagée et solidaire », le Paris Mozart Orchestra s'est produit, en 2015, deux fois à la mairie du IXe arrondissement de Paris (Claire Gibault y est élue) et à deux reprises au palais d'Iéna…

Des drôles de « verts »

Cinquième personnalité, soi-disant verte, nommée en 2010 par Nicolas Sarkozy, Annick du Roscoät était à l'époque présidente d'honneur du Centre national des indépendants paysans (Cnip). Grand parti libéral conservateur sous la IVe République avec notamment Antoine Pinay et René Coty, le Cnip, sous la Ve, n'a plus joué qu'un rôle d'appoint à la formation de droite la plus puissante : UNR, RPR et enfin UMP. C'est à ce titre que le Président a nommé au Cese l'ancienne présidente de ce parti (jusqu'en 2009) qui l'avait soutenu très officiellement pour la présidentielle de 2007, puis en 2012. Sur son blog et dans ses discours, Annick du Roscoät n'a que très peu abordé les questions d'environnement ou de développement. Membre de la Droite populaire, courant très conservateur de l'UMP, cette conseillère n'a jamais siégé à la Commission environnement ni à celle de l'aménagement durable des territoires du Cese, mais à celle des affaires sociales et de la santé. Ancienne élue locale à Nantes avant d'être battue par la gauche, Annick du Roscoät était proche de l'ancien président de la République, Jacques

Chirac, qui l'avait décorée lui-même, en 2003, de la Légion d'honneur au grade de chevalier. Un peu plus d'un mois après l'avoir nommée au palais d'Iéna, Nicolas Sarkozy l'a élevée, lui-même, au grade de chevalier dans l'ordre national du Mérite. « *Présidente du Haut Comité national de la francophonie, vous ne cessez de promouvoir la langue française* » a rappelé le président de la République ajoutant qu'Annick du Roscoät « *œuvrait maintenant pour le rayonnement de la langue et de la culture françaises* » en concluant sur celle qui est également la présidente de la Commission Malraux pour l'Europe de la culture et qui incarne à ses yeux « *droiture, fidélité et dévouement* ». En un mot, une spécialiste de l'environnement et du développement durable.

Nicolas Sarkozy et François Fillon ont également nommé, en octobre 2010, trois autres personnalités inclassables, dont la fibre verte reste sujette à caution. Raymond-François Le Bris, âgé de soixante-quinze ans à l'époque, ex-professeur de droit et ancien préfet, est un proche de Valéry Giscard d'Estaing. Ce « double retraité » au CV exemplaire et au relationnel d'exception a rempli diverses missions publiques jusqu'à sa nomination au palais d'Iéna. Une nomination pas si saugrenue : il est administrateur de l'ONG Fondation WWF France. Deuxième personnalité verte inclassable, mais mystérieuse : Sylvia Graz âgée de soixante-treize ans aujourd'hui. Cette retraitée de l'Éducation nationale a été grande maîtresse, de 2001 à 2003, de la fédération française de l'Ordre maçonnique mixte et international « Le Droit humain ». Ancien grand maître à la même époque du Grand Orient de France (GODF), le criminologue Alain Bauer l'a bien connue à cette époque. Et en 2010, il a appuyé la candidature au Cese de sa « collègue » auprès de Nicolas Sarkozy, dont il était le consultant en matière de sécurité et de terrorisme au ministère de l'Intérieur, puis à l'Élysée. Quelle que soit leur obédience, les maçons tentent de développer le rayonnement de la franc-maçonnerie et donc d'aider leurs frères à influencer le pouvoir politique, administratif et économique. Petit souci : si l'ancienne patronne du « Droit humain » possède surtout une grande expérience de l'orientation scolaire des enfants handicapés, après avoir beaucoup travaillé sur la maltraitance des écoliers en maternelle et dans le primaire, elle n'a aucune compétence en matière d'environnement et de développement durable. C'est pourquoi, cette dame mystère est encore aujourd'hui membre de la section des affaires sociales et de la santé au Cese et membre suppléant seulement de la commission sur le Grenelle de l'environnement. Troisième inclassable : le membre de l'académie des Beaux-Arts Hugues Gall, âgé de soixante-dix ans à l'époque et directeur actuel de la fondation Claude Monet à Giverny. Cet ancien des cabinets ministériels Edgar Faure (dont il était très proche) et Edmond Michelet a été un brillant directeur de l'Opéra de Paris, du Grand Théâtre de Genève et reste membre d'une dizaine de conseils d'administration dans le domaine de la culture. La compétence « verte » de ce retraité peut uniquement être liée à sa participation à la fondation d'entreprise Veolia Environnement, dont il a été membre du conseil d'administration de 2004 à 2011. Rattaché à la section des affaires européennes et internationales, il se fait rare au Cese en raison de son agenda surbooké…

Seules deux personnalités nommées ont de réelles références scientifiques pour siéger à la section environnement du Cese. La neuvième : Jean Jouzel reste le climatologue le plus connu des Français, vice-président du Giec (Groupe d'experts intergouvernemental sur l'évolution du climat) et titulaire de la médaille d'or du CNRS pour ses reconstitutions des climats passés à partir des glaces. La dixième : Catherine Chabaud, journaliste, navigatrice, ambassadrice de la fondation Nicolas Hulot, est l'auteur d'un rapport du Cese sur « L'enjeu des biomatériaux ». D'autres personnalités n'ont rien à voir avec la protection de l'environnement. La onzième : Maud Fontenoy, autre navigatrice, vice-présidente du Conservatoire du littoral, porte-parole de l'Unesco et favorable selon ses déclarations à l'exploitation du gaz de schiste ! Cette première femme à avoir traversé l'océan Pacifique à la rame a été candidate, en 2004, aux élections régionales en Île-de-France, sur la liste UMP conduite par Jean-François Copé avant de soutenir Nicolas Sarkozy à la présidentielle de 2012. La douzième : Patricia Ricard-Giron, petite-fille de Paul Ricard – créateur du pastis du même nom – est présidente de l'Institut d'océanographie que son grand-père a créé sur l'île des Embiez dans le Var. Elle a soutenu la liste de Corinne Lepage aux élections européennes de 2004 et est l'auteur d'un rapport au Cese sur le biomimétisme.

Les trois dernières des quinze personnalités « vertes » nommées sont des représentants du secteur privé. La treizième : Bernard Guirkinger, ex-numéro 2 de Suez Environnement (numéro deux mondial de la distribution de l'eau), en charge de la coordination des activités Eau, de la recherche du développement durable, et vice-président de l'institut Pasteur. Très actif au palais d'Iéna, il y occupe le poste de vice-président de la section Grenelle de l'environnement et a été l'un des deux auteurs du rapport « Réussir la conférence Paris climat 2015 ». La quatorzième : Sylvie Brunet, directrice des affaires sociales du groupe Onet qui emploie 55 000 personnes dans le nettoyage des bureaux et locaux industriels. Membre de la section du travail et de l'emploi, cette conseillère n'est l'auteur d'aucun rapport ou avis sur l'environnement et le développement durable.

La quinzième et dernière personnalité « verte » cache un sous-marin de la politique et des affaires au service d'Henri Proglio, P-DG de Veolia, puis d'EDF. Engagé par ce dernier, Jean-Pierre Frémont, chargé de mission pour les eaux et les ordures ménagères, puis directeur des collectivités publiques à

Veolia (ex-Vivendi) de 1997 à 2012, mettait alors en rapport les patrons des exécutifs locaux et les commerciaux de son entreprise. Au palais d'Iéna, il s'est bien gardé de faire de la publicité à un document de 17 pages publié par son entreprise en 1999 et intitulé « Le mouvement altermondialiste, quelles réponses ? » Cette note interne détaille les arguments pour contrer les écologistes et les ONG qui demandent la remunicipalisation de la distribution de l'eau dans les villes et villages de l'Hexagone pour obtenir une meilleure qualité à un moindre coût. Jean-Pierre Frémont est aussi discret et invisible au palais d'Iéna qu'il l'a été pendant son mandat au conseil de Paris où sa femme lui a succédé de manière aussi effacée. Pour Jean-Luc Touly, syndicaliste FO à Veolia et conseiller régional vert (EELV) en Île-de-France, Jean-Pierre Frémont joue *« au monsieur invisible partout où il passe »*. Ce militant associatif et politique sait de quoi il parle. Il est représentant syndical chez Veolia depuis 1981 et n'a jamais rencontré Jean-Pierre Frémont… Plus étrange encore : monsieur Frémont s'est toujours prénommé Jean-Pierre chez Veolia et EDF, tandis que sur tous les documents officiels du Cese il s'appelle Jean Frémont…

La promotion Sarkozy

Au total, sur les 15 personnalités nommées au Cese par le président de la République « en raison de leur compétence en matière d'environnement », deux seulement possèdent cette qualification, huit restent classées UMP ou proches de Nicolas Sarkozy, une milite à droite, une se revendique franc-maçonne, trois sont chefs d'entreprises. Dix autres Personnalités qualifiées également nommées au Cese en 2010 l'ont été « en raison de leur expérience dans le domaine économique ». Sur ces dix, on en recense quatre élus l'UMP ou amis de l'ancien président de la République : Danièle Dussaussois, conseillère municipale à Levallois-Perret (remerciée pour avoir laissé son siège de conseillère générale à Isabelle

Balkany), Christian Corne, adjoint UMP au maire de Vichy (Allier), Guillaume de Russé, président du Futuroscope créé par Jean-Pierre Raffarin et conseiller général UMP de Montmorillon (Vienne), et Alain Terzian, producteur de cinéma et ami de Nicolas Sarkozy. On compte également quatre chefs d'entreprise : Jean-Paul Bailly, ancien patron de la Ratp, puis de La Poste ; Patrick Bernasconi, dirigeant du Medef et proche à l'époque de Laurence Parisot, Sophie de Menthon, P-DG d'une société d'audit et de conseil aux entreprises et Marie-Béatrice Levaux, de la Fédération des particuliers employeurs de France. Enfin deux cadres supérieurs ferment la marche : Laurence Hézard, directrice générale à l'époque de Grdf-Suez, et Isabelle de Kerviler, expert-comptable. Parmi ces 10 Personnalité qualifiées en matière économique, aucune personnalité de gauche.

Enfin, au titre des PQ choisies en raison de leur expérience dans le domaine « social, culturel, sportif ou scientifique, et dans le secteur du logement social » ou en raison de leur action « en faveur des personnes handicapées ou des personnes retraitées », le président de la République a choisi 15 personnes. Parmi elles, on compte 7 personnalités UMP ou de droite. Yves Urieta, ancien maire dissident PS de Pau qui avait le soutien de l'UMP aux municipales de 2008 ; Jean-Marie Geveaux, ancien député UMP du Mans battu en 2007 ; l'ancien sénateur UMP de la Marne, Jean-Claude Étienne ; Gisèle Ballaloud, conseillère municipale UMP d'Annecy ; Nadia El Okki, première adjointe au maire de Saint-Martin-de-Valgagues et ancienne candidate sur la liste UMP battue aux régionales de 2009 dans le Gard ; Janine Gayet, ancienne députée européenne UDF et ex-conseillère régionale d'Île-de-France ; Hervé Marseille, conseiller général UDF de Meudon, qui avait cédé l'année précédente son siège au conseil d'administration de l'établissement public de La Défense à Jean Sarkozy, fils du président de la République. Trois inclassables parmi ces quinze : Laura Flessel, double championne olympique d'escrime ; Rachel Brishoual, dirigeante de l'Unsa (Union nationale des syndicats autonomes), Dominique Meyer, professeur de médecine et chercheur. Trois personnalités de gauche sont là pour éviter de faire trop copinage : Marie-Aleth Grard, conseillère municipale PS-PC de Saint-Michel-sur-Orge (Essonne), Alain Obadia et Marie- Claude Tjibaou. En tête de cette même liste des 15 PQ, Jean-Pierre Delevoye et l'ancien conseiller social du président de la République, Raymond Soubie. Sur les 40 PQ au total de la promotion « république irréprochable » sauce Sarkozy, 20 sont donc proches du président de la République, de l'UMP ou de la droite, 3 de gauche, 8 inclassables sans compétence dans leur domaine de nomination et 9 autres également inclassables mais compétentes.

60 millions d'euros pour les 26 petits frères…

Le Cese n'est pas un laboratoire d'experts économiques et sociaux au service du gouvernement comme son ancêtre le Conseil national économique de l'entre-deux-guerres. Symbole de la démocratie sociale à la française et de la société civile, cette institution ne sert à rien en fait, sinon à gaspiller l'argent du contribuable au bénéfice de quelques privilégiés. Mais, elle a encore de beaux jours devant elle tant elle continue de faire le bonheur des élites de la Ve République et de ceux que l'État achète légalement, syndicats de salariés, de patrons, d'artisans, d'agriculteurs et des associations… En deux mots, l'État achète la paix sociale !

Loin de montrer une volonté politique de le réformer pour en faire un outil réel d'expertise du gouvernement et du parlement, Georges Pompidou puis François Mitterrand ont aggravé les dérives de cette institution. En effet, une loi de 1972 et diverses lois sur la décentralisation à partir de 1992 ont donné naissance à 26 Conseil économiques sociaux et régionaux, les petits frères du Conseil économique et social de 1959 puis du Cese. Aujourd'hui, chaque conseil régional de France et d'outre-mer se doit d'entretenir à grands frais son Ceser (Conseil économique social et environnemental régional). À l'image du grand frère national, ce provincial s'autosaisit, pour prouver son utilité et produire aussi des avis et rapports sur les projets, actions et budget de sa région, documents que personne non plus ne lit. Les Ceser n'ont également qu'un rôle consultatif auprès des pouvoirs locaux, en l'occurrence les conseils régionaux qui non seulement les financent, mais les accueillent le plus souvent dans leurs locaux. L'ensemble des 26 Ceser coûte la bagatelle d'environ 60 millions d'euros, soit une moyenne de 2,3 millions d'euros chacun. Les frais généraux (loyer, électricité, téléphone, administration) ne sont même pas compris dans ces budgets. Ils sont payés directement par chaque conseil régional. Bonjour l'indépendance des présidents des Ceser par rapport à leurs collègues des régions…

Chacun des 2 249 membres des 26 Ceser est nommé pour six ans par un arrêté du préfet de région. Au préalable, les futurs conseillers sont désignés à hauteur respectivement de 35 % par les représentants des entreprises et des professions non salariées, de 35 % par des représentants locaux des 7 grands syndicats nationaux, de 25 % par des représentants des organismes et associations de la région et de 5 % de PQ par le préfet de région. Les syndicats ont droit au même pourcentage de conseillers qu'à la maison mère de la place d'Iéna, mais les PQ sont beaucoup moins nombreux, car ils sont déjà dans la place via diverses autres représentations comme les chambres de commerce et d'industrie. Véritable assemblée de notables locaux, chaque Ceser voit se multiplier les conflits d'intérêts et gaspillages éhontés.

Chacune de ces assemblées comprend entre 40 et 120 conseillers, un chiffre proportionnel au nombre d'habitants de la région. Pour une moyenne très théorique de quatre demi-journées de travail par mois, les 2 249 conseillers absolument débordés des 26 Ceser empochent l'équivalent de la moitié des indemnités perçues par les conseillers régionaux élus dans la même région, comprises entre 1 520,59 et 2 661,03 euros brut selon l'importance de la population. Soit une fourchette allant de 760,29 euros (Corse, Guyane, La Réunion, Limousin, la Martinique, Guadeloupe, Franche-Comté, Haute-Normandie, Basse-Normandie, Auvergne et Champagne-Ardenne) et 1 330,51 euros (Île-de-France, Paca, Bretagne, Nord-Pas-de-Calais, Rhône-Alpes, Pays de la Loire et Aquitaine). Jusqu'en 2005, ces montants étaient « négociés » entre le président de région et son président de Ceser. De sanctions financières en cas d'absentéisme, il n'était pas question… Le règlement intérieur de ces 26 assemblées y fait allusion, depuis 2005, suite à une modification du code général des collectivités locales visant explicitement les Ceser. Ce texte précise que l'indemnité « *est modulée en fonction de la présence des membres aux réunions du conseil ou de ses formations et de leur participation à ses travaux* ».

Dans leur règlement intérieur, les Ceser donnent en général une tarification des sanctions qui ne sont curieusement pas applicables aux présidents de ces assemblées, sauf en Bretagne ! La répression des absences y apparaît beaucoup plus laxiste que celle prévue pour les conseillers de la place d'Iéna. Un membre de Ceser doit participer chaque mois à deux assemblées plénières et deux réunions de section. Le calcul du taux de présence se fait sur la base d'un cahier d'émargement, et seule la signature du conseiller vaut présence. Si ce dernier manque une réunion, il ne perd rien de son indemnité ; absent deux fois, son indemnité est amputée de 17 %; en cas de troisième défaut, son indemnité est rognée de 33 %. Et enfin, si le membre d'un Ceser ne vient jamais, son indemnité diminue au maximum de 50 % à 55 %. Sauf dans certains Ceser comme celui de la Réunion, où au bout de trois mois d'absence, l'indemnité est totalement supprimée, et, au bout d'un an, cette défection peut conduire le président du Ceser à demander au préfet la démission d'office de l'intéressé. Pas d'indemnité forfaitaire fixe pour les conseillers des 26 Ceser, qui ont droit au remboursement de leurs frais sur présentation de justificatifs.

Les Ceser ne communiquent pas sur les suppressions d'indemnités de leurs membres pour absences injustifiées. Pas plus que les régions qui ne peuvent pas ignorer ces sanctions puisque l'argent ainsi économisé revient dans leurs caisses. Nous n'avons pas trouvé un seul article dans un journal ou un média. À l'inverse, plusieurs décisions de justice montrent que, pour les syndicats de salariés, les indemnités qui leur sont versées par les Ceser restent vitales même en cas d'absence totale de leur représentant. Ainsi, le 12 avril 2013, la Chambre régionale des comptes de la Réunion a rejeté la requête du syndicat de la Fédération générale autonome des fonctionnaires (FGAF) qui lui demandait de payer les 22 808,80 euros correspondant aux indemnités d'un de ses représentants au Ceser de la Réunion de septembre 2010 à Avril 2012. Soit un salaire mensuel brut de 1 140 euros pendant 20 mois. Dans un premier temps, ce syndicat avait attaqué le préfet, au prétexte qu'il n'avait pas nommé, en novembre 2010, un seul de ses membres au Ceser. L'organisation a finalement gagné son procès devant le tribunal administratif, en mai 2012.

De même, la Cour administrative d'appel de Lyon a rejeté, le 17 février 2015, une requête de l'Union nationale des syndicats autonomes (Unsa) qui demandait à ce que l'État soit condamné à lui verser une indemnité de 10 943 euros, pour la perte d'un de ses postes de représentant au Ceser d'Auvergne. Ce préjudice était la conséquence d'un arrêté du préfet de la région Auvergne du 18 avril 2011 modifiant la composition du collège des syndicats de salariés. Par un jugement du 13 mars 2012, le tribunal administratif de Clermont-Ferrand a annulé l'arrêté du préfet pour « *erreur de droit et erreur manifeste d'appréciation* ». Par un nouvel arrêté du 13 avril 2012, le même préfet a octroyé à nouveau deux sièges à l'organisme syndical. L'Unsa a ensuite demandé au Ceser, et donc au conseil régional, de l'indemniser à hauteur de 10 943 euros pour le non-paiement de ses indemnités pendant la période d'un an d'interruption de sa représentation.

Dans son mémoire défense, l'avocat de l'Unsa écrit noir sur blanc que ce poste au Ceser représente un revenu direct pour cette organisation : « *Le préjudice subi, qui consiste dans la perte du versement, par le conseil régional d'Auvergne, de l'indemnité inhérente à l'attribution d'un siège au Ceser, présente un lien direct avec la faute commise par le préfet, dès lors que, selon une tradition syndicale constante, le représentant qu'elle désigne afin de siéger en son nom au sein du deuxième collège du Ceser abandonne intégralement son indemnité de présence au profit de son organisation syndicale, que l'indemnité de son représentant était versée par le conseil régional d'Auvergne directement sur son propre compte bancaire, que cette pratique a été reprise après qu'elle s'est vu à nouveau attribuer deux sièges au conseil économique et que l'administration fiscale exonère d'impôt sur le revenu les indemnités de présence lorsque leur bénéficiaire les abandonne à l'organisation qui le désigne.* » Cet aveu du défenseur de l'Unsa éclaire les motivations de nombres des conseillers tricheurs qui, au Cese comme au Ceser, signent la feuille d'émargement, avant de quitter les lieux.

Deuxième partie

PRÉFETS, AMBASSADEURS, GÉNÉRAUX : DES FANTÔMES AU SERVICE DE LA RÉPUBLIQUE

Les 2 500 conseillers du Cese et des Ceser régionaux ne sont ni les meilleurs ni les plus discrets à vivre aux crochets de notre monarchie républicaine. Ce rassemblement de syndicalistes, d'associatifs et de PQ, cette sorte de bas clergé des élites ne fait pas le poids face à quelques centaines de fantômes bien placés : préfets, ambassadeurs, généraux et directeurs de services fiscaux. Bienvenue dans la France de ces hauts fonctionnaires, affectés par le Président au nom de la méritocratie républicaine et qui se tournent les pouces. Souvent en surnombre dans leur corps, ils attendent sur une voie de garage des jours meilleurs avec la perspective d'une retraite dorée garantie par leur statut très privilégié. En effet, le « spoil system », système des dépouilles à la française, permet à chaque changement de majorité présidentielle d'attribuer des places à une élite qui n'est pas jugée sur ce qu'elle fait, mais sur ce qu'elle est. Sous l'influence du général de Gaulle, puis de François Mitterrand, la haute fonction publique s'est politisée, notamment avec son passage quasi obligé en cabinet ministériel, à l'Élysée ou Matignon, pour faire une belle carrière.

Les « plaçous » (places en patois corrézien) pour hauts fonctionnaires fatigués de travailler ou ne disposant pas du temps nécessaire, vu leurs multiples casquettes, sont rares et deviennent l'objet de luttes féroces… S'il est attribué au tour extérieur – c'est-à-dire selon le seul bon vouloir du président de la République – un tel poste de haut fonctionnaire récompense plus souvent une fidélité politique qu'un travail comme « un militant politique qui n'a même pas besoin d'avoir son certificat d'études », raconte-t-on perfidement à l'Inspection générale des finances. Cette infernale course à l'échalote pour le beau poste, le plus rémunérateur le moins fatigant et le plus prestigieux, multiplie les gaspillages et décourage les méritants… En effet, chacune de ces nominations implique un jeu de chaises musicales pour libérer la place, provoquant des dégâts collatéraux insoupçonnés parmi les hauts fonctionnaires qui s'avèrent pléthoriques. Aussi, beaucoup sont condamnés, à un moment ou à autre, à bayer aux corneilles dans un placard plus ou moins doré ou encore carrément à rester chez eux.

Premiers de la liste de ces superprivilégiés, les préfets qui sont deux fois trop nombreux. Un préfet doit administrer un territoire géographique. Il y a environ 130 territoires qui relèvent d'un préfet et on compte 250 préfets en France ! Une mystérieuse catégorie de préfets sans préfecture et sans travail officiel gonfle les statistiques : les PMSP (préfets hors cadre en mission de service public). En début de carrière, ces derniers empochent au minimum 5 200 euros brut par mois sans aucune obligation d'assiduité ou de travail. Élus députés ou sénateurs, ces tout nouveaux fonctionnaires sont placés en détachement et reçoivent leur rémunération de parlementaire. Jusqu'en 2012, l'État leur faisait une fleur : il prenait à sa charge les cotisations de retraite liées à leur statut de préfet. Qu'il n'ait ni travail ni mandat électoral, un PMSP (qui obtient le statut de préfet à vie au bout de deux ans) n'ira jamais pointer à Pôle emploi. Il sera payé à rester chez lui. C'est un poste d'attente pour les élus victimes du suffrage universel ou les hauts fonctionnaires ayant perdu leur poste lors de la réorganisation de ministères. Même si la nomination peut être assortie d'une étude à mener ou d'un projet particulier sur lequel travailler, ces postes sont des emplois fictifs autorisés légalement par le président de la République et son ministre de l'Intérieur. Ces emplois fictifs sont renouvelables mais ne peuvent pas durer plus de cinq ans. Au-delà, le PMSP doit être élu (parlementaire ou patron d'un exécutif local), détaché dans un ministère ou encore en disponibilité dans le privé. Comme les conseillers tricheurs de la place d'Iéna, les PMSP visent aussi et surtout la retraite de préfet. En effet, ils restent rarement sans mandat électoral ou sans job officiel dans le privé. Une fois à la retraite, le préfet « fantôme » peut cumuler, ses pensions d'élu ou de salarié du privé avec sa retraite de préfet, qui atteint, en moyenne 3 000 à 4 000 euros brut mensuels. Pour devenir préfet hors cadre c'est-à-dire sans affectation de territoire, il faut avoir été préfet avant. Pour devenir PMSP (obligatoirement en position hors cadre), l'heureux élu n'a aucune condition à remplir si ce n'est d'avoir les faveurs du roi !

Napoléon et Mitterrand zélateurs des faux préfets

Des dizaines de hauts fonctionnaires ou d'élus ont ainsi le titre de préfets, alors qu'ils n'ont jamais exercé cette fonction territoriale. Tout cela est absolument légal. Ces faux préfets ne peuvent pas encourir la moindre critique pour leur défaut d'assiduité ou absentéisme, car ils n'ont pas de fonction ! Ce sont des fantômes de la République qui peuvent être nommés de manière totalement discrétionnaire, chaque mercredi en conseil des ministres. L'Élysée offre ce titre sans exiger les moindres diplôme ou expérience professionnelle. Si un bon quart des conseillers du Cese sont les rois de l'absentéisme et de la triche, les préfets fantômes restent les meilleurs représentants de notre république monarchique. C'est encore un scandale français, un de ces abus qui alimentent la rancœur des citoyens contre les politiques. Un de ces arrangements au sein de la noblesse d'État que l'on cache soigneusement à la population, mais qui coûte cher en terme d'image à la classe politique.

Par la loi du 17 février 1800, le Premier consul Napoléon Bonaparte avait créé le corps des préfets et sous-préfets. Les « faux préfets », dits hors cadre car ils ne sont pas rattachés à un territoire, ont existé dès l'origine pour récompenser des amis du pouvoir en place et placardiser des gêneurs. Le général de Gaulle, qui ne plaisantait avec les finances et une certaine forme de morale publique, avait fixé de manière précise les fonctions de préfet. Publié le 29 juillet 1964, le décret 64-805 stipule dans son article 1 : « *Les nominations de préfet impliquent une affectation sur un poste territorial* ». Mais, l'article 10 de ce texte précise : « *Dans la limite du nombre des emplois inscrits à cet effet au budget du ministère de l'Intérieur, les préfets peuvent être placés dans la position hors cadre pour accomplir les missions qui leur sont confiées auprès des pouvoirs publics* ». Durant ses douze années à l'Élysée, le Général a nommé des préfets hors cadre en mission de service public à dose homéopathique. Les présidents suivants Georges Pompidou et Valéry Giscard d'Estaing n'ont pas non plus abusé de cette facilité.

Mais avec l'arrivée de François Mitterrand à l'Élysée, le nombre de PMSP a explosé. Ces nominations ont très vite constitué un vrai système d'octroi de rentes viagères aux serviteurs ou courtisans zélés du président de la Ve République, à l'image d'un monarque de l'Ancien Régime et de manière tout à fait légale. En effet, la nomination de préfets « en mission de service public relevant du gouvernement » a été autorisée par un décret du 23 décembre 1982, à hauteur de 5 % de l'effectif budgétaire du corps des préfets. Ce quota de « faux préfets » autorisés a représenté 7 % des 236 préfets (soit 17 préfets fantômes), puis simplement 5 préfets, 7 et enfin 10 depuis le décret du 29 septembre 2011 sous la présidence de Nicolas Sarkozy. Au fil du temps, cela fait des dizaines de faux préfets, qui ont été désignés de manière totalement discrétionnaire. En treize ans seulement, entre 1982 et 1995, François Mitterrand en a nommé une soixantaine. En 1999, Jean-Pierre Chevènement, alors ministre de l'Intérieur, est questionné au Sénat par Christian Bonnet, sénateur Républicain indépendant du Morbihan et ex-locataire de la place Beauvau. Dans sa réponse, il répertorie 59 nominations de PMSP qu'il distingue en deux types. 17 sous-préfets et administrateurs civils âgés d'au moins soixante ans ont été ainsi récompensés pour leurs loyaux services à quelques mois de leur retraite. Les 42 autres sont uniquement membres du PS, élus, amis ou ennemis de François Mitterrand. Mais aussi être « hors cadre » pour un préfet peut signifier se voir privé d'affectation territoriale du jour au lendemain, pour une durée maximum de cinq ans, par décision de l'Élysée, aussi arbitraire que brutale, et ainsi sanctionner des préfets qui ont eu le malheur de déplaire au pouvoir.

Brice Hortefeux, préfet de l'ombre et conseiller régional

Ces PMSP représentent aussi un vivier d'emplois fictifs et des perspectives de pension de retraite exceptionnelle pour les étoiles montantes des partis politiques à la recherche d'une circonscription législative ou d'un mandat sénatorial. Cela leur permet de subir sans problèmes financiers majeurs des revers électoraux dans l'attente de décrocher un poste dans un cabinet ministériel, au gré des changements de majorité. Une sorte d'assurance tous risques pour les politiques ne sortant pas d'un grand corps comme l'Ena ou autres qui servent de sésame à l'obtention d'un emploi de haut fonctionnaire. Historiquement, les socialistes ont toujours été les champions de la chasse aux mandats, fonctions, titres et honneurs. Parmi les préfets fantômes d'aujourd'hui, figurent quatre stars de la politique, trois de gauche et seulement une de droite. Il s'agit des parlementaires et anciens ministres, Michel Vauzelle, soixante-six ans, Michel Delebarre, soixante-cinq ans, Jean Glavany, soixante-six ans, et Brice Hortefeux, qui n'ont jamais réellement exercé les fonctions de préfet. N'étant pas ambassadeurs, inspecteurs des finances, conseillers d'État ou à la Cour des comptes, tous doivent uniquement leur statut de vrai-faux préfet et leur carrière politique exceptionnelle à leur allégeance féodale à François Mitterrand, Pierre Mauroy ou Nicolas Sarkozy. Les trois premiers cumulent leur retraite de préfet avec leurs indemnités de parlementaire et d'élu local. Étant âgé aujourd'hui d'à peine cinquante-sept ans, le « petit jeune » Brice Hortefeux, député européen, ne peut encore prétendre à sa juteuse retraite de préfet. Le « *porte-serviettes de Nicolas Sarkozy* » comme l'appelle Jean-François Probst dans son ouvrage *Chirac et Dépendances*[1] doit attendre huit petites années... Pour l'instant, il se contente d'empocher les 12 340 euros brut mensuels de son indemnité de parlementaire européen. Petit détail : Brice Hortefeux risque, chaque mois, de perdre 2 160 euros s'il n'assiste pas à la moitié au moins des séances de l'assemblée européenne.

Inséparable de Nicolas Sarkozy depuis 1978, Brice Hortefeux a été un des témoins de son premier mariage et le parrain de son fils Jean. Directeur de cabinet de Nicolas Sarkozy, élu à vingt-huit ans, en 1983, maire de Neuilly-sur-Seine, il n'avait lui que vingt-cinq ans. Il quitta Sciences Po Paris sans diplôme, trois ans plus tard. À l'époque, il réussit le concours d'administrateur territorial et, devenu fonctionnaire, fut engagé comme secrétaire général de la mairie de Neuilly-sur-Seine avant d'être élu, en 1992, conseiller

1. Ramsay, 2002.

régional RPR d'Auvergne. Deux ans plus tard, son mentor Nicolas Sarkozy réussissait à le faire monter en grade grâce à un décret du ministre de l'Intérieur Charles Pasqua. Le 10 juin 1994, il le nommait sous-préfet au tour extérieur, c'est-à-dire de manière discrétionnaire. Exorbitant du droit commun, ce procédé de recrutement d'un fonctionnaire consiste en « un accès exceptionnel en dehors des règles normales de recrutement par concours », non en fonction d'un diplôme ou d'une expérience. C'est-à-dire uniquement à la tête du client dans le cadre d'une nomination tout à fait légale. Un mois plus tard, le 23 juillet suivant, cet homme de l'ombre était aspiré comme chef de cabinet par son ami, devenu ministre du Budget et de la Communication de 1993 à 1995 au sein du gouvernement Balladur.

Cette irrésistible ascension était loin d'être terminée. À la veille des élections présidentielles, le très balladurien Nicolas Sarkozy voulut préserver l'avenir professionnel de son plus proche collaborateur en cas de défaite à la présidentielle de son candidat Édouard Balladur. Il n'était pas question si ce dernier n'était pas élu en mai 1995, que Brice Hortefeux aille pointer au chômage… Le 27 avril 1995, le même chef de cabinet et sous-préfet était nommé préfet chargé d'une mission de service public relevant du gouvernement (PMSP), suivant la procédure du tour extérieur. La promotion éclair de Brice Hortefeux s'explique. En effet, le code électoral permettait à ce préfet sans affectation territoriale de cumuler ses fonctions et sa rémunération de haut fonctionnaire avec son mandat de conseiller régional d'Auvergne.

Problème : le protecteur de Brice Hortefeux en avait trop fait… La promotion fulgurante, complaisante, de son poulain paraissait irrégulière et en avait irrité plus d'un dans le petit monde de la préfectorale. « *En dix mois, M. Hortefeux passait du statut d'administrateur territorial à celui de préfet, grâce à l'exercice de ses fonctions de chef de cabinet du ministre du Budget sans avoir exercé une quelconque activité territoriale pendant la durée théorique d'exercice de ses fonctions.* » C'est ainsi que Rémy Schwartz, alors commissaire du gouvernement au Conseil d'État, a commenté dans ses réquisitions le recours introduit contre la nomination de Brice Hortefeux par l'Association des membres du corps préfectoral et des hauts fonctionnaires du ministère de l'Intérieur, qui s'est ici pour la première fois de son histoire opposée à la nomination d'un préfet, et ce avec le concours de l'Association des anciens élèves de l'Ena. Elle a déposé un recours pour « excès de pouvoir » estimant que le gouvernement avait outrepassé ses prérogatives. Dix ans plus tôt, cette même association (présidée par l'ancien préfet de région de l'Île-de-France Joël Thoraval) avait déjà peu apprécié la nomination de ce « pistonné » comme sous-préfet.

En séance publique du Conseil d'État, le 6 novembre 1996, Rémy Schwartz demandait donc que soit annulée la nomination de Brice Hortefeux en qualité de préfet PMSP : « *La nomination comme préfet pourrait paraître fictive, l'intéressé continuant d'exercer ses fonctions de chef de cabinet du ministre du Budget* ». L'affaire aurait été jugée ultérieurement, si l'association préfectorale n'avait finalement retiré son recours. « *Il semble que l'association ait voulu aller jusqu'au bout de sa procédure, mais qu'elle ait été priée de n'en rien faire* »… soulignait *Le Monde* du 12 janvier 1997. Le même quotidien ajoutait : « *Il est permis de penser que la casquette de M. Hortefeux a été l'un des gages d'une réconciliation entre les deux camps de la droite, qui s'étaient affrontés pour l'élection présidentielle* ». Preuve de cet accord : le 26 février 1996, le président de la République, Jacques Chirac, le Premier ministre, Alain Juppé, et le ministre de l'Intérieur, Jean-Louis Debré, signaient un décret spécial nommant Brice Hortefeux, préfet hors cadre. En effet, la nomination de ce dernier, le 27 avril 1995, au statut de préfet en mission de service public pour le gouvernement ne pouvait devenir définitive qu'à une seule condition : qu'il soit titularisé PMSP deux ans plus tard comme le précise l'article 4 du décret 64-805 du 29 juillet 1964 fixant « les dispositions réglementaires applicables aux préfets ». C'est-à-dire uniquement à partir du 28 avril 1997. Or, un décret l'a titularisé seulement dix mois plus tard, le 26 février 1996. Le référé de la Cour des comptes sur « gestion des préfets » du 9 juillet a d'ailleurs jugé cette procédure tout à fait irrégulière.

Suite à la victoire de Jacques Chirac, Brice Hortefeux a perdu, le 11 mai 1995, son poste de chef de cabinet auprès de l'ex-ministre Nicolas Sarkozy. La loi électorale lui permettait alors de cumuler ses fonctions de préfet PMSP sans affectation, qu'il exerçait, depuis quinze jours exactement, et son mandat d'élu. Ce qui semblait loin d'être inutile… En effet, à l'époque, l'indemnité mensuelle d'un conseiller régional d'Auvergne s'élevait à 11 418 francs, équivalents de 2 225,44 euros d'aujourd'hui. Alors que la rémunération brute d'un préfet atteignait 20 000 francs par mois, soit 4 000 euros sans les primes. Trois ans plus tard, en 1998, il était de nouveau placé en détachement de son poste de préfet comme chargé de mission auprès de Christian Poncelet, président RPR du Sénat, tout en gardant son mandat de conseiller régional. Ensuite, à partir de 1999, il sera sans cesse détaché comme député européen ou ministre. Étant le deuxième candidat sur la liste Union pour l'Europe, il succède, cette année-là, à Nicolas Sarkozy qui a démissionné du Parlement européen pour se retirer provisoirement de la vie politique. La rémunération d'un député européen reste nettement supérieure à celle d'un préfet hors cadre, même en cas d'absentéisme flagrant. Réélu constamment député européen, il attend aujourd'hui sa pension retraite de préfet.

Le préfet Michel Delebarre, roi du cumul et des absents

Contrairement à ses petits camarades parlementaires qui empochent leur retraite de faux préfet avec un léger sentiment de honte, l'ancien champion de France, et du monde probablement, du cumul des mandats et fonctions (selon l'hebdomadaire *L'Express* du 10 septembre 2013) ne s'en cache nullement. Sur les documents officiels, Michel Delebarre écrit comme profession : préfet, préfet honoraire ou préfet à la retraite. Il est préfet à la retraite et fier de l'être… Ce diplômé de l'université en géographie, fasciné depuis l'adolescence par ces grands commis gardiens de la République, a toujours rêvé d'être préfet. Même fictive, il a vécu et vit encore cette intronisation comme une consécration. Michel Delebarre, notamment sept fois ministre, a été une sorte de superpréfet par procuration. Avant son long compagnonnage avec Pierre Mauroy à Lille et à Matignon, il avait été secrétaire général adjoint, puis secrétaire général du Comité d'expansion économique du Nord-Pas-de-Calais de 1968 à 1974.

Ce sénateur de soixante-neuf ans indique, le 28 janvier 2014, dans sa Déclaration d'intérêts et d'activités les 5 287,08 euros brut (soit un peu plus de 4 200 euros net) qui lui tombent dans la poche, chaque mois, en tant que « préfet honoraire en retraite ». Il ajoute que son indemnité mensuelle brute de base de sénateur de Dunkerque s'élève à 4 437 euros net mensuels, mais ce petit cachottier oublie de préciser qu'il a également droit à une indemnité de fonction non imposable de 1 420,03 euros et à une autre de résidence de 165,44 euros. Selon les services du Sénat, Michel Delebarre percevait, en 2014, comme aujourd'hui, une indemnité totale net mensuelle de 5 366,32 euros à laquelle il faut ajouter une Irfm (Indemnité représentative de frais de mandat) de 6 023,37 euros net par mois non imposable. Une somme fixe allouée pour les frais de chaque député (destinée officiellement à acheter ou louer une permanence, payer ses déplacements et son hébergement) sans qu'il ait à présenter le moindre justificatif. À l'exemple de la quasi-totalité des parlementaires patrons d'un exécutif local, Michel Delebarre épargnait ces 6 023 euros net. Explication : un parlementaire cumulard, en tant que maire d'une ville importante, maire adjoint, président de Conseil départemental ou régional, possède un cabinet à son service, un chauffeur, une carte de crédit et des locaux. Chacune de ces assemblées lui permet légalement et à discrétion de régler tout ou partie de ses frais de parlementaire. Un exemple : le nouveau maire de Dunkerque depuis mars 2014, Patrice Vergriete (Divers gauche), qui a succédé à Michel Delebarre, a vendu aux enchères, en décembre 2014, une Citroën DS5 hybride 4 diesel sport achetée 45 000 euros, en juillet 2013, par la mairie à la demande Michel Delebarre. Ce puissant véhicule de 163 chevaux servait à tous les déplacements de l'ancien maire de la ville. Cette voiture était équipée de six airbags, d'une caméra d'aide au stationnement, d'un système de climatisation automatique et de sièges chauffants, celui du conducteur étant également massant ! Aujourd'hui, Michel Delebarre a plus de mal à épargner son Irfm de 6 023 euros net puisqu'il n'est plus patron d'aucun exécutif local.

L'ancien maire et préfet retraité (depuis 2011) disposait et dispose toujours d'une indemnité de parlementaire mensuelle de 11 389,69 euros net. La loi stipule qu'un parlementaire ne doit pas toucher plus de 2 757,34 euros mensuels brut au titre de ses mandats locaux. C'est-à-dire une fois et demie le montant de son indemnité parlementaire de base. Dans sa Déclaration d'intérêts du 28 janvier 2014, Michel Delebarre se montre fort précis. S es deux autres mandats à l'époque, maire de Dunkerque et président de la communauté urbaine de cette agglomération lui rapportaient, chaque mois, respectivement 2 678,25 euros et 72,75 euros, soit un total mensuel brut de 2 751 euros ou d'environ 2 271 euros net. Rien à dire. Pour reconstituer le revenu mensuel net de Michel Delebarre en janvier 2014, il suffit d'additionner sa retraite de préfet (4 200 euros), ses indemnités de sénateur (11 389,69 euros) et ses deux indemnités d'élu local (2 271 euros). Ce qui donne un total de 17 860,69 euros net par mois. Pour un retraité de la préfectorale, ce diplômé de géographie ne se débrouille pas trop mal. Aujourd'hui, son revenu a baissé d'environ 2 000 euros puisqu'il n'est plus maire ni président de la communauté urbaine de Dunkerque, étant simple conseiller municipal depuis mars 2014.

Issu d'une famille catholique du Nord, cet ancien scout n'a jamais eu d'atomes crochus avec les patrons historiques de la SFIO puis du PS dans cette région, qui sont en majorité francs-maçons et anciens professeurs des écoles ou du secondaire. Tout a commencé par son mariage en 1969 avec Janine Debeyre, fille du célèbre recteur de l'académie de Lille, Guy Debeyre, proche d'un certain Pierre Mauroy, dont il était l'un des adjoints à la mairie de Lille. Celui qui sera le futur maire de Dunkerque pendant vingt-cinq ans recevra « en dot » un appui politique décisif. En effet, ce colosse doit tout à son pygmalion, un autre géant des Flandres, l'ancien Premier ministre. Fasciné par ce gros bosseur, Pierre Mauroy le prend comme directeur de son cabinet au conseil régional de la région Nord-Pas-de-Calais en 1974, puis à la mairie de Lille en 1977, avant de l'emmener dans ses bagages à Matignon pour y occuper le même poste, de 1981 à 1984. Et c'est encore lui qui le fait nommer, le 20 avril 1983, PMSP. Histoire de lui procurer un placard doré, une assurance pour l'avenir.

Problème : Pierre Mauroy va trop vite… Nommé PMSP le 20 avril 1983, Michel Delebarre est titularisé dans ses fonctions de préfet le 1er mai 1984. Soit un an et dix jours plus tard. Or, dans son référé du 9 juillet 2014 sur la « gestion des préfets », la Cour des comptes écrit : « *Sur le plan statutaire, les PMSP se distinguent des autres préfets en ce que leur titularisation ne peut intervenir que deux ans après leur nomination. Dans un cas* [Nda : il y en pourtant eu d'autres…], *ce délai de deux ans n'a pas été respecté, ce qui est irrégulier.* » À l'époque, Pierre Mauroy est un Premier ministre sur le départ, puisqu'il quitte Matignon le 17 juillet 1984. Le 11 mai 1984, il signe donc le décret suivant : « *M. Michel Delebarre est, sur sa demande, titularisé dans le grade de préfet à compter du 01-05-1984* ». La nomination de Michel Delebarre est donc irrégulière – puisqu'il ne pouvait être titularisé qu'à compter du 21 avril 1985 – tout comme celle de Brice Hortefeux. La précipitation de Pierre Mauroy s'explique aisément par la crainte que son successeur ne titularise pas son protégé dans son placard doré.

En effet, la plupart des hiérarques socialistes locaux ne cachaient pas leur hostilité envers ce technocrate qui, non seulement n'était pas du sérail socialiste, mais en plus avait commencé sa carrière professionnelle en travaillant pour les chefs d'entreprises du Nord-Pas-de-Calais. En 1984, il entrait au gouvernement Fabius comme ministre du Travail et en 1986 était élu député socialiste du Nord à la faveur du scrutin proportionnel. Mais pas question pour les socialistes de lui laisser la succession de Pierre Mauroy à la tête de la mairie de Lille ou de la région. Aussi, l'ancien Premier ministre a été obligé de l'« exfiltrer » vers Dunkerque, où Michel Delebarre battait, en 1989, d'une courte tête, le maire de droite, Claude Pourvoyeur.

Jusqu'à sa mise à la retraite comme préfet le 28 avril 2011, soit pendant vingt-huit ans, il a joué très légalement au préfet fantôme, étant sept fois ministre, cinq fois député et aujourd'hui sénateur. L'ancien maire et président de la communauté urbaine de Dunkerque a aussi été un parlementaire fantôme des deux assemblées, tant il a cumulé de mandats et responsabilités dans des activités dites d'intérêt général. Ainsi sans recevoir la moindre gratification ou rémunération (selon sa Déclaration d'intérêts et d'activités du 28 juillet 2014), ce champion du cumul présidait, au moins jusqu'en 2014, une société HLM de Dunkerque, l'Association nationale de rénovation urbaine (Anru), l'Association des cités unies de France, l'Association des communautés urbaines de France, le Pôle métropolitain de la Côte d'Opale, la société d'économie mixte S3D, la Mission opérationnelle transfrontalière et le Conseil d'orientation et de surveillance de la Caisse d'Épargne Nord France Europe. Selon nos calculs, ce député, puis sénateur, maire et président de la communauté urbaine de Dunkerque a présidé simultanément jusqu'à 23 organismes et établissements, dont une télévision et de nombreux syndicats d'économie mixte. À vous donner le tournis… Mais sans doute pas aux Dunkerquois qui ont longtemps apprécié de voir leur député-maire-ministre user de sa kyrielle de fonctions pour avantager leur ville. Président de la région Nord-Pas-de-Calais de 1998 à 2001, il a fait venir dans sa bonne ville le Fonds régional d'art contemporain (Frac). Ministre, il a décroché pour elle la création d'une antenne universitaire. Il a également logé dans sa ville l'un des quatre instituts régionaux du secret Centre national de la fonction publique territoriale (CNFPT), qu'il présidait, régnant surtout par son absence. La liste des exemples ne s'arrête pas là…

Hyperactif à Dunkerque, Michel Delebarre l'a semble-t-il été beaucoup moins au Palais-Bourbon. Certes, à l'époque, il restait totalement impossible de savoir quels parlementaires étaient présents ou non lors des scrutins publics, l'Assemblée nationale se refusant à donner la moindre information à ce sujet. Le seul indicateur était déjà celui de l'étude du collectif Regards citoyens. Publiée pour la deuxième fois à l'été 2011, cette reconstitution de l'agenda des députés a mis en lumière le peu d'assiduité d'une centaine d'entre eux pendant les travaux des commissions parlementaires de la session 2010-2011. Le collectif se base sur une règle votée, en octobre 2009, par l'Assemblée nationale à l'initiative de son président l'IMP Bernard Accoyer. C'est-à-dire une retenue 355,01 euros par absence en réunion de commission (sanctionnée au-delà du deuxième défaut chaque mois) et prélevée sur l'indemnité de fonction d'un député s'élevant alors à 1 420,03 euros. Selon les calculs de Regards citoyens, 102 des 577 députés étaient passibles, ensemble, de 84 846,79 euros de sanctions financières pour absences répétées, et injustifiées, aux 33 réunions de leur commission du mercredi matin. Même chose pour 17 autres députés passibles eux de 74 421,53 euros de sanctions pour avoir participé à moins de 38 scrutins solennels dans l'hémicycle sur les 58 au total. La présidence de l'Assemblée nationale se refusant à donner plus de précisions, le collectif n'a identifié que les parlementaires absents aux réunions de commissions. Patrick Balkany, député-maire de Levallois-Perret (Hauts-de-Seine) occupait la première place incontestée de ce hit-parade. Il avait séché les 33 réunions de sa commission et devait donc subir une retenue de 4 615 euros. Michel Delebarre accédait à la deuxième marche du podium, ayant manqué 30 réunions de la Commission des affaires européennes, juste devant le futur ministre, Arnaud Montebourg, député de Saône-et-Loire, resté lui invisible à 29 réunions. Le président de l'Assemblée Nationale à l'époque, Bernard Accoyer, n'a jamais déclaré explicitement que ces sanctions avaient été appliquées…

À l'époque, Michel Delebarre avait réagi en publiant le communiqué suivant : « *Cette étude ne met en aucune manière en évidence le travail effectué sur le terrain, au plus près des citoyens. Pour ma part, il me semble important que ce travail-là soit privilégié. Les nombreuses interventions et rendez-vous au plus haut niveau de l'État pour assurer le territoire du Dunkerquois de l'installation d'un terminal méthanier, créateur de nombreux emplois et de ressources économiques, font partie intégrante du travail d'un député. Ce travail ne s'effectue pas en commission ni lors des séances au sein de l'hémicycle. Par ailleurs, cette étude ne tient pas compte des travaux que je peux mener, hors des réunions de commission. Ainsi suis-je actuellement chargé, en tant que membre de la Commission des affaires européennes, d'un rapport d'information sur l'état des lieux et les perspectives de la filière maritime en Europe.* » À l'époque le député PS, Manuel Valls, s'était félicité de cette étude : « *Je conseille à chacun de considérer Regards citoyens comme un progrès et un vrai contrôle démocratique* ». Dans un communiqué publié le 5 août 2011, le président UMP de l'Assemblée nationale, Bernard Accoyer, volait lui au secours de Michel Delebarre et de ses collègues députés fantômes. Il trouvait ainsi « *déplorable que les conclusions soient tirées d'une compilation mécanique de données statistiques* ». Il considérait comme « *particulièrement choquante la façon dont les auteurs de cette étude [s'arrogeaient] le droit de "retracer" les agendas parlementaires ou de vérifier la teneur des excuses dans les justifications d'absence* ». Il étayait son argumentation par le fait que « *certains de ces motifs peuvent être à caractère privé* ». Deux mois plus tard, dans son ouvrage *Un homme politique peut-il dire toute la vérité*[1] ? Bernard Accoyer n'écrit pas un seul mot sur l'une des plus grosses gabegies de la démocratie : l'absentéisme des parlementaires.

1. Jean-Claude Lattès, 2011.

Reste qu'il y a des « tricheurs » au Palais-Bourbon comme au palais d'Iéna. Et, à sa décharge, le député Michel Delebarre ne semblait pas en faire partie. Dans son étude disponible sur son site, l'association Regards Citoyens écrivait : « *Il semblerait que certains députés ne viennent en commission le mercredi matin que pour signer et repartir aussitôt. Laurent Fabius avait été dénoncé par l'un de ses collègues de la Commission de la défense*, souligne Regards Citoyens, *il aurait signé la feuille de présence sans même être entré en commission comme l'avaient rapporté certains médias en octobre dernier.* » Sur le site de Défense *Le Mamouth*, le journaliste Jean-Marc Tanguy donnait la parole, le 30 octobre 2010, à ce sujet au « dénonciateur », le député UMP du Rhône, Christophe Guilloteau : « *Cela fait des mois et des mois que le problème existe,* constate le député. *On a imposé un pointage le mercredi en commission, avec astreinte financière. Certains députés rentrent par la porte gauche de la commission, signent la liste de présence, et sortent par la porte droite. Mercredi, c'était différent, j'ai vu l'huissier se faire appeler pour apporter la liste hors de la salle. Je trouve cela d'autant plus inacceptable que cela vient de l'ancien Premier ministre Laurent Fabius. Ce n'est "pas très classe" quand on est un ancien ministre de la République. J'ai demandé à ce que cela soit consigné, et évoqué dans la prochaine réunion de la commission. Je ne veux pas que cela reste lettre morte. Les députés de base s'astreignent à une discipline, elle doit être la même pour tous.* »

Il faut replacer les choses dans leur contexte. Mercredi 27 octobre 2010, certains députés de la Commission de la défense ont tendu un piège à leur collègue Laurent Fabius qui, depuis la mise en place en 2008 des sanctions financières pour absentéisme, signe le cahier d'émargement, situé jusque-là en dehors de la salle de la commission, pour repartir immédiatement. Ce jour-là, ces parlementaires en colère ont obtenu que le cahier d'émargement soit installé à l'intérieur. Dès son arrivée, Laurent Fabius demande à un huissier de le lui apporter dehors, avant de signer et de repartir. « *Il avait un agenda surchargé et vient à la Commission de la défense dès qu'il peut* », précisait-on à l'époque dans l'entourage de Laurent Fabius. Ce dernier n'est jamais retombé dans le piège... Petit détail : le député UMP de Marseille (Bouches-du-Rhône), Guy Teissier, alors président de la commission en question, avait décidé suite à ce « flagrant délit » que le cahier d'émargement resterait à l'intérieur de la salle de réunion. La députée PS de Brest (Finistère), Patricia Adam, qui lui a succédé en 2012 à la présidence de cette commission, a remis, sans explications, le cahier d'émargement à l'extérieur, juste à l'entrée de la salle de réunion.

Au Sénat, où il siège depuis septembre 2011, M. le préfet honoraire Michel Delebarre s'est montré plus assidu qu'à l'Assemblée nationale. Désigné rapporteur de la commission des lois à propos de la réforme de l'élection des conseillers généraux, il a ainsi amélioré les statistiques de sa seconde année de mandat. Cet effort d'assiduité ne l'empêche pas de figurer parmi les parlementaires les moins présents au palais du Luxembourg depuis quatre ans. Pourtant, Michel Delebarre pourrait aujourd'hui se consacrer entièrement à son mandat de parlementaire, c'est-à-dire être présent au moins deux jours par semaine. En effet, ce champion du cumul a perdu son poste de maire et de patron de la communauté urbaine de Dunkerque. Pris dans une guerre de succession entre deux de ses dauphins socialistes, dont l'un est son gendre, le sénateur a voulu faire le mandat de trop. Recueillant seulement 25 % des voix, il a été battu à plate couture, en mars 2014, par la liste Divers gauche d'un de ses anciens adjoints, qui a rallié 55 % des suffrages. Une belle claque pour le faux préfet à la retraite qui avait été réélu maire, en 2008, au premier tour et avec 55 % des voix.

Cette défaite a conduit l'ancien patron de la cité de Jean Bart à abandonner la majorité de ses 26 mandats d'élu. Le Dunkerquois d'adoption pourrait jouir d'une paisible retraite, mais ce gros travailleur qui dort très peu, a décidé de rester conseiller municipal, même s'il ne siège pas, se montrant indispensable et infatigable malgré ses soixante-neuf ans. En juin 2007, à l'hebdomadaire *L'Express* qui lui demandait quel était son principal défaut, Michel Delebarre avait répondu : « *Je veux tout* »... Y compris être préfet, sans en avoir jamais exercé la fonction.

Les honorables prébendes du préfet Michel Vauzelle

Le président du conseil régional Provence-Alpes-Côte d'Azur (PACA) et député, Michel Vauzelle, soixante et onze ans, est un ancien avocat au barreau de Paris, mais indique aujourd'hui uniquement préfet comme profession sur le site de l'Assemblée nationale. Dans sa Déclaration d'intérêts et d'activités remplie le 15 janvier 2014 en tant que parlementaire, il croit utile de préciser à la mention profession : « préfet (retraité) ». En revanche, il ne donne pas le montant de sa pension de retraite de haut fonctionnaire (2 370 euros mensuels) qu'il révélera uniquement à l'occasion d'une interview sur France 2, le 16 septembre 2014. Sans préciser s'il s'agit d'un montant brut ou net. Autre question sans réponse : comment le député Michel Vauzelle (nommé PMSP en 1985) peut-il expliquer que le sénateur Michel Delebarre (nommé PMSP depuis 1983, soit deux ans avant lui) touche une retraite plus de deux fois supérieures à la sienne ? Le 26 juillet 2015, nous lui avons posé la question. Il n'a pas jugé utile de nous répondre. Les deux parlementaires sont tous deux pères de trois enfants et ont droit en conséquence à une surcote de 10 % de leur pension de retraite.

Dans sa même Déclaration d'intérêts et d'activités, ce parlementaire ne fournit aucune information sur le montant de son indemnité mensuelle net de député (5 704 euros). Pas plus que sur son Indemnité représentative fixe de frais de mandat (Irfm) de 5 308 euros qu'il peut épargner ayant tous ses frais (voiture, carte de crédit, local) payés légalement à discrétion par son conseil régional. Comme l'ancien député Michel Delebarre, Michel Vauzelle perçoit donc une indemnité parlementaire d'un total net de 11 012 euros par mois. Dans son édition du 16 juin 2013, l'hebdomadaire *L'Express* a dressé un hit-parade des députés les plus actifs de juin 2012 à juin 2013. Michel Vauzelle se retrouve parmi les cancres au 515e rang, avec 30 présences en commission (sur un maximum de 110) et 2 dans l'hémicycle (sur 92 au total). Dans sa même Déclaration d'activités et d'intérêts, il indique toucher 2 014,31 euros par mois en tant que président du conseil régional PACA. Il souligne qu'il reste, en revanche, à titre bénévole, président de la Société du canal de Provence et a été, jusqu'en septembre 2014, président de la société d'aménagement Euromed à Marseille. Au total, le préfet-retraité-député-président du conseil régional empoche 13 026,31 euros net par mois.

Premier secrétaire de la conférence des avocats à Paris en 1967, Michel Vauzelle a bifurqué, deux ans plus tard, vers la politique en étant nommé chargé de mission au cabinet du Premier ministre de l'époque, Jacques Chaban-Delmas. Ensuite, ce natif de Montélimar (Drôme) a adhéré au PS et s'est recasé provisoirement à la section financière du Conseil économique et social, avant d'être élu, en 1977, conseiller municipal d'Arles (Bouches-du-Rhône). Devenu proche de François Mitterrand, à l'époque premier secrétaire du Parti socialiste, l'avocat est nommé, en 1978, délégué national du PS à la justice et aux libertés, puis directeur adjoint au cabinet du candidat François Mitterrand pour la présidentielle de 1981. À titre contractuel, Michel Vauzelle a alors occupé pendant cinq ans (1981-1986) le poste de porte-parole de la présidence de la République. Juste avant de l'envoyer tenter sa chance aux législatives de 1986 à Arles, François Mitterrand lui a donné une assurance tous risques pour se recaser dans la vie professionnelle s'il était battu aux élections. Le décret présidentiel du 25 novembre 1985 stipule : « *Michel Vauzelle, porte-parole de la présidence de la République est nommé préfet hors cadre pour remplir une mission de service public relevant du gouvernement* ». Un peu plus de trois mois plus tard, le 16 mars 1986, le tout nouveau préfet était élu député PS d'Arles, et quittait, le 2 avril suivant, son poste de porte-parole à l'Élysée pour entrer à l'Assemblée nationale. Jusqu'à son départ en retraite (suite au décret du 15 août 2010) et depuis 1986, le préfet hors cadre Michel Vauzelle a été détaché comme député des Bouches-du-Rhône. Par ailleurs, il a été maire d'Arles (1995 à 1998), vice-président du conseil général des Bouches-du-Rhône (1992 à 1997) et président (depuis 1998) du conseil régional de PACA. Le régime d'incompatibilité défini par les articles L.142 et L.206 du code électoral lui interdisait de cumuler le mandat de parlementaire, de vice-président de conseil général ou président de conseil régional ou encore de ministre avec son statut de préfet hors cadre. Contrairement à Brice Hortefeux qui a pu cumuler mandat et rémunération de simple conseiller régional d'Auvergne et de préfet hors cadre de 1995 à 1998. Durant ses vingt-cinq ans de mandats parlementaire, régional ou local, Michel Vauzelle n'a jamais exercé les fonctions de préfet. Seule une part infime de son salaire de haut fonctionnaire lui était versée afin de lui permettre de payer ses cotisations de retraite de préfet. Un joli cadeau financier tout de même.

Nous avions relaté le cas de ces préfets fantômes, et notamment de Michel Vauzelle, dans un article de *France-Soir* du 5 mai 2011 et publié sous le titre « Scandale : ils n'ont jamais été préfets, mais ils en touchent la retraite ». Le jour même, Michel Vauzelle publiait le communiqué suivant : « *Monsieur Stefanovitch s'indigne dans son article que certains préfets puissent faire valoir leurs droits à la retraite. Il semble ignorer que les préfets ne sont pas tous affectés à une préfecture de département. Il indique qu'il y a 236 préfets, mais chacun sait qu'il n'y a pas 236 départements en France. Les préfets sont en effet des agents au service de la République, soit pour exercer des fonctions dans un département, soit, et c'est le cas de plus de la moitié d'entre eux aujourd'hui, des fonctions au service de l'État. J'ai pour ma part été nommé préfet suivant les textes de loi en vigueur en Conseil des ministres et avec publication au Journal officiel pour exercer la fonction de porte-parole de la présidence de la République. Il y a toujours eu à l'Élysée des préfets chargés de mission auprès du président de la République et il y en a toujours aujourd'hui. Ils n'ont jamais été des "préfets fantômes". Le général de Gaulle n'a d'ailleurs jamais supprimé ce devoir d'État de nommer des préfets en mission. Ministre de la Justice, j'ai continué à être membre du corps préfectoral comme d'actuels ministres. En tant que député et président de région, j'ai naturellement été en position de détachement et n'ai perçu aucun revenu lié à mon statut de préfet. Enfin contrairement à ce qu'indique monsieur Stefanovitch, il y a un écrêtage des indemnités d'élu local qui interdit le cumul des indemnités au-delà d'un seuil correspondant à la fonction publique. Par ailleurs je n'ai pas fait valoir mes droits à la retraite. Le gouvernement ne m'a pas demandé mon avis et m'a mis à la retraite conformément à la loi et dans le respect des cotisations que j'ai payées depuis ma nomination. Si monsieur Stefanovitch souhaite mettre en cause le statut d'un grand corps de l'État, il doit s'adresser au ministre de l'Intérieur.* »

Simple détail : porte-parole de la présidence de la République depuis 1981, Michel Vauzelle a été nommé, le 25 novembre 1985, préfet hors cadre PMSP. Contrairement à ce qu'il écrit, il n'a jamais été nommé préfet pour exercer la mission de porte-parole du gouvernement puisqu'il remplissait cette tâche depuis quatre ans déjà. Mais pour quitter sa mission de porte-parole de l'Élysée et affronter le suffrage universel en toute sérénité. Nous avons retrouvé le décret de titularisation de Michel Vauzelle dans ses fonctions de préfet. Le décret du 3 janvier 1994 dit : « *Michel Vauzelle est, sur sa demande, titularisé au grade de préfet à compter du 6 décembre 1993* ». Soit huit ans après sa nomination comme PMSP. Ce qui apparaît régulier selon la Cour des comptes, sa titularisation devant intervenir au moins deux ans après sa nomination. Le gouvernement Balladur a consenti à régulariser la situation de Michel Vauzelle qui, sans cela, perdait sa qualité de préfet. Président de la République, François Mitterrand veillait au grain…

Plus de trois ans après la parution de notre article dans *France-Soir*, le 14 octobre 2014, deux journalistes de France 2 ont tenté d'interviewer le député Michel Vauzelle sur « les préfets fantômes » dans la salle des Quatre colonnes à l'Assemblée nationale. Selon l'édition du *Canard enchaîné* du 22 octobre 2014, le parlementaire se serait emporté et aurait lancé aux deux reporters : « *Vous êtes tous des fascistes ! Des ennemis de la démocratie !* » La raison de la colère du député ? Selon *Le Canard enchaîné*, parce qu'il aurait été interviewé « par surprise ». Ce cri du cœur, lancé à la figure des deux journalistes, aurait dû, si l'on en croit *Le Canard enchaîné*, être diffusé deux jours plus tard dans le journal de 20 heures de la chaîne, soit le 16 octobre 2014. Mais toujours selon l'hebdomadaire satirique du mercredi 22 octobre 2014, les choses ont tourné autrement. Simple comme coup de fil de Michel Vauzelle à Rémy Pflimlin (patron de France 2) selon *Le Canard enchaîné* et le problème était réglé. Après avoir perdu son calme à l'Assemblée nationale, monsieur le député et préfet à la retraite a consenti à se déplacer lui-même au siège de France Télévisions pour accorder une seconde interview. Si cette enquête a finalement été diffusée sur France 2 à la date prévue, son cri du cœur sur les « fascistes » et les « ennemis de la démocratie » est passé à la trappe. On apprend une seule chose nouvelle par rapport au communiqué de Michel Vauzelle du 5 mai 2011. Il touche chaque mois une pension de préfet d'un montant de 2 370 euros, sans toutefois préciser s'il parle de brut ou de net.

Le député Jean Glavany, un préfet fictif et super pistonné

Député socialiste des Hautes-Pyrénées, conseiller départemental d'Aureilhan, préfet à la retraite, avocat à la Cour d'appel de Paris à partir de 2010, salarié d'une société de services et conseiller stratégique du groupe Bolloré (de 2001 à 2013), Jean Glavany, soixante-six ans, possède une qualité que ses trois petits camarades préfets fantômes et parlementaires n'ont jamais eue. Le modeste, mais non dénué d'ambition, ancien chef de cabinet de François Mitterrand à l'Élysée a toujours cumulé sans faire de bruit, sans faire d'histoires. Aussi, l'ex-préfet fictif a réussi à échapper à toutes les enquêtes journalistes. Professeur d'économie à ses débuts, puis chargé d'études au ministère de l'Équipement, Jean Glavany a attrapé, en 1976, le virus de la politique en devenant assistant parlementaire du groupe socialiste à l'Assemblée nationale. Certes, ce fils du général de corps aérien Roland Glavany avait un atout maître dans la manche. Son père, héros de la résistance et des commandos en Indochine, ancien pilote d'essai des avions Marcel Dassault, puis officier général de l'armée de l'air, lui avait présenté un grand ami : le général de corps aérien, lui aussi, Jacques Mitterrand, ancien patron des Forces aériennes stratégiques. Ce dernier lui a rapidement permis de faire connaissance avec son frère benjamin, François Mitterrand… Ayant toujours résidé à Issy-les-Moulineaux avec ses parents, Jean Glavany s'y est présenté aux cantonales de 1979. Malgré la venue sur place de François Mitterrand et l'aide de Jacques Séguéla pour sa campagne, il n'a pu empêcher le conseiller communiste, Guy

Ducoloné, d'être brillamment réélu. La même année, il était désigné délégué général auprès du premier secrétaire du PS, François Mitterrand. C'était le début d'un compagnonnage qui le conduirait à devenir l'un des plus proches collaborateurs du président de la République, voie royale vers le statut légal de préfet fictif.

En juin 1981, il était nommé chef de cabinet de François Mitterrand à l'Élysée. Deux années plus tard, il prenait une nouvelle veste électorale sous les couleurs PS, aux municipales de 1983 à Issy-les-Moulineaux, remportées haut la main par le candidat de droite, André Santini du Parti social démocrate. Resté à son poste de chef de cabinet à l'Élysée officiellement jusqu'en juillet 1988, Jean Glavany y a essentiellement organisé les voyages du Président. Quatre mois plus tôt, le décret du 28 mars 1988 avait nommé Jean Glavany PMSP. On était en pleine cohabitation. Jacques Chirac, Premier ministre, et Charles Pasqua ont donc signé ce décret, lors du Conseil des ministres du 23 mars 1988, à la demande expresse du président de la République. Sa nomination prenait effet tout juste un mois et demi avant la victoire de François Mitterrand au deuxième tour de la présidentielle de 1988, le 8 mai. Prudent, François Mitterrand avait décidé de fournir un parachute à Jean Glavany qui, par deux fois déjà, avait subi les rigueurs du suffrage universel. Après sa victoire à la présidentielle de mai 1988, le président de la République a prévu d'envoyer son chef de cabinet s'emparer de la troisième circonscription législative des Hautes-Pyrénées. Or, l'arrivée de cet inconnu, un candidat imposé par François Mitterrand, s'y est très mal passée. Ainsi, choisi par les militants PS locaux, le professeur d'université Claude Miqueu, devenu socialiste dissident, bat largement le candidat officiel du PS, Jean Glavany, au deuxième tour le 12 juin 1988. Panique à l'Élysée, dont Jean Glavany a démissionné pour se présenter à la législative. En effet, à cette époque, il était très difficile de créer un poste budgétaire à la présidence de la République, ce type d'emploi étant pris sur des financements de ministères. Or le président de la République se refusait à laisser son fidèle avec son titre de préfet, sans affectation réelle. C'est pourquoi, un mois et demi après sa défaite aux législatives, Jean Glavany était nommé, le 27 juillet 1988, délégué interministériel aux Jeux olympiques d'hiver de 1992 à Albertville.

Pas plus que Brice Hortefeux ou Michel Delebarre, Jean Glavany n'a été titularisé préfet de manière régulière. Sa nomination comme PMSP, en date du 23 mars 1988, devait à l'issue de ses deux premières années de fonction être confirmée définitivement par un deuxième décret. C'est-à-dire à partir du 24 mars 1990. Mais les services de l'Élysée ont fait du zèle et se sont emmêlé les crayons. Explication : ils ont cru que Jean Glavany était un simple préfet territorial qui devait être titularisé à l'issue d'une année de fonction. C'est pourquoi, un décret du président de la République, en date du 9 mai 1989 (publié au Journal officiel du 11 mai 1989) stipulait avec effet rétroactif : « *M. Jean Glavany est, sur sa demande, titularisé dans le grade préfet à compter du 28 mars 1989* ». On n'est jamais trop prudent…

À la fin de sa mission pour les JO d'Albertville, Jean Glavany réussissait enfin à se faire élire, en mars 1993, député PS de la 3e circonscription des Hautes-Pyrénées. Depuis, il a été constamment réélu. Le décret du président de la République, en date du 23 août 2012, annonçait : « *M. Jean Glavany, préfet en service détaché* [Nda : en tant que parlementaire], *est réintégré pour ordre dans le corps des préfets et admis, sur sa demande, à faire valoir ses droits à la retraite, à compter du 1er octobre 2012* ». Au total, Jean

Glavany a été préfet durant vingt-quatre ans, sans jamais en exercer les fonctions, par la seule volonté de François Mitterrand.

Pour avoir une idée des mandats, des revenus et des différentes activités de ce vrai-faux préfet, il suffit de se reporter à sa Déclaration de patrimoine et d'intérêt comme nous y invite son site de député de la 1re circonscription des Hautes-Pyrénées. En fait, il s'agit de sa classique Déclaration d'intérêts et d'activités remplie par lui, le 28 janvier 2014, en tant que parlementaire. Première constatation : une lecture attentive de ce document donne le tournis... En effet, si le député Jean Glavany n'a jamais exercé les fonctions de préfet, tout en bénéficiant de ce titre grâce à son statut de PMPS hors cadre, ce retraité de la haute fonction publique multiplie aujourd'hui les activités à la limite du conflit d'intérêts. Première information intéressante de sa Déclaration, Jean Glavany indique deux professions : préfet (à la retraite) et avocat. Mais par pudeur sans doute, le retraité de l'État ne donne pas le montant de sa pension. Nous lui avons demandé de nous le préciser le 20 juillet 2014. Il n'a pas jugé utile de nous répondre. Selon nos calculs, cette pension mensuelle pour vingt-quatre ans d'activité devrait s'élever à un peu moins de 4 000 euros net. Nous avons pris en compte sa qualité de père de trois enfants qui dope sa pension de préfet de 10 %.

Sur le montant de ses revenus mensuels liés à ses mandats électoraux à la date de son élection comme député le 30 juin 2012, le même préfet à la retraite indique à la rubrique « Rémunération, indemnités ou gratifications perçues » : 4 215 euros pour son mandat de député et 1 522,75 euros pour celui de conseiller général. Bien sûr, Jean Glavany se garde bien d'indiquer s'il s'agit de brut ou de net. Mais, l'ancien préfet pratique surtout ici le mensonge par omission comme le prouve la déclaration officielle de son collègue René Dosière, député PS de l'Aisne, qui a publié, le 22 juillet 2015, les comptes de « sa petite entreprise de service public » (selon ses propres termes) de député pour 2014. Selon ce parlementaire, la rémunération brute mensuelle de chaque député s'élève à 7 100 euros, soit 5 704 euros net, et elle est gelée depuis le 1er juillet 2010. Explication de la différence entre les comptes des deux députés : le rusé Jean Glavany joue sur les mots. En fait, il prend en compte uniquement son « indemnité brute de base » (5 514,86 euros) oubliant au passage son « indemnité brute de résidence » (164,44 euros) et son « indemnité brute de fonction » (1 420,03 euros) qui échappe elle tout à fait légalement à l'imposition. Dans sa Déclaration d'intérêts et d'activités, il publie uniquement son « indemnité de base » en net, soit 4 215 euros, alors qu'il reçoit 5 704 euros en net « d'indemnité parlementaire ». Un oubli de 1 489 euros impossible à constater pour le lecteur et citoyen moyen. Destinataire de cette Déclaration d'intérêts et d'activités, la Haute Autorité pour la transparence de la vie publique aura rectifié d'elle-même, sans demander d'explications. Par contre, Jean Glavany ne peut épargner son Indemnité représentative de frais de mandat (Irfm) puisqu'il n'est pas patron d'un exécutif local.

Connu surtout pour être un passionné de rugby, de navigation à voile, de danse et de chorégraphie, le profil multicarte de l'ancien préfet apparaît à la rubrique de « Déclaration » intitulée « Les activités professionnelles donnant lieu à rémunération ou gratification exercées à la date de l'élection ». Jean Glavany indique 61 506 euros annuels comme salarié à temps partiel de la société Angel Développement, « *entreprise organisatrice d'événements sportifs et culturels* » fondée en 2003. Soit un revenu mensuel de 732 euros. Ses trois enfants sont actionnaires de cette société familiale. Le député déclare également un salaire mensuel de 2 539 euros pour ses activités d'avocat, en 2011 et 2012, au cabinet parisien Parme avocats (il n'y travaille plus), spécialisé en droit public et notamment dans l'assistance juridique aux collectivités locales. Ce qui peut donner lieu à des conflits d'intérêts en cas de procès contre l'État pour un parlementaire, ancien préfet hors cadre et ex-membre du cabinet de François Mitterrand à l'Élysée… Ceci alors que Jean Glavany ne possède pas les qualifications ou diplômes requis. Certes, il a une licence en économie, mais aucun diplôme de droit, comme l'exige la loi. Pourtant, le Conseil de l'ordre a écrit à son sujet : « *M. Glavany ne remplit pas stricto sensu la condition de diplôme prévue par les textes pour accéder à la profession d'avocat, pour autant le régime des études de quatre ans de licence en sciences économiques de l'époque comporte de nombreux enseignements juridiques* ». Le préfet en détachement a effectivement prêté le serment d'avocat, le 13 janvier 2010.

Les décideurs politiques de tous bords enfileraient-ils la robe noire des avocats pour rentabiliser leur carnet d'adresses dans des activités de lobbying ? On pourrait se poser la question… À la rubrique « Observations » de sa Déclaration d'intérêts et d'activités, Jean Glavany écrit sans autre précision : « *Je ne vois pas dans ce questionnaire, où je pourrais indiquer qu'en 2012-2013 (et depuis 2001), j'étais membre du "comité stratégique" du groupe Bolloré, structure informelle s'apparentant à un "Think-Thank"* [Nda : le député veut dire think tank] , *mais qui ne fait de moi ni un salarié, ni un dirigeant, ni un actionnaire de ce groupe* ». Le socialiste Jean Glavany y a donc longtemps côtoyé Antoine Veil (aujourd'hui décédé), une des grandes figures du capitalisme français, et le conseiller de Nicolas Sarkozy Alain Minc. Bien sûr, le préfet à la retraite n'a jamais fait d'affaire avec le roi de la voiture électrique et du papier à cigarettes, qu'il a rencontré il y a plus de trente ans comme chef de cabinet du président de la République, François Mitterrand. Le vrai-faux préfet l'a dit et répété dans les journaux du Sud-Ouest, il n'est pas avocat d'affaires. Dont acte.

Cinq proches de Hollande et Valls préfets fictifs à vie

Les nominations de proches du pouvoir ou d'amis à des postes de PMSP n'ont pas ralenti depuis l'arrivée de François Hollande à l'Élysée. Contrairement à ses promesses de campagne sur la République exemplaire, le Président a distribué cinq postes de PMSP. Le premier à une amie et collaboratrice, le second à son chef de cabinet et les trois autres à des fidèles de Manuel Valls. À noter que l'ex-Premier ministre, Jean-Marc Ayrault, n'a nommé aucun de ses proches ou collaborateurs comme PMSP. Signé par le président de la République, le décret du 5 mars 2015 nommait Isabelle Sima PMSP. Chef de cabinet adjointe à l'Élysée en mai 2012, puis chef de cabinet depuis juillet 2013, cette quadragénaire est diplômée d'un DESS de droit fiscal. Une nomination inespérée qui récompense surtout sa fidélité sans faille, depuis vingt-huit ans, à François Hollande. Une femme de l'ombre qui a rencontré le président actuel, en 1987, grâce à son père Bernard Chassagne, ancien syndicaliste CFDT. À l'époque, ce patron de la section PS de Tulle et trésorier de la fédération départementale de la Corrèze, cherchait un candidat pour la première circonscription législative, détenue alors par le maire de Tulle, le communiste Jean Combasteil. Conseiller à l'Élysée, François Hollande venait de prendre trois vestes dans le même département : en 1981 aux législatives face à Jacques Chirac, en 1983 aux cantonales à Bort-les-Orgues et aux municipales à Ussel en 1983. À l'issue d'une primaire interne, François Hollande fut désigné par les militants locaux du PS. Bernard Chassagne lui proposa alors de l'héberger le week-end dans son pavillon sur les hauteurs de Tulle. Devenu officiellement conseiller à la Cour des comptes et de Lionel Jospin, patron du PS, le futur président a séjourné, chez lui, chaque samedi et dimanche de sa campagne victorieuse à Tulle pour les législatives de 1988. Jusqu'à sa traversée du désert, entre la défaite de 1993 et la victoire de 1997, François Hollande est adopté par madame Marie-Claude Chassagne et ses deux filles, âgées de treize et dix-huit ans qui le considèrent comme « un copain » de la famille. C'est le début d'une longue amitié. Sur les conseils de François Hollande, l'aînée, Isabelle, fera Sciences Po Toulouse, avant de devenir Isabelle Sima. Puis, à partir de l'automne 2008, elle se joindra au groupe des huit experts du candidat à la présidentielle qui se réunissaient dans le petit bureau de François Hollande, au PS, rue de Solférino. Ce dernier s'est déplacé spécialement à Tulle, le 26 janvier 2013, pour assister aux obsèques de Marie-Claude Chassagne, décédée à soixante-sept ans d'une crise cardiaque, et a prononcé un discours lors de son inhumation, au cimetière du village de Chanac-les-Mines.

La nomination d'Isabelle Sima comme PMSP montre que rien n'a changé à l'Élysée depuis l'instauration de notre monarchie républicaine. Tout aussi discret et secret dans l'ombre de François Mitterrand, Jean Glavany avait été désigné chef de cabinet du Président en 1981 avant d'être nommé à son tour PMSP. La désignation d'Isabelle Sima comme vraie-fausse préfète ne change rien à son travail qui consiste à tenir l'agenda du Président et à organiser ses voyages. Mais la date de sa nomination n'était pas anodine. Elle intervient deux ans et deux mois avant les prochaines présidentielles de 2017. L'explication ? La fameuse période de deux ans au terme de laquelle un PMSP doit être titularisé s'il ne veut pas perdre son titre, c'est-à-dire l'emploi à vie à 5 200 euros brut minimum par mois et une confortable pension de retraite. Même si François Hollande perdait la prochaine présidentielle, son successeur ne pourrait pas enlever son titre de PMSP à Isabelle Sima qui aura pris soin d'être titularisée par son bienfaiteur et « copain », au plus tard le 5 mars 2017. Le président de la République est bien placé pour le savoir puisqu'il a éjecté deux PMSP (nommés par Nicolas Sarkozy) pour mettre deux de ses fidèles à leur place. Cette gigantesque opération de chaises musicales mérite d'être contée.

Pour récompenser des proches en les nommant PMSP, le président de la République doit attendre qu'un poste se libère. Or, les places sont chères… En effet, le nombre de ces superpistonnés pour emplois fictifs royalement rémunérés se compte sur les doigts des deux mains. L'effectif total des PMSP ne peut dépasser le chiffre de 10, dont 3 sont réservés à des sous-préfets méritants en fin de carrière de manière à donner un coup d'accélérateur (environ 400 euros) à leur pension de retraite. Il y a donc au maximum 7 PMSP en tout et pour tout. Or, six mois après son arrivée à l'Élysée, François Hollande s'est emporté, fatigué d'attendre qu'un poste de PMSP devienne vacant. Tout a commencé lors du Conseil des ministres du 19 décembre 2012 qui mettait fin aux fonctions de deux PMSP, Olivier Buquen et Renaud Bachy. Ces derniers avaient été nommés ensemble par le Conseil des ministres du 8 février précédent. Trois mois avant sa défaite électorale, Nicolas Sarkozy, avait ainsi tenu à récompenser ces deux fidèles en les nommant préfets à vie, à condition que son successeur les titularise d'ici le 8 février 2014. La décision de François Hollande est rarissime. Apparemment, ni François Mitterrand ni Jacques Chirac n'ont jamais destitué un PMSP. À l'évidence, François Hollande voulait récupérer ces postes de PMSP pour deux amis du pouvoir socialiste. Olivier Buquen, ancien maire divers droite de Carnac a ainsi occupé son poste de délégué interministériel à l'Intelligence économique jusqu'en mai 2013, avant d'être remplacé par Claude Revel, une énarque de la promotion Voltaire, celle de François Hollande. Mais, immédiatement, le Président l'a recasé dans un placard doré en le nommant contrôleur général économique et financier. Devenu ainsi haut fonctionnaire à vie, Olivier Buquen n'a aucune obligation d'assiduité ou de travail à ce poste (voir notre chapitre sur les

Inspections générales). Renaud Bachy, était lui président de la Mission interministérielle aux rapatriés, créée en 2002, par le président de la République à l'époque Jacques Chirac. Début 2014, cette mission était supprimée et Renaud Bachy, nommé, comme Olivier Buquen, contrôleur général économique et financier. Olivier Buquen et Renaud Bachy n'ont pas perdu au change en étant privés brutalement de leur statut de PMPS. Sorte de Sous-Inspection générale des finances, le Contrôle général économique et financier leur donne aussi un emploi à vie de haut fonctionnaire sans la moindre obligation et grassement payé (8 000 euros net par mois), sans compter une pension de retraite très confortable.

Près d'un mois après avoir déchu de leurs fonctions de PMSP, Olivier Buquen et Renaud Bachy, le président de la République les a remplacés, le 17 janvier 2013, place pour place, par son chef de cabinet, Pierre Besnard, et Yves Colmou, l'homme de confiance et conseiller du ministre de l'Intérieur Manuel Valls. Comme prévu, Yves Colmou, cinquante-sept ans, et Pierre Besnard, quarante-six ans, ont été titularisés en tant que PMSP, les 5 février et 19 mars 2015, et sont donc aujourd'hui préfets à vie. C'est-à-dire tout à fait dans les règles, contrairement à Brice Hortefeux, Michel Delebarre et Jean Glavany. Yves Colmou devenait ainsi haut fonctionnaire sur le tard, à l'âge de cinquante-sept ans. Ancien conseiller municipal et régional, ce spécialiste en géographie électorale avait ouvert les portes de Matignon au jeune Manuel Valls, en 1988. Michel Rocard était Premier ministre et Yves Colmou, son chef de cabinet. Éternel conseiller de la Rocardie et de la Jospinie à Matignon, ce surdiplômé a travaillé une dizaine d'années comme consultant chez Progress, un cabinet de chasseurs de têtes, où il s'était spécialisé comme fournisseur des collectivités locales plutôt de gauche, avant de rejoindre Manuel Valls au ministère de l'Intérieur en mai 2012. Un atterrissage indispensable pour cet homme de l'ombre qui, à l'âge de cinquante-sept ans, n'avait pas la moindre pension de retraite en vue, ayant toujours été contractuel.

Cinq mois après avoir été nommé lui aussi PMSP, Pierre Besnard était parachuté, le 20 juin 2013, préfet des Hautes-Alpes. Organisateur des voyages présidentiels en tant que chef de cabinet à l'Élysée, il « payait » ainsi des cafouillages dans l'organisation de certains déplacements de François Hollande. Isabelle Sima prenait aussitôt sa succession comme chef de cabinet. Arrivé sous-préfet à l'Élysée en juin 2012, il en repartait, seulement un an plus tard, préfet. François Hollande congédie ce « maladroit », mais organise un pot à l'occasion de son départ. Un sacré coup de pouce pour cet ancien attaché parlementaire qui avait commencé sa carrière, en 1997, comme conseiller technique de Daniel Vaillant, ministre chargé des Relations avec le parlement, puis à partir de 2002, ministre de l'Intérieur. Ce dernier l'avait nommé sous-préfet au tour extérieur. Devenu préfet des Hautes-Alpes par simple décision du roi républicain à la suite d'une bavure, Pierre Besnard n'a rien d'un fonctionnaire de terrain. À quarante-six ans, ce juriste de formation, également ancien chef de cabinet du président du Sénat Jean-Pierre Bel, ne connaît rien à ce métier de fonctionnaire d'autorité. Mais, « homme de réseau » comme on dit, ce petit gros sympathique a joué sa deuxième carte maîtresse, son côté bon vivant.

Le président de la République et ses deux Premiers ministres n'ont pas repris la méthode expéditive et peu discrète appliquée pour nommer Yves Colmou et Pierre Besnard. Pour remercier des proches, il leur a fallu attendre plus de deux ans avant de voir des postes de PMSP se libérer naturellement. Le décret du 11 février 2015 nommait Sébastien Gros PMSP. Âgé de trente-cinq ans seulement et diplômé de Sciences Po Toulouse (comme Isabelle Sima), ce fidèle de Manuel Valls a été successivement son chef de cabinet à la mairie d'Evry (Essonne) depuis 2008, puis au ministère de l'Intérieur et enfin à Matignon. À l'exemple d'Yves Colmou et de Pierre Besnard, Sébastien Gros n'est plus un contractuel à la merci d'un changement de Premier ministre ou de président de la République. Avec à la clé une super-retraite, mais une rémunération qui ne change pas, celle-ci étant probablement plus élevée que celle d'un PMSP. Les services du Premier ministre ont argué, à l'époque, « *qu'il est de tradition que le chef de cabinet de Matignon soit un préfet* ». Cela venait couronner un parcours de sept ans au service de Manuel Valls et « *Sébastien Gros a toutes les qualités pour occuper les fonctions de préfet, s'il le souhaite* » poursuivait le communiqué des services du Premier ministre.

En 2015, la nomination de Sébastien Gros, le 11 février, à un poste de PMSP a été suivie par celle d'Isabelle Sima, le 5 mars, et enfin par celle de Christian Gravel, un autre proche de Manuel Valls, le 29 avril suivant. Un vrai tir groupé qui s'explique par la volonté du Président et du Premier ministre de mettre ainsi ces trois proches à l'abri d'un changement de majorité avant mai 2017. Ces trois PMSP pourront ainsi être définitivement titularisés avant la présidentielle de 2017, soit deux ans après leur nomination. Le dernier nommé, Christian Gravel, le sera à partir du 30 avril 2017, soit à quelques jours de l'élection présidentielle. Âgé de quarante et un ans, Christian Gravel, est un fidèle de Manuel Valls, dont il a été le directeur de cabinet à la mairie d'Evry de 2002 à 2012. Le tandem s'est formé à Matignon en 1999. Manuel Valls dirigeait alors la communication de Lionel Jospin, et Christian Gravel travaillait à ses côtés. Après avoir été membre de l'équipe de communication de François Hollande durant sa campagne présidentielle, Christian Gravel était devenu son conseiller presse, étant l'adjoint d'Aquilino Morelle démissionné le 18 avril 2015. Six jours plus tard, il était nommé patron du Sig (Service d'information du gouvernement), qui dépend directement du Premier ministre. Le directeur du Sig et ses dizaines de fonctionnaires compilent des centaines de sondages et enquêtes d'opinions pour alimenter ensuite l'exécutif en notes et études sur les Français. En dehors des 5 nominations de proches de François Hollande ou de Manuel Valls, deux énarques marqués à gauche ont également été nommés PMSP. Le 20 juin 2013, Fabrice Rigoulet-Roze, directeur de cabinet du secrétaire d'État à l'outre-mer et actuel préfet de la Martinique, et le 17 février 2014, François Hamet, conseiller aux affaires intérieures et aujourd'hui directeur de cabinet de Marylise Lebranchu, ministre de la Décentralisation et de la Fonction Publique. Ce qui fait 7 PMSP nommés par François Hollande.

Ces 7 PMSP ne sont pas les seuls à être payés à ne rien faire par rapport à cette fonction. Ils sont, en 2013, le reflet d'un corps de 250 préfets sans utilité réelle pour une bonne partie d'entre eux. On l'a vu, « *il y a deux fois plus de préfets que de postes à pourvoir* » sur le territoire français. C'est le constat établi une nouvelle fois par la Cour des comptes dans son référé sur « la gestion des préfets », en date du 9 juillet 2014. En un mot, les préfets sont mal gérés, victimes d'une dérive de leurs effectifs entretenue, depuis près de quarante ans, par les gouvernements de gauche comme de droite, et les préfets eux-mêmes soucieux de la puissance de leur corps. Les chiffres de la Cour des comptes datent de 2013 et ils n'ont sans doute pas beaucoup changé. Sur les 250 préfets gérés par le ministère de l'Intérieur, 127 étaient affectés en poste territorial (surtout préfets de département ou de région), 37 en position de détachement (comme élus ou dans des sociétés à capitaux publics), 12 en disponibilité (dans des entreprises privées), 1 en dehors des cadres et 75 dits hors cadre. Ces derniers n'étaient que 44 en 1987, 69 en 2005, leur nombre a presque doublé en vingt-six ans ! Parmi ces derniers, la Cour distingue quatre catégories. Les préfets en attente d'affectation (donc rémunérés à ne rien faire), des préfets détachés en dehors du ministère de l'Intérieur, des préfets exerçant des fonctions au ministère de l'Intérieur et les PMSP.

En clair, ces différentes fonctions ont été créées de toutes pièces pour cacher un nombre deux fois trop important de préfets. Au passage, la Cour rappelle qu'aucun texte ne limite le nombre de préfets et de préfets hors cadre. Un plafond d'emplois de préfets pourrait pourtant être inscrit dans chaque loi de finances. La Cour constate également que le ministère ne puise pas dans le vivier des 75 préfets hors cadre (dont les PMSP) pour remplacer les départs à la retraite. Exemple parmi bien d'autres : en arrivant en juin 2013 à la tête de la préfecture des Hautes-Alpes, Pierre Besnard a remplacé la préfète, Francine Prime, partie à la retraite deux mois auparavant. Le président de la République a préféré placer un proche à ce poste, plutôt que de piocher parmi l'armée de préfets hors cadre payés à ne rien faire. Plus facile pour un monarque républicain de nommer l'un de ses obligés soumis à un devoir total d'obéissance que de prendre des risques avec un préfet de l'autre bord politique ou connu pour son indépendance. Dans son rapport de 2005 sur les préfets, la Cour des comptes préconisait déjà de supprimer le corps des préfets pour créer un corps unique de hauts fonctionnaires du ministère de l'Intérieur afin d'évacuer le trop-plein de préfets.

Dans leur rapport de 2014, les magistrats de la rue Cambon recommandent avant tout la suppression pure et simple des PMSP comme voie d'accès au corps des préfets. Selon leurs calculs, sur la période 2005-2010, ces PMSP étaient lors de leur nomination affectés dans 33 % des cas à la présidence de la République, 30 % au ministère de l'Intérieur, 9 % auprès du Premier ministre, les fonctionnaires en attente d'affectation et les autres ministères se partageant les 28 % restants. Même si la Cour ne le dit pas explicitement, il s'agit d'un cadeau fait à 7 personnes qui n'ont aucune vocation à exercer dans des fonctions territoriales. Et d'une promotion discrétionnaire, non « *transparente et équitable* », pour les 3 sous-préfets nommés PMSP juste avant leur retraite, afin de les faire bénéficier d'une pension de préfet.

Plus de 30 ambassadeurs condamnés à rester chez eux

Les préfets fantômes restaient, en 2012, un peu moins nombreux que les 45 ambassadeurs condamnés à rester chez eux tout en étant payés, faute d'affectation, et la centaine d'autres diplomates de haut rang sous-employés. Ces chiffres consternants proviennent de notre enquête et de déclarations faites en juin 2011, mais passées complètement inaperçues, devant la Commission des affaires étrangères de l'Assemblée nationale, par un directeur général du Quai d'Orsay. Des rapports du Sénat et de la Cour des comptes ne disent pas autre chose depuis une vingtaine d'années, mais autant crier dans le désert. Il ne semble pas certain que la situation se soit beaucoup améliorée aujourd'hui au ministère, malgré l'ouverture de deux guichets de départ pour des diplomates de haut rang de cinquante-huit ans et plus. Une méthode qui passe mal, à un moment où l'État tente de repousser au maximum l'âge de la retraite, faute d'argent pour financer les pensions. Selon le ministère des Affaires Étrangères, le trop-plein d'ambassadeurs serait lié uniquement au baby-boom de l'après-guerre. Une excuse trop commode… De toute façon, le ministre Laurent Fabius se sent droit dans ses bottes : les crédits demandés, pour 2015, par le ministère des Affaires étrangères diminuent de 2,1 % à périmètre constant. La baisse devrait s'établir à plus de 3 % sur l'ensemble de la période triennale 2015-2017. Le Quai d'Orsay participe donc pleinement à la maîtrise des finances publiques. Fermez le banc !

Le 9 avril 2008, lors d'une réunion de la Commission des finances du Sénat, l'ancien ministre socialiste du Budget, Michel

Charasse, a clairement fait comprendre que le problème était plus vaste : « *Le Quai d'Orsay n'a jamais réglé le problème de sa pyramide des âges depuis cinquante ans, puisqu'il avait dû gérer tout d'abord l'absorption des cadres issus de l'administration de la France d'outre-mer, puis des entrées massives de personnes extérieures au corps des conseillers des affaires étrangères* ». Le sénateur à l'époque ne l'a pas dit, mais cet embouteillage d'ambassadeurs au sommet de la pyramide du personnel du Quai d'Orsay s'explique aussi par l'énorme importance de notre réseau diplomatique, le troisième du monde avec 162 ambassades à l'étranger sur un total de 193 États membres des Nations unies. Nous n'avons peut-être pas besoin de cette représentation « universelle » mise en place par le général de Gaulle. Un réseau calqué sur nos anciennes colonies, devenu aujourd'hui complètement absurde, lorsqu'on regarde l'importance de certaines de nos ambassades. Ainsi notre représentation au Maroc (359 diplomates) était, en 2012, la deuxième du monde derrière les États-Unis (417) et loin devant la Chine (303), le Sénégal (253), la Russie (222), le Brésil (195). Ce trop-plein d'ambassadeurs résulte aussi de deux raisons plus obscures. Dans la gestion de leur carrière, ces anciens envoyés du roi ont une mentalité de seigneur et le « roi républicain » doit leur donner chaque fois un poste correspondant à leur rang. Tout est dit. Et plus on se rapproche des beaux postes, plus le bouchon grossit… D'autant que le « roi républicain », qu'il soit de gauche ou de droite, ne se prive pas d'intervenir dans la nomination des chefs de postes à l'étranger pour y caser ses affidés. Ces deux phénomènes conjugués sont les principaux moteurs de mise au placard sans affectation, « sur l'étagère » appelée aussi « le couloir de la mort »…

Pour tenter d'y voir plus clair, il faut parler chiffres… Pour l'enquêteur, c'est le début d'un vrai parcours du combattant, car le ministère des Affaires étrangères (MAE) pratique une sorte d'omerta. Sous le prétexte d'empêcher des terroristes d'y trouver des données trop précises, le MAE a carrément censuré, depuis 2012, une partie de la « Bible du Quai d'Orsay », c'est-à-dire l'Annuaire diplomatique et consulaire. Plus question d'y trouver, entre autres, les noms des hauts fonctionnaires en attente à Paris d'une affectation, au milieu de la liste des diplomates les plus gradés du ministère. Pour le prix de 120 euros, ce gros bottin de 1 677 pages, dans son édition 2013, livre tout de même la liste des hauts fonctionnaires appartenant à la caste supérieure du Quai d'Orsay. On y recense parmi quatre grades : 5 ambassadeurs, 144 ministres plénipotentiaires, 137 conseillers des Affaires étrangères hors classe (du « cadre général », c'est-à-dire issus de l'Ena) et 80 conseillers des Affaires étrangères hors classe (du « cadre d'Orient », diplômés en principe de l'École nationale des langues orientales). Soit 366 agents qui ont, fin 2012, « *seule vocation à occuper des postes de chefs de missions diplomatiques ou de directeurs à Paris* ». En somme, les auteurs pour certains et les victimes pour d'autres du gigantesque trop-plein d'ambassadeurs au sommet de notre diplomatie.

Destinés à ces 366 superdiplomates, les postes de chefs de missions diplomatiques totalisent en premier lieu, à la fin 2012, 162 ambassades, 16 représentations permanentes auprès d'organisations internationales et 25 consulats généraux d'exception. Soit 203 postes. La consultation systématique des états de service de ces diplomates de haut rang, dans la « Bible du Quai d'Orsay », permet de découvrir les autres points de chutes possibles pour ces hauts fonctionnaires. Les 66 postes de direction à Paris, les 28 de numéros 2 et de conseillers d'ambassades, les 10 de l'Inspection générale du ministère et les 15 de membres de cabinets ministériels. Soit environ 322 postes. Les détachements dans des ministères ou administrations (35) et les mises en disponibilité (25) doivent également être pris en compte. L'offre totale d'ambassades et de directions de services s'élève donc en réalité à 382 postes pour 366 agents hors échelle à affecter. Apparemment le compte est bon. Il y aurait ainsi eu, en 2012, une offre de 16 postes supplémentaires par rapport au nombre de hauts fonctionnaires hors classe du Quai d'Orsay à caser dans le réseau diplomatique.

Les « aveux » de Stéphane Romatet

Mais c'est trop beau pour être vrai... Le chiffre de 366 hauts fonctionnaires du Quai d'Orsay à affecter, en 2012, comme chefs de postes à l'étranger ou directeurs à Paris ne prend pas en compte les personnels bénéficiaires de carrières éclairs. Un décret de 1959 le permet, il maintient les ambassadeurs dans la norme des emplois discrétionnaires, un chef de poste pouvant être révoqués à tout moment par le président de la République. En fait, la mise au pas des ambassadeurs remonte à l'arrivée de François Mitterrand. En 1981-1982, 45 ambassadeurs sont révoqués et remplacés sur un total de 180. Et une loi de 1985 ouvre « la carrière » aux non-fonctionnaires. À l'inverse, en Grande-Bretagne et en Allemagne, les procédures de nomination à un grade supérieur et comme chef de poste à l'étranger sont beaucoup plus encadrées, moins sensibles aux pressions politiques, plus spécialisées par zone géographique, mais peut-être trop bureaucratiques. Le président des États-Unis nomme, à la tête des grandes ambassades américaines, des personnalités qui ont financé sa campagne présidentielle ou un proche. Sauf qu'ils ne font pas le job, étant remplacés par des professionnels, pendant qu'eux se consacrent au golf et à leurs affaires personnelles.

En France, depuis 1981, des personnels de haut rang « survitaminés » par la politique n'apparaissent pas clairement dans l'Annuaire diplomatique et consulaire. Ils se répartissent en deux catégories qui viennent discrètement concurrencer les 366 ambassadeurs, ministres plénipotentiaires hors classe et conseillers des affaires étrangères hors classe. La première : le 28 août 2008, le ministre des Affaires étrangères, Bernard Kouchner, annonçait, lors de la conférence des ambassadeurs que le statut des agents diplomatiques serait modifié afin de « *supprimer l'obligation d'être conseiller des Affaires étrangères hors classe pour être nommé ambassadeur* ». En clair, une voie supplémentaire d'accès à la diplomatie aménagée pour de jeunes fonctionnaires après leur passage en cabinet ministériel ou à la présidence de la République. Il en est de même dans toute la haute fonction publique : impossible de faire carrière dans l'administration de l'État sans avoir travaillé dans un cabinet à l'Élysée ou en ministère. C'est l'accélérateur de carrière incontournable dans notre république monarchique.

Selon l'Annuaire diplomatique et consulaire 2013, 498 conseillers des Affaires étrangères n'étaient pas hors classe et pouvaient cependant grossir les rangs des postulants comme chef de poste d'une ambassade. Une vraie armée mexicaine en puissance qui est responsable de la mise au placard à Paris d'un certain nombre d'ambassadeurs. Au point que la CFDT (syndicat majoritaire au ministère avec 34 % des votants) a obtenu que des conditions supplémentaires (notamment trois ans en poste déjà au minimum) soient exigées pour de telles promotions canon. Cette procédure dérogatoire (autorisée par le décret du 25 mai 2009) a permis notamment de nommer Boris Boillon ambassadeur, deux mois plus tard à Bagdad, puis en 2011 à Tunis. Ce chargé de mission de Nicolas Sarkozy à l'Élysée, mais simple conseiller des Affaires étrangères, avait à l'époque à peine quarante ans et seulement dix ans de carrière derrière lui au Quai d'Orsay. Autre exemple, sans remonter à François Mitterrand ou Jacques Chirac, David Martinon, ancien porte-parole de Nicolas Sarkozy à l'Élysée et conseiller sans grade des Affaires étrangères, a été nommé à trente-six ans seulement, en 2007, consul général à Los Angeles !

Mais, la politique n'est pas la seule explication de ces promotions éclairs qui accroissent la tension sur les effectifs. Ainsi, l'énarque Pauline Carmona, mère de trois enfants, a été promue à l'âge de quarante et un ans, le 18 mars 2013, conseillère des Affaires étrangères hors classe avant d'être nommée, le 3 juin de l'année suivante, consul général à San Francisco un poste très couru, dix-sept ans après avoir intégré le Quai d'Orsay à sa sortie de l'Ena. Le fait que son propre frère énarque soit un ancien membre du cabinet de Nicolas Sarkozy à l'Élysée n'a en rien gêné sa rapide ascension. En fait, Pauline Carmona grande professionnelle s'est bâti une réputation et a construit un vrai réseau au fil de ses affectations. Résultat, elle a commencé une belle carrière, comme chef de poste d'un consulat d'exception à l'âge de quarante et un ans, là où la moyenne d'âge est de quarante-cinq ans. Pendant les dix premières années, la carrière se déroule surtout en fonction de règles strictes d'avancement et notamment en fonction de l'ancienneté. Mais ensuite, la concurrence féroce pour les rares beaux postes à l'étranger et la proximité du pouvoir politique entraînent une gestion très individuelle, pour ne pas dire féodale, des carrières. Les différences de prestige entre les 203 ambassades et consulats généraux, de bien-être, de pouvoir et de prime de résidence (allant de 7 000 à près de 27 000 euros brut par mois) n'arrangent rien… En dehors des pressions politique, ce système crée, à lui tout seul, une bonne partie de l'embouteillage pour accéder aux plus beaux postes, c'est-à-dire la trentaine dite à « compétence élargie » et la centaine d'autres à « missions prioritaires ». Et un manque d'intérêt évident pour la trentaine de petites ambassades dites de simple « présence diplomatique » où il semble difficile de tenir un rang, bénéfique pour la carrière, et aussi de mener une vie agréable.

Deuxième raison toujours politique expliquant la sous-estimation du nombre de candidats à un poste d'ambassadeur ou de directeur de service à Paris : chaque année, un cinquième des nominations d'ambassadeurs à l'étranger se fait au tour extérieur. Ce fait du prince récompense un ami politique ou un proche (journaliste, ancien ministre, écrivain...) en le nommant chef de poste à l'étranger. Une seule condition : la personne de nationalité française doit être âgée de quarante-cinq ans au moins. Les journalistes Roger Auque à Asmara, Éric Rouleau à Tunis et Gilles Martinet à Rome, les écrivains Jean-Christophe Rufin à Dakar, François-Régis Bastide à Copenhague, puis Vienne, et Daniel Rondeau à Malte en ont profité. Jacques Chirac a remercié ses proches : Jérôme Bonnafont, porte-parole de l'Élysée, nommé ambassadeur à New Delhi, Jean-Pierre Asvazadourian, son chef du protocole, à Stockholm, et l'ancien député de Paris Laurent Dominati à Tegucigalpa (Honduras). La politologue et directrice de recherche au CNRS, Marie-Christine Kessler, auteure du livre référence en la matière *Les Ambassadeurs*[1], s'est penchée sur l'importance de ces nominations au tour extérieur et les candidatures de conseillers des Affaires étrangères simples. Pour elle, ces nominations ont représenté au total, pour 2011, 14 % environ du nombre de hauts fonctionnaires prétendants comme chefs de postes à l'étranger. Soit une trentaine de diplomates par rapport aux plus capés en grade qui se répartissent ainsi : 1 % d'ambassadeurs de France, 47 % de ministres plénipotentiaires, 38 % de conseillers des Affaires étrangères hors classe. La prise en compte de ces 14 % de chefs de poste, qui ne sont pas hors échelle, fait passer le nombre de candidats ambassadeur pour 2012, de 366 à 396 pour toujours 382 postes existants. Le nombre de hauts diplomates sans affectation serait donc environ de 14.

Notre estimation semble légèrement inférieure au chiffre très secret des placardisés recensé officiellement, une seule fois, par le

1. Les Presses de Sciences Po, 2012.

ministère. C'est un des plus hauts responsables du Quai d'Orsay qui a lâché publiquement cette information, harcelé de questions par les députés socialistes Henri Emmanuelli et Jérôme Cahuzac, les UMP Jean-François Mancel et François Scellier. Ainsi, le 15 juin 2011, devant la Commission des finances, de l'économie générale et du contrôle budgétaire de l'Assemblée nationale, Stéphane Romatet, directeur général de l'administration et de la modernisation du ministère des Affaires étrangères et européennes (nommé à ce poste par le président Nicolas Sarkozy), a finalement avoué sans fard le « *lancinant problème du sureffectif* » selon ses propres mots : « *Nous connaissons une situation difficile de sureffectifs dans l'encadrement supérieur : compte tenu de l'évolution de notre carte diplomatique et des nominations – bienvenues car elles enrichissent notre corps – de personnalités de la société civile, une cinquantaine de diplomates sont aujourd'hui sans affectation. […] Notre objectif est de réduire ce sureffectif de 10 % d'ici 2013.* » Si on prend au mot Stéphane Romatet (nommé peu après ambassadeur en Australie), le MAE voulait à cette époque ramener le chiffre des ambassadeurs condamnés à rester chez eux au chiffre de 45 en 2013. Ce problème du sureffectif des diplomates de haut rang n'a jamais été abordé, depuis le 15 juin 2011, à l'Assemblée ou au Sénat. Tout va très bien Madame la marquise…

Une ambassade d'exception, sinon rien…

Trois années avant les « aveux » de Stéphane Romatet, le même constat avait déjà été fait dans un référé de la Cour des comptes de mars 2008 sur les « hauts fonctionnaires du ministère des Affaires étrangères sans affectation ». La Cour écrivait : « *Au 31 décembre 2005, au regard des dispositions du statut particulier des agents diplomatiques et consulaires, 407 agents avaient vocation à occuper des fonctions de chef de mission diplomatique. Or, à la même date, pouvait être recensé un total de 177 postes correspondants, c'est-à-*

dire moins que le seul effectif des ministres plénipotentiaires (194). Certes, plusieurs autres catégories d'emplois peuvent également être prises en compte : emplois de direction en administration centrale pourvus par décret en Conseil des ministres (secrétaire général, directeur, conseiller diplomatique du gouvernement, inspecteur général des affaires étrangères) ; emplois de chef de service, directeur adjoint et sous-directeur à l'administration centrale. Au total, ces postes représentaient au 31 décembre 2005, 66 emplois dont la moitié pour les sous-directions. De même, le réseau consulaire devrait permettre certains débouchés satisfaisants notamment dans les postes les plus importants tels New York, Rio de Janeiro, Milan, etc... Mais les 33 emplois de sous-directeurs d'administration centrale comme les postes du réseau consulaire sont ouverts aux 715 conseillers des affaires étrangères et notamment aux 213 conseillers des affaires étrangères hors classe. Ainsi, un pyramidage des corps trop favorable, avec en particulier un effectif trop important d'agents pouvant légitimement prétendre aux postes d'ambassadeur ou de direction, a créé au fil des ans une situation difficile au regard du nombre d'emplois correspondants. […] 51 hauts fonctionnaires sont sans affectation, 164 sans affectation adéquate. »

Ces chiffres montrent, entre autres, que les 407 hauts fonctionnaires, qui avaient en 2005 vocation à diriger un poste diplomatique ou une direction à Paris, étaient devenus 396 en 2012. Soit une diminution de 11 en 7 ans. La moyenne de mise à la retraite ou de départ volontaire s'est donc élevée à 1,5 emploi par année, en comptabilisant les nouveaux hauts diplomates entrant dans la carrière y compris le tour extérieur. Un vrai goutte-à-goutte qui n'a rien à voir avec les chiffres globaux de diminution du personnel du Quai d'Orsay. De 1995 à 2008, ce ministère annonce avoir supprimé 12 % de ses emplois et 7 %, de 2009 à 2013 (soit 1 150 emplois). Cela a conduit au non-remplacement d'un peu moins d'un titulaire sur deux parmi le personnel partant à la retraite. Ces suppressions de postes ont concerné surtout les personnels recrutés localement (qui coûtent pourtant cinq fois moins cher que les titulaires expatriés) et d'une manière quasi nulle les ambassadeurs ou chefs de poste.

Philippe Seguin, premier président à l'époque de la Cour des comptes, avait conclu ce référé de mars 2008, destiné au Premier ministre, sur ces phrases sévères qui conservent aujourd'hui toute leur actualité : « *Pour autant, quelles que soient les justifications avancées, la Cour estime que la rémunération de hauts fonctionnaires sans affectation ou notoirement sous-employés de façon prolongée n'est pas acceptable. Elle est coûteuse pour les finances publiques (soit 1,5 million d'euros par an) fâcheuse sur le plan de la gestion des ressources humaines. En outre elle déroge aux principes et au droit de la fonction publique. À cet égard, la Juridiction croit devoir vous rappeler que les agents du ministère sont soumis au droit commun de la fonction publique et au "statut particulier des agents diplomatiques et consulaires" qui disposent que le droit à rémunération des fonctionnaires est expressément conditionné par le "service fait". Les infractions à ce principe sont juridiquement susceptibles de mettre en jeu la responsabilité non seulement des comptables mais aussi des ordonnateurs. De même, la jurisprudence Guisset du Conseil d'État ouvre la faculté aux hauts fonctionnaires, privés d'emploi contre leur volonté clairement exprimée d'obtenir de l'État une compensation financière. Il est donc du devoir du ministère de tout mettre en œuvre pour remédier durablement à cette situation, y compris, à défaut d'être en mesure de trouver des affectations utiles au bon fonctionnement du service public, en envisageant, le cas échéant, des mesures de dégagement des cadres.* »

Comment peut-on expliquer qu'une cinquantaine de hauts diplomates français, en 2005, quarante-cinq, sept ans plus tard, en 2012, et probablement plus d'une trentaine aujourd'hui, soient condamnés, vers l'âge de cinquante-cinq ans, à rester chez eux pendant plusieurs mois voire années en attendant d'être nommés ? Ces hauts fonctionnaires restent payés dans une fourchette mensuelle de 4 000 à 5 600 euros net par mois, mais ils perdent leur indemnité de résidence à l'étranger qui double au minimum leur rémunération parisienne, la triple souvent quand elle ne la quadruple pas. D'autant plus que cette prime de résidence perçue en dehors du territoire national échappe à l'impôt. Certes, les candidats à ce type de postes à l'étranger font leur demande d'affectation dans les règles. Les postes qui doivent faire l'objet d'un renouvellement, tous les trois ans en principe, sont « mis à la transparence », c'est-à-dire publiés sur l'Intranet du Quai d'Orsay (Diplomet) par la direction des ressources humaines. Les candidatures sont collationnées et communiquées pour examen au cabinet du ministre. Des réunions de concertation sont organisées entre les différents services du ministère pour définir les choix à proposer à la présidence de la République. Le choix final se décide en Conseil des ministres. Mais le travail de la bureaucratie du Quai d'Orsay est primordial. La direction des ressources humaines va jusqu'à adresser un questionnaire informatique aux anciens collaborateurs de chaque candidat pour juger, entre autres, de la capacité de manager de leur ancien patron. À l'évidence, l'intervention politique reste importante, mais concerne surtout la dizaine d'ambassades les plus importantes ou lorsqu'il faut absolument recaser un proche non diplomate du président de la République ou du ministre des Affaires étrangères. Certains n'hésitent pas à parler « d'une société de cour » pour donner une image de ce marché du travail fermé, où le relationnel compte plus que l'expérience et les états de service.

En fait, chaque diplomate candidat chef de poste se heurte encore aujourd'hui au caractère pyramidal de la haute carrière diplomatique, restreinte par le nombre de postes offerts. Aussi, la base large se rétrécit considérablement au sommet. Comme pour nombre de hauts fonctionnaires, les effets du baby-boom de l'après-guerre n'ont pas été anticipés au ministère des Affaires étrangères. Il fallait diminuer depuis une quinzaine d'années le nombre de candidats admis à leur sortie de l'Ena et du cadre d'Orient. Faute d'avoir pris le problème à bras-le-corps et à temps, le ministère a donc utilisé différents moyens pour tenter de faire sauter cet énorme bouchon de hauts diplomates sans affectation ou sous-employés.

Dominique Galouzeau de Villepin, retraité en or

Premier dispositif mis discrètement en place, en 2009 et 2010, par un décret spécial : une trentaine de conseillers des Affaires étrangères et de ministres plénipotentiaires âgés de cinquante-huit à soixante-deux ans s'est vu proposer sur la base du volontariat une période de trois ans pendant laquelle ils pouvaient engager une reconversion à moins qu'ils ne décident de partir en préretraite avant l'âge légal de soixante-cinq ans. Un congé spécial en quelque sorte. Avec un joli pécule de départ allant de 26 000 à 105 000 euros brut et le versement de leur salaire pendant trois ans. Un contingent de 30 postes supplémentaires a été ouvert dans les mêmes conditions pour la période 2011-2013. Problème : le premier guichet départ n'a bénéficié semble-t-il qu'à une vingtaine de diplomates. En effet, ce traitement de faveur, mitonné aux petits oignons pour quelques dizaines des plus hauts salaires du Quai d'Orsay, allait complètement à l'encontre de la politique du ministère du Budget qui, on l'a vu, vise dans la fonction publique à repousser l'âge de la retraite. C'est pourquoi Bercy n'a pas manifesté beaucoup d'empressement à accorder réellement ces guichets départs. Et puis les diplomates n'ont jamais fait preuve de beaucoup d'énergie pour changer de métier ou aller pantoufler dans le public ou le privé. Ainsi le 9 avril 2008 devant la Commission des finances du Sénat, Michel Charasse avait regretté

« le peu de goût des diplomates à effectuer des mobilités au sein d'autres administrations ». Il a souligné que *« le ministère de l'Économie, de l'Emploi et de l'Industrie offrait des possibilités de reconversion en proposant chaque année deux ou trois postes de trésorier-payeur général, mais que les diplomates ne souhaitaient pas saisir ces opportunités »*. Plus généralement, la concurrence acharnée et les coups bas de toutes sortes entre les ambassadeurs empêchent tout esprit de solidarité. À l'inverse du ministère de la Défense pour les généraux de gendarmerie et des trois armes, le Quai d'Orsay ne pilote pas un système organisé de pantouflage qui anticiperait un trop-plein d'ambassadeurs.

Ces préretraites très confortables ont bénéficié au total uniquement à 37 diplomates de haut rang sur un objectif de départ fixé par le MAE à 60. Le pécule de départ versé à ces hauts fonctionnaires a atteint un montant global de 1,83 million d'euros, soit une moyenne de 50 000 euros par tête. Sans compter, le salaire moyen qui a été versé à ces 37 bénéficiaires pendant deux à trois ans de préretraite, et qui s'élevait à 5 000 euros net par mois. Très bien renseigné et bien que gagnant plus que confortablement sa vie, le ministre plénipotentiaire hors classe Dominique Galouzeau de Villepin a demandé, à l'âge de soixante ans en septembre 2013, à bénéficier du deuxième guichet de départ, mis en route par un autre fidèle de Jacques Chirac, Alain Juppé, ministre des Affaires étrangères de 2011 à 2012. En disponibilité depuis 2007 à la tête de son cabinet d'avocats Villepin International (activité incompatible avec le statut de diplomate), l'ancien Premier ministre a dû être réintégré dans le personnel actif durant la journée du 30 septembre au 1er octobre 2013 pour toucher sa cagnotte.

Cette journée de travail unique et fictive de Dominique Galouzeau de Villepin avait été révélée, en mars 2014, par le quotidien anglais *The Telegraph* et confirmée par le MAE. Une journée à plus de 70 000 euros net (88 787,72 euros brut), montant du pécule correspondant à un an de salaire et versé à l'ancien ministre des Affaires étrangères de Jacques Chirac. Petit souci : il a dû faire une croix sur son salaire de ministre plénipotentiaire hors classe 1er échelon (soit 5 000 euros net par mois) pendant les plus de deux ans qu'a duré sa préretraite. En effet, ses revenus d'avocat (lors du procès Clearstream, il a reconnu à l'audience toucher une rémunération de 20 000 euros brut mensuels) dépassaient de 125 % la rémunération qu'il aurait pu toucher comme diplomate, sans bien sûr l'indemnité de résidence. En clair, ses gains dans le privé étaient supérieurs au plafond maximum du gain d'un diplomate en préretraite. Né le 14 novembre 1953, l'ancien ministre de l'Intérieur est parti à la retraite à l'âge de soixante-deux ans. Entre son départ en préretraite fin 2013 et sa retraite effective deux ans plus tard, l'État a eu la suprême élégance de prendre en charge ses cotisations sociales. L'année précédente, le magazine *L'Express* avait estimé sa fortune personnelle à 4 millions d'euros. En novembre 2011, il avait vendu aux enchères sa collection de 450 livres rares dédicacés pour la plupart par leur auteur, ce qui lui a rapporté près de 1,2 million d'euros. Comme l'écrit la fondation Ifrap (Institut pour la recherche sur les administrations et les politiques publiques) dans son étude « Moderniser la diplomatie française » : « *L'anecdote Villepin traduit bien une gestion du personnel confuse de la part d'un ministère des Affaires étrangères, toujours soucieux de ménager des hauts fonctionnaires ayant tous l'ambition de finir leur carrière à un poste prestigieux* ».

Ambassadeur à Ryad depuis sept ans

Premier reflet de l'inefficacité totale de ces départs dans un contexte opaque, secret et archaïque, la proportion des ambassadeurs pur jus et les plus gradés (ministres plénipotentiaires et conseillers des affaires étrangères hors classe) diminue sans arrêt.

Répertoriant par ancienneté les 188 ambassadeurs de France en poste à la date du 11 juin 2015, la liste officielle du Quai d'Orsay montre que 34 d'entre eux ne font pas partie de cette caste supérieure des ambassadeurs. Soit 18 %, donc presque 1 sur 6 des ambassadeurs en poste ! Parmi eux, il y a un gros bataillon formé de 22 conseillers des affaires étrangères simples, mais aussi 1 avocat (nommé par François Hollande au tour extérieur), 1 conseillère culturelle sous contrat, 1 contractuel (ancien de la cellule africaine à l'Élysée sous François Mitterrand et ex-conseiller d'Hubert Védrine, ministre des Affaires étrangères) et 9 personnels en détachement des autres ministères. Parmi ces derniers figurent 1 administrateur civil du ministère de la Recherche, 1 préfet, 1 conseiller à la Cour des comptes, 1 inspecteur général des finances, 4 administrateurs civils de Bercy, un conseiller d'État, et 1 administrateur du ministère de la Défense (ancien du cabinet de François Hollande à l'Élysée et de celui d'Alain Richard, ministre de la Défense de Lionel Jospin). Or la politologue et directrice de recherche au CNRS, Marie-Christine Kessler, avait fait les mêmes comptes début 2011, c'est-à-dire quatre ans plus tôt. Sur la liste officielle des 180 ambassadeurs en poste à cette époque, Marie-Christine Kessler avait dénombré « *6 % de conseillers des affaires étrangères et 8 % d'autres* ». Les « autres » regroupent tous les hauts fonctionnaires en détachement des autres administrations et les personnes nommées au tour extérieur par le président de la République. La situation des ministres plénipotentiaires et conseillers des affaires étrangères hors classe a empiré. Leurs divers concurrents survitaminés par l'Élysée ou Matignon occupent aujourd'hui 18 % des postes d'ambassadeurs contre 14 % en 2011.

Témoignage de l'embouteillage au sommet de la pyramide des hauts fonctionnaires diplomates, cette liste des 188 ambassadeurs, établie début juin 2015, montre que seulement 9 ambassades ont changé de titulaire depuis le début de l'année. Or le règlement des mutations au Quai d'Orsay oblige en principe les ambassadeurs à revenir en poste à Paris, tous les trois ans. Ceux en mission en Birmanie, en Iran et en Turquie ont dépassé ces trois années fatidiques. Sans parler du roi des prolongations, Bertrand Besancenot (cousin du postier trotskiste de Neuilly-sur-Seine, Olivier Besancenot), soixante-deux ans, ministre plénipotentiaire de première classe, qui reste fidèle à son poste d'ambassadeur en Arabie saoudite depuis 2007. Soit 8 ans ! Ce bouchon explique que plus d'une trentaine d'ambassadeurs aujourd'hui restent chez eux payés à ne rien faire. En fait, les choses n'ont que peu changé depuis le portrait au vitriol dressé il y a plus d'un demi-siècle par Roger Peyrefitte dans son roman Les *Ambassadeurs*[1] : « *Avouez que nous exerçons un métier de seigneur : nous les derniers seigneurs… Nous avons le train de vie des plus favorisés de ce monde et, en outre, des privilèges qu'ils n'ont pas ! Tout n'est pour nous qu'exemptions, immunités, franchises, passe-droits. La féodalité survit en nous et en nous seuls…* »

Symbole de ce monde de privilèges aux frais de la princesse, tout retour en arrière dans la carrière d'un ambassadeur de France reste impossible. C'est déchoir aux yeux de la profession et donc se faire mal voir… Un ambassadeur allemand ou anglais peut accepter sans faire d'histoires un poste hiérarchiquement moins important. Pas un français. Être intronisé ambassadeur représente le couronnement d'une carrière diplomatique. Un haut fonctionnaire du Quai d'Orsay ne devient pas automatiquement ambassadeur. Il y a quelques exceptions dans cette course infernale aux plus beaux postes. Ainsi Gildas Le Lidec, ambassadeur à Tokyo, accepte, en 2008, d'être nommé à Tananarive. Mais, c'était déchoir sur la « carte des ambassades » qui accordait, entre autres avantages et honneurs, une indemnité de résidence

1. Flammarion, 1951.

mensuelle à l'époque d'environ 10 000 euros pour l'ambassadeur à Madagascar contre plus de 17 000 au Japon. En un mot, pour un ambassadeur de France, entre vivre à Tananarive ou à Tokyo, il n'y a pas photo… Dans son ouvrage *De Phnom Penh à Abidjan - Fragments de la vie d'un diplomate*[1], Gildas Le Lidec raconte comment un ambassadeur ne peut pas aller contre cette règle non écrite : « *Le montage intellectuel dont j'avais enrobé l'opération – terminer symboliquement dans un pays qui apparaît comme un "pont" géographique et culturel entre l'Asie et l'Afrique, mais aussi "donner une leçon" à mes collègues en démontrant qu'on pouvait volontairement quitter le cercle des grands postes pour rejoindre par intérêt le commun des ambassadeurs –, il n'eut bien évidemment aucune répercussion, sinon les moqueries de certains. Je l'ai payé en goûtant l'amère expérience de passer un an et demi "sur l'étagère", c'est-à-dire à la maison, sans affectation ni perspective.* » Une règle qui, bien évidemment, nourrit le trop-plein de diplomates au placard au Quai d'Orsay.

Condamné pour avoir mis au placard deux diplomates

Yves Marek, cinquante-trois ans, conseiller des Affaires étrangères hors classe a connu bien pire. Ce diplomate est resté au placard 6 ans, étant payé et maintenu sans affectation de 2008 à 2013. Sorti de l'Ena en 1987, il a aussitôt été titularisé diplomate, puis mis à la disposition de cabinets ministériels, un de gauche (l'historien Alain Decaux, alors ministre délégué auprès du ministre des Affaires étrangères chargé de la francophonie) et trois de droite : les ministres RPR Jacques Toubon, François Baroin et Bernard Pons. Suite à la victoire de la gauche aux législatives de 1997, le diplomate catalogué à droite (par ailleurs délégué général de l'Association des amis de Jacques Chirac de

1. L'Harmattan, 2014.

1996 à 2002) est retourné au Quai d'Orsay pour se retrouver au placard, sans affectation. Plutôt que d'attendre un poste, il a préféré une nouvelle mise à disposition comme conseiller culturel du président RPR du Sénat, Christian Poncelet. Devenu administrateur général du musée du Luxembourg (appartenant au Sénat), il quitte ses fonctions à la présidence du Sénat en 2008, lorsque Christian Poncelet, redevenu simple sénateur, est remplacé par son collègue UMP Gérard Larcher. Au Quai d'Orsay, il est resté pendant six ans sans affectation, malgré l'arrivée de Nicolas Sarkozy à la tête de l'État, puis est nommé ambassadeur de France à Monaco, le 10 mai 2011. Sa nomination en tant que simple conseiller aux affaires étrangères a été annulée, suite à un recours du syndicat CDFT par le Conseil d'État. Le statut des agents diplomatiques et consulaires exige que « *les conseillers des affaires étrangères qui sont nommés chef de mission diplomatique justifient de trois ans au moins de services à l'étranger* ». L'intéressé ne remplissant pas cette condition, sa nomination était illégale et l'administration en avait pris acte avant la décision du Conseil d'État. En effet, Yves Marek n'a jamais occupé son poste à Monaco, puisqu'un nouvel ambassadeur y était nommé par décret du 19 octobre 2011. Le 1er novembre 2014, au bout de six ans d'attente, le « blacklisté » du Quai d'Orsay a enfin réussi à décrocher un poste : celui d'« *ambassadeur thématique, secrétaire général de la Commission nationale pour l'élimination des mines antipersonnel* ».

Sur la requête d'Yves Marek, le tribunal administratif de Paris a condamné l'État, le 17 avril 2014, à lui verser 90 000 euros d'indemnisation. Les juges ont considéré que ses années de mise au placard sont constitutives d'une faute commise par le MAE. À l'appui de son jugement, le tribunal a démontré une volonté délibérée d'empêcher Yves Marek de poursuivre une carrière normale. Une étude comparative entre sa carrière (il est de la promotion 1987 de l'Ena) et celles de 26 de ses collègues des promotions 1987 à 1994 est parlante. 23 ont accédé au grade de conseiller des Affaires étrangères hors classe 15 ans après leur sortie de l'école, 1 à l'issue de 17 années et 1 au bout de 18 ans. Yves Marek est lanterne rouge, il n'y arrive qu'après 19 années de carrière. Le tribunal administratif considère que « *cette durée apparaît comme exceptionnellement longue* » et en retient une présomption de discrimination. Le juge administratif n'écrit pas noir sur blanc qu'Yves Marek a fait l'objet d'une discrimination politique, mais observe que, « *eu égard aux longues périodes d'affectation au sein de cabinets ministériels et qu'à la manière dont l'intéressé a affiché les liens entretenus avec diverses personnalités politiques, le ministre des Affaires étrangères ne pouvait ignorer la nature des opinions politiques d'Yves Marek* ». En fait, le tribunal administratif de Paris estime que le MAE n'est pas parvenu à démontrer l'absence de discrimination de sa part. Une sorte d'avertissement donné au Quai d'Orsay qui doit respecter la neutralité à l'égard de ses agents.

Ce n'était pas la première fois que le Quai d'Orsay se faisait prendre par la justice en flagrant délit de mise au placard. En effet, le Conseil d'État a jugé illégale, le 6 novembre 2002, la décision du MAE de maintenir en activité avec traitement, mais sans aucune affectation pendant plus de 11 ans, un de ses hauts fonctionnaires. Conseiller des Affaires étrangères hors classe, Jean-Claude Guisset a été maintenu au placard avec traitement entre la fin de ses fonctions d'ambassadeur en Bolivie, en juillet 1986, et sa mise à la retraite, en février 1998 ! Une décision illégale du MAE, selon le Conseil d'État, « *puisqu'il appartenait au ministre, soit de proposer une affectation, soit d'engager une procédure de licenciement pour insuffisance professionnelle* ». Mais Jean-Claude Guisset s'étant borné à produire une seule lettre adressée à son administration alors qu'il était sans affectation depuis plus de six ans, le Conseil d'État juge qu'il y a lieu dans ce cas d'exonérer l'État d'une partie de sa responsabilité. C'est pourquoi il a condamné l'État à payer seulement 40 000 euros de réparation de son préjudice moral et matériel à Jean-Claude Guisset.

Un placard à 9 000 euros mensuels pour un proche de Hollande

Les plus ou moins longues périodes sans affectation avec traitement font partie du lot commun de nombreux diplomates de haut rang. Ainsi, un proche du président François Hollande en a été victime pendant un an. L'Annuaire diplomatique et consulaire 2013 en fait foi. En effet, il mentionne indirectement cette mise au placard, ne faisant état d'aucune fonction pour ce haut fonctionnaire durant l'année 2011. Jean-Maurice Ripert, ministre plénipotentiaire hors classe, âgé alors de cinquante-huit ans, s'est ainsi retrouvé sans affectation, mais payé, pendant toute l'année 2011. Très exactement entre décembre 2010, où il doit quitter son poste d'envoyé spécial à New York du secrétaire général adjoint des Nations unies (qui lui avait nommé un successeur) pour l'aide au Pakistan, et janvier 2012, où il est nommé ambassadeur chef de la délégation européenne à Ankara en Turquie. Révélée par le journaliste Franck Renaud dans l'hebdomadaire *Le Point* du 3 février 2014 sous le titre « Quai d'Orsay : primes généreuses pour un ami de Hollande », l'affaire a eu une conséquence amusante. Sur son site, le Quai d'Orsay a ajouté depuis une ligne dans toutes les biographies de Jean-Maurice Ripert afin de cacher cette période sans affectation. Aussi, pendant l'année 2011, ce dernier aurait travaillé à la direction générale de l'administration du ministère des Affaires étrangères. Sa mise au placard s'explique très simplement. Vieil ami de François Hollande (membre comme lui de la promotion Voltaire en 1980 de l'Ena), Jean-Maurice Ripert, ancien membre du PSU, puis du PS, a écumé les cabinets ministériels de gauche avant de devenir conseiller diplomatique de deux Premiers ministres, Michel Rocard et Lionel Jospin. Sa carrière en ambassade a alors explosé à Genève et à New York.

Mais, en septembre 2009, le président de la République Nicolas Sarkozy le virait de son poste de représentant permanent de la France à l'ONU, parce qu'il lui reprochait de n'être pas venu l'accueillir à l'aéroport, lors de son séjour à New York. C'est Bernard Kouchner (dont il a été le directeur de cabinet puis conseiller dans deux ministères de 1990 à 1993), ministre des Affaires étrangères, qui lui sauvera la mise en lui trouvant un autre poste à l'ONU chargé de l'aide au Pakistan. Mais, un peu plus d'un an après, Jean-Maurice Ripert s'est retrouvé sans affectation. Sans avoir cependant à se contenter de son salaire mensuel brut de 5 880 euros… Durant ses 12 mois de placard, il a en effet touché une rémunération mensuelle globale supplémentaire d'environ 3 000 euros brut, fruit de l'addition de cinq primes, dont la plus importante atteint près de 2 000 euros pour des « travaux supplémentaires ». Romain Nadal, directeur de la communication et de la presse du ministère à l'époque, avait déclaré que cette période sans affectation « *a été mise à profit par M. Ripert pour réaliser un retour d'expérience des responsabilités exercées au Pakistan et pour préparer les phases de sélection mises en place par le Service européen d'action extérieure pour le poste en Turquie* ». Ce qui apparaît complètement farfelu, car un diplomate sans affectation ne peut toucher que son salaire brut, à l'exclusion de toute prime. Aujourd'hui âgé de soixante-deux ans, Jean-Maurice Ripert termine sa carrière diplomatique comme ambassadeur à Moscou, où il a été nommé, le 21 octobre 2013, sur décision personnelle de François Hollande. À ce poste, cet élu suppléant CDFT du personnel MAE (catégorie ministre plénipotentiaire de 2011 à 2014) reçoit, en plus de son salaire mensuel, une indemnité de résidence mensuelle brute de 19 353,41 euros.

La sixième par ordre d'importance après celles versées aux ambassadeurs en Afghanistan (27 752,91 euros), Irak (22 897,08), Pakistan (22 353,41), Iran (21 410,75), et Angola (20 173,33).

Dix-neuf ambassadeurs thématiques qui ne servent à rien

Le Quai d'Orsay a trouvé une astuce pour recaser discrètement, en attendant mieux, une partie de ses ambassadeurs au placard ou recycler d'anciens ministres. Créées en 1998 par Jacques Chirac (le socialiste Hubert Védrine étant ministre socialiste des Affaires étrangères), les ambassades thématiques ont vu leur nombre culminer à 27 sous la présidence de Nicolas Sarkozy, avant de retomber à 19 (dont 11 diplomates) en 2015. Ces ambassadeurs sans ambassades occupent le plus souvent des postes teintés d'exotisme. La plupart sont nommés en catimini sur simple note de service du directeur général de l'administration du Quai d'Orsay, alors que la Constitution exige qu'un ambassadeur soit nommé en Conseil des ministres. Les noms de leurs missions sont bizarres, parfois incompréhensibles et souvent farfelus ou carrément ridicules. En voici quelques illustrations les plus grotesques : ambassadeur chargé de l'audiovisuel extérieur, ambassadeur chargé de la bioéthique et de la responsabilité sociale des entreprises, ambassadeur chargé des relations avec la société civile, ambassadeur chargé de l'adoption internationale, ambassadeur chargé de la mobilité externe des cadres du MAE…

La nomination de ces ambassadeurs entre dans le plafond d'emplois du ministère des Affaires étrangères et européennes et accroît en fait la pression sur les effectifs de l'encadrement supérieur, car toute nomination suppose la création d'un plein-temps correspondant. Ce gaspillage organisé a de plus un effet budgétaire, en termes de « frais de représentation » et de personnel de soutien (secrétaires, chargés de mission, etc.). Une vraie politique de gribouille… Le 7 novembre 2011 devant la Commission des finances du Sénat, Nathalie Goulet, sénateur UDI de l'Orne, a pour la troisième fois consécutive demandé la suppression des ambassades thématiques afin de participer à l'effort de réduction du déficit public français : « *Voilà des années que je demande la suppression des ambassadeurs thématiques, 23 à ce jour dont l'utilité est loin d'être démontrée. J'espère cette année être entendue !* » Pour la sénatrice, il y a au moins 10 millions d'économie par an à réaliser : « *A-t-on vraiment besoin d'un ambassadeur chargé de la Shoah, de l'adoption, du climat, itinérant pour l'Asie, de la lutte contre la piraterie maritime, de la rénovation des sommets France-Afrique, de la criminalité organisée, de la Commission internationale des Pyrénées, de la prévention des conflits (sic !), du Sida ! etc. Tous ces ambassadeurs peuvent être remplacés par des fonctionnaires des ministères concernés à moindre coût !* » Suite à la demande de la sénatrice, le MAE a donné une estimation des dépenses de rémunération, de frais de mission et de représentation de ces ambassadeurs thématiques. Soit un total annuel de 1,5 million d'euros pour les 26 ambassades thématiques qui existaient en 2011, selon les chiffres fournis par le Quai d'Orsay. Il est à noter que ce chiffre reste invérifiable puisqu'il n'existe pas de ligne budgétaire dans la loi de finances annuelle qui permettrait d'évaluer sérieusement le coût de ces ambassades.

Les seuls éléments concernant le coût de ces ambassades thématiques reposent sur le rapport présenté par le sénateur représentant les Français de l'étranger, Richard Yung, lors de la réunion de la Commission des finances du Sénat, le 12 novembre 2012. À l'époque, sur 28 ambassadeurs thématiques, il y avait 16 conseillers des affaires étrangères ou ministres plénipotentiaires déjà payés par le Quai d'Orsay avant leur nomination. Avaient été également nommées 12 personnalités extérieures, dont certaines coûtent encore très cher ou n'ont rien à y faire.

Ainsi, Nicolas Sarkozy a nommé, le 18 mars 2009, l'ancien Premier ministre Michel Rocard (qui venait d'abandonner en janvier son mandat de député européen) comme ambassadeur « *chargé de la négociation internationale pour les pôles arctique et antarctique* ». Le croisiériste français de luxe Ponant emploie, chaque année depuis 2009, l'ambassadeur en charge des négociations internationales sur les pôles comme « conférencier de marque » de la croisière d'une dizaine de jours organisée chaque été au pôle Nord sur des yachts de luxe pouvant accueillir jusqu'à 120 personnes dans un confort de rêve. Officiellement, l'ancien Premier ministre anime bénévolement ces croisières. Pour sa fonction d'ambassadeur thématique, Michel Rocard reçoit une rémunération mensuelle brute de 3 940 euros et des frais de mission de 2 698 euros par mois. Mais, ce spécialiste des bébés phoques et de la fonte de la calotte glaciaire n'a pas que cela pour vivre. Âgé aujourd'hui de quatre-vingt-cinq ans, il perçoit des pensions de retraite d'un montant total de 13 540 euros brut mensuels. Elles se décomposent ainsi : 4 700 euros comme ex-inspecteur général des finances, 4 340 en tant qu'ancien député européen (pendant 15 ans) et 4 500 euros comme ancien parlementaire français (17 ans) ainsi que maire de Conflans-Sainte-Honorine. Soit un revenu total mensuel brut de 17 480 euros pour monsieur l'ambassadeur et ancien leader du PSU qui donne également une dizaine de conférences par an appointées 3 000 à 5 000 euros chacune. Sans compter les droits d'auteurs de ses livres, dont plusieurs ont connu un certain succès. Le 19 août 2015, nous avons contacté Michel Rocard qui n'a pas donné suite.

Papy Valade, roi des voyages et prof retraité en or

Autre papy « itinérant » aux frais de la princesse, l'ancien ministre UMP et professeur d'université, ex-président du conseil régional d'Aquitaine et du conseil général de Gironde, ancien maire premier adjoint au maire de Bordeaux et vice-président de la communauté urbaine de cette ville (c'est tout !), Jacques Valade a été nommé, en mai 2008, « ambassadeur chargé de la coopération décentralisée avec l'Asie ». Ce touche-à-tout, âgé aujourd'hui de quatre-vingt-cinq ans comme Michel Rocard, avait tergiversé pendant plusieurs mois avant d'accepter cette sinécure pourtant conçue spécialement pour lui par Alain Juppé le maire de Bordeaux, en échange du renoncement à son siège de sénateur aux élections de septembre suivant. Passionné par l'Extrême-Orient, Jacques Valade a présidé au Sénat les groupes interparlementaires France-Japon et France-Asie-du-Sud-Est. Il était également vice-président du groupe France-Chine. Son « geste » n'a servi à rien. En effet, le fidèle d'Alain Juppé, Hugues Martin, s'est fait battre aux sénatoriales de 2008 par un candidat UMP dissident. Grand amateur de voyages en Asie aux frais du Sénat, le sénateur éconduit a poursuivi ses déplacements sur le budget du Quai d'Orsay. Il s'est ainsi rendu du 20 au 24 juillet 2009 au Laos, au Vietnam et en Thaïlande. Sa visite avait pour objectifs « *de développer les coopérations décentralisées avec ces trois pays et de préparer deux rencontres bilatérales* ». Jacques Valade a également effectué une mission en Mongolie du 11 au 14 juin 2011 afin d'« *évaluer et de développer les actions de coopération franco-mongoles* ».

Bien sûr, le Quai d'Orsay lui a accordé un crédit de frais forfaitaire de mission conséquent : 1 471 euros par mois. Mais pas question de donner une rémunération à ce bénévole, ça aurait fait désordre. En effet, papy Valade empoche chaque mois des pensions de retraite d'un montant total de l'ordre de 13 000 euros brut par mois, en tant qu'ancien parlementaire, élu local et professeur d'université. Interrogé par nous le 31 août 2015, cet homme discret et secret refuse d'en donner le montant exact. « *Cela relève de la vie privée* », dit-il. L'ancien vice-président du

Sénat et président de la Commission des affaires culturelles a de quoi se payer de beaux voyages, mais il préfère se les faire offrir par le contribuable… Député de 1970 à 1973, puis sénateur de 1980 à 2008 (sauf de 1987 à 1988, étant ministre), ce cumulard de choc touche nettement plus que la retraite mensuelle maximum (6 500 euros brut) d'un sénateur ayant accompli un mandat de vingt-cinq ans et plus. Il a été vice-président du Sénat de 1995 à 2001 et président de la Commission des affaires culturelles de 2001 à 2008. Ces postes dits de « dignitaire » lui ont permis d'empocher des indemnités complémentaires et de payer les cotisations spéciales de retraite correspondantes. Mediapart avait révélé ces super-retraites des sénateurs dans un article publié, le 8 septembre 2011, sous le titre « La retraite en or cachée des dignitaires du Sénat ». 39 sénateurs occupent des postes dits de « dignitaires », qui sont le président, les 6 vice-présidents, les 14 secrétaires du bureau, les 3 questeurs du Sénat et les 15 présidents de commission. Mais, les autorités du Sénat, de droite comme de gauche, ont toujours refusé de donner la moindre information sur les retraites des dignitaires, c'est-à-dire sur elles-mêmes… En plus de leur indemnité de base, ces derniers en perçoivent des complémentaires (allant de 710 à 5 170 euros par mois). En payant des cotisations de retraite sur ces bonus, ils se mitonnent des suppléments de pension. Cette pratique reste légale (depuis 1905, les sénateurs fixent eux-mêmes le montant de leur retraite), mais n'apparaît dans aucun document budgétaire officiel du Sénat. Ce sont les 3 questeurs du Sénat, aujourd'hui deux UMP et un PS, qui gèrent ce système de pensions complémentaires dans l'opacité la plus totale. Entre eux…

Mediapart avait pris l'exemple de Michel Charasse sénateur pendant 25 ans. Ce dernier a exercé les fonctions de questeur de 2001 à 2004, après avoir été secrétaire du bureau entre 1995 et 1998. Comme ancien dignitaire, il se voit verser aujourd'hui par la

Caisse des retraites du Sénat 8 740 euros par mois comme pension de base. Auxquels s'ajoutent 4 470 euros au titre de sa pension supplémentaire de dignitaire. Soit 13 210 euros brut en tout. Interrogé par nous, Jacques Valade explique qu'il touche une pension totale de l'ordre de 10 000 euros brut mensuel en tant qu'ancien sénateur dignitaire du Sénat. Pourtant, il a été sénateur dignitaire pendant 15 ans contre 6 ans seulement pour Michel Charasse. Interrogé sur cette différence incompréhensible entre sa pension de parlementaire dignitaire et celle de Michel Charasse, il préfère éluder : « *Vous savez, je ne sais pas comment l'administration du Sénat calcule les retraites des dignitaires. Je fais confiance à ces administrateurs qui m'ont donné une retraite un peu moins importante que celle de Michel Charasse.* »

Le seul chiffre exact que Papy Valade consente à donner est celui du total de ses pensions de retraite au titre d'ancien élu local : 200 euros par trimestre. Un chiffre qui n'apparaît pas très crédible quand on recense sa kyrielle de mandats. Président du conseil régional d'Aquitaine (1992 à 1998), président du conseil général de la Gironde (1985 à 1988), conseiller général pendant les 9 années précédentes, vice-président de la communauté urbaine de Bordeaux (CUB) de 1977 à 2008 et maire adjoint de Bordeaux (de 1971 à 1992). Financièrement parlant, il a pu cumuler toutes ces indemnités d'élu sans le moindre plafond jusqu'à la loi de 1992. Celle-ci a alors autorisé le cumul des mandats parlementaires et locaux pour un montant maximum d'une fois et demie l'indemnité parlementaire. Sans rentrer dans le détail de calculs complexes, on peut estimer que les pensions de retraite de Jacques Valade pour ses nombreux mandats locaux, pendant près 40 ans, sont de l'ordre de 5 000 euros brut mensuel. Et c'est un minimum. Mais papy Valade nous présente une explication « très plausible » pour justifier sa maigre pension de 200 euros par trimestre : « *J'ai complètement oublié de cotiser à l'Ircantec, c'était une grave négligence de ma part*». Gérée par la Caisse des dépôts et consignation, l'Ircantec est la caisse de retraite complémentaire, entre autres, des élus locaux.

Docteur es sciences physiques, auteur de travaux scientifiques en chimie organique, le sénateur Jacques Valade a été doyen de la faculté des sciences de Bordeaux avant de partir en préretraite en 1989, à l'âge de cinquante-neuf ans. «*J'ai été naïf de ne pas continuer jusqu'à soixante-huit ou soixante-neuf ans de manière à toucher une pension de retraite plus importante*, explique-t-il, *mais je voulais partir pour dégager un poste pour les jeunes professeurs. Je ne pensais pas à ma retraite. Je suis arrivé à la politique par hasard. Un jour de 1970, Jacques Chaban-Delmas est venu me voir à l'université de Bordeaux, il avait besoin d'une pointure comme suppléant à la députation face à JJSS. J'ai mis ainsi le doigt dans la politique, puis un bras et tout le corps.*» Il a ainsi poursuivi pendant 19 ans, jusqu'à la retraite, ses activités de professeur d'université en parallèle avec ses mandats de parlementaire et d'élu local. En effet, le cumul de revenus entre professeur d'université, parlementaire et élu local, est autorisé par la loi. Comme professeur d'université, Jacques Valade avait un statut encore plus privilégié que les hauts et simples fonctionnaires. Lorsqu'ils sont parlementaires, ces derniers sont détachés de la fonction publique pour exercer leur mandat, étant payés par l'Assemblée nationale ou le Sénat et non plus par l'État. Les fonctionnaires hauts ou simples bénéficient de décharges horaires pour exercer des mandats locaux. Un vice-président de conseil régional et maire d'une petite ville peut travailler à mi-temps pour l'État son employeur. Un président de conseil général ne verra lui que rarement ses collègues fonctionnaires, ayant droit à une décharge de 90 % pour occuper ses fonctions d'élu. Ces fonctionnaires sont à leur bureau entre 10 et 50 % seulement du temps de travail et sont payés 100 %, primes comprises, avancement et retraite garantis comme tous leurs collègues.

Les professeurs d'université peuvent, eux, cumuler tous les mandats politiques avec leur emploi, qu'ils exercent ou non celui-ci, conservant les avantages des deux carrières. Tout cela est terriblement choquant, mais terriblement légal aussi. Le président de la région Languedoc-Roussillon et maire PS de Montpellier, Georges Frêche, a été professeur de droit pendant toute sa vie et Raymond Barre a donné des cours d'économie, alors qu'il était Premier ministre. Jacques Valade empoche donc aujourd'hui en sus une pension d'enseignant de 3 000 euros brut par mois. Il reste également professeur émérite à l'université de Bordeaux, mais il ne dirige plus, comme il en a le droit, de travaux de recherche, séminaires, thèses et jurys de thèse ou d'habilitation. Place aux jeunes… Nous avions complètement oublié le professeur Valade, protégé par sa grande discrétion « médiatique », dans le hit-parade des retraités de la politique que nous avions publié le 19 avril 2011 dans *France-Soir*. En fait, aujourd'hui, il y occupe la cinquième place derrière dans l'ordre Jacques Chirac (31 000 euros brut mensuels), Valéry Giscard d'Estaing (30 000), Michel Charasse (23 000) et Jacques Delors (14 000).

Deux autres anciens ministres, Serge Lepeltier et Gilles de Robien, se sont également retrouvés ambassadeurs sans ambassade. Passionné d'écologie et de développement durable, le premier âgé de cinquante-sept ans a été nommé, le 10 février 2011, ambassadeur chargé des négociations internationales sur le changement climatique, en remplacement de Brice Lalonde. L'ancien ministre RPR (devenu UDF) de l'Écologie et du Développement durable était tout désigné pour occuper cette responsabilité en vue de préparer la conférence de Doha sur le changement climatique prévu pour décembre 2012. Comme prévu, il a quitté son poste en janvier 2013, où il n'a pas touché le moindre centime, ses voyages seuls étant pris en charge par le ministère de l'Écologie, du Développement durable et de l'Énergie. Son départ a permis à Jacques Lapouge, ministre plénipotentiaire, de prendre le relais : il est chargé officiellement de préparer la conférence de Paris sur le climat en décembre 2015. Cet ambassadeur a ainsi échappé à la mise au placard à Paris, pendant 18 mois. En effet, il venait de quitter son poste d'ambassadeur en Afrique du Sud, en décembre 2012, et ne pouvait être nommé ambassadeur à Stockholm qu'à partir de septembre 2014, son prédécesseur à ce poste le ministre plénipotentiaire Jean-Pierre Lacroix le quittant à cette date. D'où l'intérêt d'avoir de vrais diplomates parmi les ambassadeurs thématiques afin de boucher les trous… Un intérêt qui reste cependant très honorifique par rapport à des fonctions de chef de poste…

Un vrai-faux ambassadeur pour NKM

Le vicomte et deux fois ancien ministre UDF, Gilles de Robien, soixante-treize ans, a été nommé, le 5 octobre 2007 « ambassadeur chargé de promouvoir la cohésion sociale » par le président de la République Nicolas Sarkozy. Depuis le 1er août précédent, le même l'avait désigné délégué du gouvernement français auprès du BIT (Bureau international du travail), l'organe exécutif de l'Organisation internationale du travail, où siègent à Genève des représentants des gouvernements, des syndicats et des employeurs. Le BIT se réunit en principe deux fois par an à Genève. Un poste très bien rémunéré en tant que diplomate contractuel et qui permettait de ne pas payer l'ancien maire d'Amiens en tant qu'ambassadeur thématique. Et le 30 janvier 2008, c'est l'apothéose, le président de la République le fait chevalier de la Légion d'honneur. Merci, Président. En fait, l'ancien ministre a repris les deux fonctions de l'ancienne ministre de la Parité et de l'Égalité professionnelle Nicole Ameline (réélue députée du Calvados en juin 2007). Sans mandat à la suite de la démission du gouvernement Raffarin III le 31 mai 2005, celle-ci avait été nommée, six mois plus tard, ambassadrice chargée des questions sociales et de la parité et déléguée de Matignon au BIT.

Pourquoi cette chasse aux responsabilités et fonctions de la part de Gilles de Robien ? Agent d'assurance florissant à Amiens, cet aristocrate poli et courtois s'est lancé en politique à l'âge de quarante-cinq ans. Dans le droit fil de deux de ses ancêtres qui ont présidé le parlement de Bretagne, le comte « Gilou » en son château de Cocquerel, près d'Abbeville (Somme), « rend service » en faisant de la politique. C'est bel et bien une tradition familiale. Sans cesse ministre depuis 2002, un jour proche de François Bayrou, puis de Chirac, mais trop tardivement de Sarkozy pour garder son maroquin à l'arrivée de ce dernier à l'Élysée. Il perd alors tous ses mandats à la suite d'une succession d'erreurs stratégiques et non de mauvaise gouvernance locale. Député d'Amiens depuis 1988, ayant peur d'être battu, il ne s'est pas représenté en juin 2007. Mauvais choix : son ancien suppléant a été élu avec 53 % des voix ! Un an plus tard, c'est la mairie d'Amiens qui lui échappe. Il n'avait pourtant pas à rougir du bilan de ses 17 ans à la tête de la ville, n'ayant été critiqué que pour sa discutable réhabilitation du quartier de la cathédrale. Gilles de Robien ne pouvait se contenter de sa retraite d'assureur, de député et de maire. Un joli pactole pourtant. Non. Il voulait se battre et se présenter aux législatives de 2012 et aux municipales de 2014. Pas question pour Nicolas Sarkozy. Bien traiter les anciens professionnels de la politique relève d'une stratégie pour ce dernier, superpatron de la majorité présidentielle à l'époque. En échange de son poste d'ambassadeur sans ambassade, Gilles de Robien a tourné la page en ne se présentant plus aux élections et a renvoyé l'ascenseur à l'UMP en soutenant ses candidats à Amiens. Mission accomplie. En échange, monsieur le comte a exercé ses deux fonctions jusqu'au 5 janvier 2015, voyant même ses mandats prolongés par François Hollande. À cette date, il a été remplacé par Claude Jeannerot, ancien sénateur et président du conseil général du Doubs, qui a perdu deux mois plus tard, comme prévu, la présidence de son conseil départemental. Les mêmes échecs électoraux produisent les mêmes gaspillages…

À l'inverse, Pierre-André Wiltzer n'a perdu aucune élection, mais, le 31 mai 2004, il n'était plus ministre délégué à la Coopération de Jean-Pierre Raffarin. Il a donc souhaité récupérer son siège de député de l'Essonne. Rien de plus normal. Problème : sa circonscription était occupée par sa suppléante, Nathalie Kosciusko-Morizet qui se démenait comme un beau diable pour la conserver. Or, le président de la République, Jacques Chirac, et son conseiller Jérôme Monod ne voulaient à aucun prix d'une élection partielle déclenchée par la démission de NKM. À l'époque un ancien ministre ne retrouvait son siège de député que de cette manière, son suppléant acceptant de démissionner. Or le Président et son éminence grise étaient persuadés que la gauche gagnerait cette circonscription. Il fallait donc persuader l'ancien ministre de ronger son frein jusqu'aux prochaines législatives de 2007 et, en échange, lui donner une compensation. Jacques Chirac a donc créé un poste spécialement pour lui, le nommant « ambassadeur pour la sécurité et la prévention des conflits ». L'honneur de l'ancien député était sauf et NKM tenait la circonscription ! Quant au conseiller d'État (depuis 1981) Pierre-André Wiltzer, qui a bien négocié son affaire, il restera à la tête de son ambassade jusqu'au 13 juin 2007. Un poste pour lequel il a été juste défrayé. Rien de grave puisque l'ancien député a continué à percevoir son agréable traitement de conseiller d'État, soit 10 000 euros brut mensuels avec les primes. Mais, il était condamné à la retraite un an et demi plus tard, le jour de ses soixante-cinq ans, c'est-à-dire le 8 décembre 2005. Fâcheux… Une bonne fée l'a tiré de ce mauvais pas. En effet, ce même 8 décembre 2005, le ministère de la Justice prenait un décret qui l'admettait à la retraite du Conseil d'État, mais l'y maintenait en activité jusqu'à l'âge de soixante-sept ans, dans l'attente de lui trouver un fromage. Entre-temps, en 2007, Jacques Chirac, Nicolas Sarkozy et Marcel Dassault (parrain de la droite dans l'Essonne) ont persuadé Pierre-André Wiltzer de laisser sa circonscription à NKM, « une fille d'avenir ». Mais il lui fallait tout de même une porte de sortie honorable, car il détenait ce siège de député depuis 16 ans, étant également maire adjoint de Longjumeau et président de l'UMP pour l'Essonne. Et sa retraite de conseiller d'État (3 200 euros brut mensuels) se révélait insuffisante pour le député, ancien ministre et ambassadeur sans ambassade. Un mois avant la présidentielle, le 13 avril 2007, il était nommé président du conseil de surveillance l'Agence française de développement (Afd). Un poste très bien payé et plutôt honorifique, où il restera jusqu'en 2010, essentiellement pour rendre visite à des chefs d'États africains et répondre aux questions des journalistes locaux, le vrai patron de l'Afd étant le directeur général, un inspecteur des finances. Deux mois plus tard, l'ancien ministre abandonnait la politique et ses fonctions d'ambassadeur sans ambassade… À la même époque, NKM était élue, puis devenait secrétaire d'État chargée de l'Écologie. Le poste tout à fait fictif « d'ambassadeur pour la sécurité et la prévention des conflits » a disparu aussi vite qu'il était apparu, avec la fin des fonctions de Pierre-André Wiltzer.

Mais, il n'y a pas que des anciens ministres ou parlementaires à recycler dans les postes d'ambassadeurs thématiques. En effet, le 29 septembre 2008, le président Nicolas Sarkozy a nommé l'écrivain et grand reporter, Olivier Weber, âgé alors de cinquante ans, ambassadeur « chargé de la lutte contre le crime organisé ». Une chose est sûre : pendant ses quatre ans et quatre mois de fonction au Quai d'Orsay, ce lauréat du prix Albert-Londres et président du prix Joseph-Kessel a publié six livres, participé à deux ouvrages collectifs et réalisé un documentaire pour Canal + et France 2. Ses fonctions d'ambassadeur sans ambassade lui étaient payées 12 125 euros par mois, ses frais mensuels de mission et de représentation respectivement 1 285 et 129 euros. Ce brillant journaliste et écrivain n'était pourtant pas sur la paille… Il avait déjà publié seize essais, romans et récits de voyages traduits dans une dizaine de langues, huit livres collectifs et réalisé sept documentaires pour la télévision. Son travail d'ambassadeur « chargé de la lutte contre la criminalité organisée » a été très discret puisqu'il n'a suscité que très peu d'échos dans la presse. Le 25 janvier 2013, Olivier Weber a abandonné le métier d'ambassadeur sans ambassade, étant remplacé par la ministre plénipotentiaire de 2e classe, Michèle Ramis qui était sans affectation jusqu'à cette nomination. En effet, selon l'Annuaire diplomatique 2013, son dernier poste remontait à mars 2011, où elle était nommée conseillère diplomatique du ministre UMP de la Défense et des Anciens combattants, Gérard Longuet. Or, celui-ci a quitté ses fonctions le 10 mai 2012, suite à la victoire du socialiste François Hollande à la présidentielle. Conclusion : marquée à droite, Michèle Ramis est restée presque neuf mois au placard à Paris, de mai 2012 à janvier 2013. Si elle n'avait pas accepté, à l'âge de cinquante-sept ans, d'être nommée ambassadrice thématique, elle serait aujourd'hui peut-être toujours sans affectation, près de trois ans plus tard. Pour autant, il reste très difficile d'évaluer son travail effectif contre le crime organisé.

Une barbouze, une ex-députée PS et une conseillère de cabinet

Le président de la République nomme également trois autres ambassadeurs thématiques basés à Paris : deux « délégués à la coopération régionale dans les zones Antilles-Guyane et l'Océan

Indien » et le troisième « auprès de la communauté du Pacifique ». Dans son rapport du 22 novembre 2012 sur « la question du maintien des ambassadeurs thématiques en outre-mer », le sénateur socialiste de la Guadeloupe, Félix Desplan, fustige le manque de moyen de ces trois diplomates. S'il s'agit de leur donner un vrai rôle d'animation des acteurs locaux (économiques, culturels et politiques), le parlementaire juge le renforcement de leurs moyens indispensable. En effet, ces derniers ne disposent que de deux secrétaires et deux collaborateurs communs, tous basés à Paris comme eux et d'un adjoint dans leur zone d'exercice ! Leurs missions ne sont pas épuisantes. Sans le moindre outil financier, les ambassadeurs thématiques viennent donc en complément des ambassadeurs de France accrédités auprès des États voisins. Au cas où l'État ne leur donnerait pas plus de moyens, financiers et en collaborateurs, le sénateur recommande la suppression de ces trois postes d'ambassadeur sans ambassade. En un mot, ces trois ambassadeurs ne servent pas à grand-chose, sinon à obéir à des jeux claniques et politiques lors de leur nomination qui vire parfois au ridicule.

En une quinzaine d'années, une seule de ces trois ambassades thématiques, celle d'ambassadeur « représentant permanent de la France auprès de la communauté du Pacifique », a vu ses titulaires respectifs être de vrais spécialistes de cette région du monde, tout en étant le plus souvent proches du ministère de la Défense. Des diplomates gradés et forts compétents à l'image de l'actuel titulaire du poste depuis juin 2014, Christian Lechervy, qui ne figure pas dans l'Annuaire diplomatique et consulaire 2013. Et des moyens, il en a, mais cet ambassadeur thématique très marqué à gauche fait plutôt dans le discret… Ancien ambassadeur au Turkménistan, ce spécialiste de l'Asie et de stratégie a été conseiller pour les Affaires internationales du ministre socialiste de la Défense, Alain Richard, de 1997 à 2002, sous-directeur Asie au Quai d'Orsay et conseiller Asie de François Hollande à l'Élysée. Son nom avait circulé en 2012 comme possible nouveau patron de la DGSE, les services secrets français. Bien entendu, Christian Lechervy ne touche que son salaire de diplomate du Quai d'Orsay.

Rien à voir avec le profil des autres ambassadeurs thématiques en poste successivement dans les régions Antilles-Guyane et l'Océan indien qui, basés à Paris, prennent l'avion pour représenter la France dans ces régions, lors de cérémonies protocolaires, ou pour participer à des débats. Nommée le 15 juillet 2015 ambassadrice, déléguée à la coopération régionale dans la zone Antilles-Guyane, Véronique Bertile, une Réunionnaise de trente-sept ans, était depuis un an conseillère technique au cabinet de la ministre socialiste des Outre-mer, George Pau-Langevin. Maître de conférences en droit public à l'université de Bordeaux, cette Réunionnaise est la fille de Wilfrid Bertile, ex-député-maire PS de Saint-Philippe, ancien vice-président du conseil régional de la Réunion et professeur agrégé de géographie. Elle succédait à ce poste à Fred Constant, originaire de la Martinique, ancien de la préfectorale, également professeur d'université, puis conseiller culturel au Quai d'Orsay, qui l'occupait depuis octobre 2011. Il avait lui-même pris la suite de Stéphane Diémert (aujourd'hui président du Haut Conseil de Polynésie), un énarque, président de tribunal administratif détaché comme conseiller juridique au cabinet de trois ministres de l'outre-mer, Brigitte Girardin, François Baroin et Christian Estrosi, avant d'être nommé à la direction de ce ministère. Ce poste d'ambassadeur délégué à la coopération régionale Antilles-Guyane est très couru en raison de sa rémunération : 10 707 euros brut mensuels en 2012, tous les frais de voyages étant pris en charge par le Quai d'Orsay. Un joli pactole pour un ambassadeur complètement débordé…

Battue à Charleville-Mézières mais nommée ambassadrice au Laos

Deux ans avant la nomination de sa fille Véronique, en juillet 2015, Wilfrid Bertile, soixante-dix ans, espérait bien être nommé à ce même poste, mais pour la zone de l'océan Indien, occupé depuis près cinq ans par l'ancien contrôleur général des Armées, Philippe Leyssène (passé par le cabinet de l'UMP Brigitte Girardin, ministre de l'outre-mer), rappelé, à l'été 2013, au ministère de la Défense. Les meilleures choses ont une fin… Wilfrid Bertile s'est immédiatement porté candidat à ce poste auprès de la présidence de la République avec l'appui des parlementaires PS de la Réunion et de sa patronne, la présidente Modem du conseil général de la Réunion, Nassimah Dindar (il est membre de son cabinet). Patatras, le 12 septembre 2013, le président de la République nommait à « sa place » Claudine Ledoux, une institutrice de cinquante-trois ans, maire et présidente PS de la communauté d'agglomération de Charleville-Mézières (Ardennes), également vice-présidente du conseil régional Champagne-Ardenne. Élue de justesse députée PS en 1997 de la 1re circonscription des Ardennes à l'issue d'une triangulaire avec le FN et l'UDF, cette proche de Laurent Fabius y a été largement battue aux législatives de 2002, 2007 et 2012, par sa challenger UMP, Bérengère Poletti, sage-femme de profession.

En fait, Claudine Ledoux a préféré devenir ambassadeur sans ambassade, à l'automne 2013, sachant qu'elle allait perdre son fauteuil de maire, six mois plus tard aux municipales de mars 2014. Après cette défaite, les frondeurs ont conquis la fédération du PS des Ardennes et le seul parlementaire socialiste du département, Christophe Léonard, a accusé Claudine Ledoux, dans le journal *L'Union* du 1er avril 2014 : « *Les habitants ont intégré comme un abandon le départ de leur maire pour l'océan Indien et les ors de la République, pendant qu'ici ils vivent le chômage, la crise et s'interrogent sur l'avenir de leurs gamins ! Je dis tout haut ce que tout le monde pense tout bas.* » En tout cas, Claudine Ledoux ne s'est pas enrichie. Son vrai-faux poste d'ambassadeur lui a donné une rémunération mensuelle de 1 100 euros brut par mois, sans compter bien sûr ses frais de mission et de représentation. Mais, une bonne fée veillait sur elle… Vingt et un mois après sa nomination, le président de la République donnait une vraie ambassade à l'ancienne institutrice. Sur la demande de Laurent Fabius, Claudine Ledoux, a été nommée, le 26 juin 2015, ambassadrice au Laos. En dehors de son salaire, elle a droit à une confortable indemnité mensuelle de résidence de 12 287,91 euros par mois. Afin de faire taire les polémiques à la Réunion et au ministère à la suite de la première nomination de Claudine Ledoux, celle-ci a été remplacée, le 15 juillet suivant, dans son poste d'ambassadeur sans ambassade, par l'ambassadeur à Kinshasa, le conseiller des Affaires étrangères hors classe, Luc Hallade.

Le mieux payé de tous ces ambassadeurs sans ambassade est lui aussi un proche de Laurent Fabius. L'avocat parisien François Zimeray a été nommé, le 15 février 2008, ambassadeur « pour les droits de l'homme » par le président Nicolas Sarkozy, puis ambassadeur au Danemark par François Hollande, le 12 octobre 2013. Pour son poste d'ambassadeur « pour les droits de l'homme » dédoublé, à partir de 2009, avec celui d'ambassadeur « de la dimension internationale de la Shoah, des spoliations et du devoir de mémoire » il a été rémunéré mensuellement, pendant 5 ans, 13 485,91 euros brut par mois sans compter les frais de mission de 2 424,33 euros et de représentation de 374,66 euros. Dès sa nomination en 2008 à l'âge de quarante-sept ans, François Zimeray avait quitté le deuxième cabinet de droit des affaires français Jeantet Associés, où il s'était spécialisé depuis 21 ans dans le droit de l'environnement. Parallèlement à cette carrière professionnelle, ce quinquagénaire en a mené une autre politique sous l'étiquette PS grâce à Laurent Fabius. Parachuté, en 1986, au Petit-Quevilly (Seine-Maritime), fief de l'ancien Premier ministre, il a été le maire de cette ville de 1989 à 2001. Conseiller général de Seine-Maritime de 1994 à 1999, il a abandonné la présidence de l'agglomération de Rouen en mars 2008 juste après avoir été nommé ambassadeur « pour les droits de l'homme ». Cette nomination montre qu'il était également en bon terme avec les réseaux sarkozystes, ayant fondé SOS Darfour en 2007 avec Bernard-Henri Lévy. Par décret du 12 octobre 2013, l'ancien ambassadeur sans ambassade a été nommé par le président François Hollande, au tour extérieur, ambassadeur au Danemark à l'âge de cinquante et un ans et avec le grade de ministre plénipotentiaire de 2e classe. Soit un salaire mensuel brut de 6 000 euros et une indemnité de résidence de 8 882,66 euros par mois. Un revenu total mensuel de près de 15 000 euros brut, très légèrement supérieur à son traitement d'ambassadeur sans ambassade et surtout accompagné d'un emploi à vie.

Fabius et le dernier des Mohicans

Auditionné devant la Commission des finances du Sénat le 10 juin 2014, Laurent Fabius a justifié sans la moindre gêne ces gaspillages : « *En novembre 2012, il y avait 27 ambassadeurs thématiques ; il n'y en a plus que 19, dont 11 agents du ministère. Comme vous l'avez dit, ce n'est pas une affaire de coût. J'ai diminué leur nombre en préservant les plus utiles et en utilisant les compétences internes. J'ai supprimé les ambassadeurs chargés de l'audiovisuel extérieur, de la préfiguration de l'Office méditerranéen de la jeunesse, du partenariat oriental de l'Union européenne, des relations avec la société civile… En revanche, le coprésident du Groupe de Minsk a été remplacé. L'Agence française pour les investissements internationaux (AFII) ayant fusionné avec Ubifrance, sa présidente, Muriel Pénicaud, a été nommée ambassadrice déléguée aux investissements internationaux. J'ai modifié le dispositif relatif au changement climatique et chargé Laurence Tubiana de ces négociations. J'ai créé des postes sans charge financière, importants malgré les sourires qu'ils peuvent susciter : celui d'ambassadeur pour le sport, qui, on le voit au Brésil ou au Qatar comme pour les Jeux, est un des véhicules principaux du rayonnement – si le président de la République va au Japon accompagné de Teddy Riner, cela a un impact plus fort qu'avec une autre personnalité. Ici aussi, la cartographie obéit à l'évolution de nos intérêts.* » Depuis son installation au Quai d'Orsay, Laurent Fabius a placé nombre de ses proches à des postes de confiance. L'ancien patron de Renault, Louis Schweitzer, a été nommé à la tête du Conseil des affaires étrangères, la « boîte à idées » de la maison qui réunit dix diplomates et dix personnalités qualifiées. Pas un mot dans la bouche du ministre sur ce Conseil créé le 17 octobre 2006 pour « *formuler des avis sur les grandes orientations de politique étrangère ainsi que sur l'évolution de l'organisation et du fonctionnement de l'action extérieure de l'État* ». Dans son rapport du 9 avril 2008 « Les cadres supérieurs du Quai d'Orsay, une réforme à engager d'urgence », le sénateur UMP Adrien Gouteyron écrivait : « *Ce Conseil joue aujourd'hui un rôle indéterminé au Quai d'Orsay : il doublonne partiellement avec l'Inspection générale des affaires étrangères, et son activité est en pratique réduite. Il vise en réalité à camoufler les difficultés qu'ont certains ambassadeurs à retrouver un nouveau poste et pourrait avantageusement être supprimé.* »

En janvier 2015, l'ancien président (PS) du Sénat, Jean-Pierre Bel, a été nommé envoyé personnel de l'Élysée pour l'Amérique latine et les Caraïbes. On l'aurait vu plutôt ambassadeur à Cuba en raison de la nationalité cubaine de son épouse. Sous l'impulsion de Laurent Fabius, le commerce extérieur a quitté le giron de Bercy pour le MAE, qui augmente sans cesse son réseau de personnalités pour relancer le made in France à l'étranger et porter la culture française. Le site Internet du ministère détaille ces représentants spéciaux. On y trouve Martine Aubry pour la Chine, Louis Schweitzer pour le Japon, Philippe Faure, un ancien diplomate (chargé également de promouvoir le tourisme en France) pour le Mexique, Jean-Pierre Raffarin pour l'Algérie, Jean-Pierre Chevènement pour la Russie, Anne-Marie Idrac pour les Émirats arabes unis et Paul Hermelin, le PDG de Capgemini, pour l'Inde. Alors à quoi servent nos ambassadeurs de France en poste dans tous ces pays ?

Un seul ambassadeur (à la retraite depuis 2012) ose aujourd'hui aborder sans langue de bois les deux grands gaspillages du Quai d'Orsay : les diplomates hauts sans affectation et les ambassadeurs thématiques. Gildas Le Lidec, soixante-sept ans, a été cinq fois ambassadeur de France en 15 ans, un record vu le trop-plein d'ambassadeurs. Sa méthode : il a laissé ses collègues se disputer les grandes ambassades à Washington, Londres ou Pékin, préférant, lui, aller dans des pays difficiles et secondaires : Cambodge (1994-1998), Congo Kinshasa (1999-2002), Côte d'Ivoire et Libéria (2002-2005), Madagascar (mars-juillet 2008) et Thaïlande (2009-2012). Sorte de dernier des Mohicans dans la profession d'ambassadeur, il a appris le japonais (il a été ambassadeur à Tokyo de 2006 à 2008) et le coréen aux Langues O, mais rêvait aussi d'Afrique, où il a vécu. Dans les dernières lignes de son ouvrage *De Phnom Pen à Abidjan - Fragments de la vie d'un diplomate*[1], ce Breton dynamique raconte les tristes gaspillages d'un métier formidable: « *Comment justifier qu'un homme politique de quatre-vingt-cinq ans, aussi juste et intelligent soit-il, puisse occuper un poste d'ambassadeur en activité alors que la retraite est fixée à soixante-cinq ans pour tous les agents du Quai*

1. *Op.cit.*

d'Orsay ? Comment une ancienne institutrice peut-elle, par ses seules accointances politiques d'élue locale, être nommée ambassadrice itinérante pour promouvoir nos positions économiques dans une région particulièrement émergente dont elle n'a aucune expérience ? Aucun métier n'a été dénaturé de la sorte. De telles promotions n'ont jamais été offertes pour des postes d'officiers généraux dans les armées ou dans un quelconque ministère à compétence technique. L'inadmissible dans ces passe-droits politiques est qu'à l'inverse nombre de nos collègues dont c'est pourtant le seul métier et qui ont fait toutes leurs preuves sur les plans personnel et professionnel restent sans affectation des années durant, victimes de mystérieuses fatwas dont les auteurs n'ont jamais le courage de se dévoiler pour dissimuler la gravité d'accusations qui rejoignent souvent le simple délit de faciès. »

Exemple le plus ridicule et outrancier de ces méthodes, la mise au placard pendant 5 ans de l'ancienne ministre de l'Outremer, puis de la Coopération de 2002 à 2007, Brigitte Girardin. Comme le confirme l'Annuaire diplomatique 2012, cette secrétaire des Affaires étrangères (inscrite sous son nom de jeune fille Verdier) est restée sans affectation au Quai d'Orsay depuis l'arrivée de Nicolas Sarkozy à l'Élysée jusqu'à sa demande de mise en disponibilité en janvier 2012. Pendant 5 ans, l'ex-ministre a été payée 2 500 euros net par mois et priée de rester chez elle. À l'inverse des autres placardisés, elle ne se réfugie pas dans le silence. Ainsi, dans *Le Canard enchaîné* du 12 octobre 2011, elle s'indigne : « *J'ai vu Guéant* (Nda : secrétaire général de l'Élysée à l'époque), *je lui ai écrit, ainsi qu'à Kouchner, j'ai vu le directeur de cabinet de Fillon, pour demander une affectation. Rien n'est venu. Après avoir été ministre pendant cinq ans, j'ai été réintégrée à mon indice du début de carrière pour m'humilier. Je paye mes deux tares, chiraquienne et villepiniste.* » La même a reconnu devant

Le Canard enchaîné le caractère « scandaleux » du paiement de son salaire qui ne venait rétribuer aucun travail. Presque deux ans plus tard, le 5 juillet 2013, Brigitte Girardin était nommée « représentante spéciale de la Polynésie française à Paris » avec un salaire mensuel de 18 500 euros brut avec 10 allers-retours Paris-Papeete en business class et voiture de fonction. L'ancienne ministre n'a jamais trouvé « scandaleux » de percevoir un tel salaire alors qu'elle n'est apparue, en un an, que de rares fois à Paris et Papeete. Le 6 août 2014, Gaston Flosse, président de la Polynésie française (qui venait d'être déclaré inéligible par un tribunal), supprimait le poste de Brigitte Girardin. Un peu moins d'un an plus tard, le 28 mai 2015, le président de la République, François Hollande, nommait cette dernière conseillère maître à la Cour des comptes avec un salaire mensuel brut de 9 000 euros. Elle avait pris très officiellement position en sa faveur lors de la présidentielle de 2012.

3 généraux de gendarmerie en 1962, 73 en 2015 !

La presque quarantaine d'ambassadeurs placardisés, faute de poste à pourvoir ou parce qu'ils n'ont pas la bonne couleur politique, sont parfois fatigués de voir leurs ambassades servir de hochet pour des hauts fonctionnaires victimes d'épuration ou de promotions éclairs. Ainsi, le directeur général de la gendarmerie nationale, le général d'armée Roland Gilles, s'est-il retrouvé du jour au lendemain, le 8 avril 2010, muté à cinquante-six ans ambassadeur à Sarajevo. Sans avoir rien demandé et à six mois de la retraite, ce premier major de Saint-Cyr à avoir choisi (en 1975) la gendarmerie a été obligé d'accepter cette mise à l'écart déguisée pour quatre ans. Pourtant, il avait avalisé des mesures disciplinaires décidées par l'Élysée contre des gendarmes. Notamment la radiation du commandant Jean-Hugues Martelly, qui contestait avec d'autres l'intégration de la gendarmerie dans la police. Une révolution mal vécue par les militaires et qui provoque un vrai malaise dans les brigades et casernes. Un climat jugé insupportable par le président de la République Nicolas Sarkozy à l'origine de cette réforme. Double champion de France cycliste de la gendarmerie, le général est parti à Sarajevo avec son vélo de course et son épouse d'origine brésilienne, Claudia Carceroni, 16 fois championne du monde cycliste sous les couleurs françaises. Outre sa découverte quotidienne à vélo dès 6 heures du matin des montagnes de Bosnie-Herzégovine, ce passionné de la petite reine a gagné dans ce pays une indemnité de résidence mensuelle de 9 541,75 euros brut, a échappé à l'impôt sur le revenu en tant que diplomate expatrié et augmenté sa retraite de gendarme grâce à quatre années de cotisation supplémentaire.

Le président de la République l'avait remplacé à la tête des gendarmes par son propre adjoint le général de corps d'armée Jacques Mignaux deux fois membre du cabinet de Nicolas Sarkozy, ministre de l'Intérieur. Déjà chargé de mission auprès du conseiller sécurité du cabinet Nicolas Sarkozy, du 13 mai 2002 à juillet 2003, il avait pris le commandement de la légion de gendarmerie d'Île-de-France, avant de retrouver la place Beauvau, en 2005 pour 18 mois, cette fois comme conseiller à la sécurité du ministre. Parti à la retraite tout à fait normalement en 2010 à l'âge de cinquante-huit ans, le général Jacques Mignaux a été nommé pour cinq ans conseiller d'État en service extraordinaire, ce qui a donné un coup de pouce au montant de sa retraite. Jusqu'en 2003, seuls des préfets ou des magistrats étaient désignés directeurs de la gendarmerie.

Sauf que… Le rattachement de la gendarmerie au ministère de l'Intérieur, et donc à la police nationale, a fait perdre aux généraux une de leurs trois grandes directions. Philippe Debrosse, inspecteur général de l'administration (service du ministère de l'Intérieur), a été nommé en détachement directeur des soutiens et des finances de la direction générale de la gendarmerie nationale. Cet énarque de cinquante-cinq ans, ancien de Bercy et de la Cour des comptes, a remplacé, en février 2014, le général de corps d'armée Pierre Renault qui, à la tête de cette direction depuis trois ans, a eu trois jours pour faire place nette dans son bureau à Issy-les-Moulineaux. Les généraux de gendarmerie n'en sont pas encore revenus de voir ainsi plusieurs de leurs collègues étoilés tomber sous les ordres d'une créature du ministère de l'Intérieur, un administrateur civil hors classe qui gagne en salaire net près de 600 euros de plus que le général directeur de la gendarmerie. Les généraux oublient que deux des leurs, les généraux Jean Colin et Jean-Patrick Ridao, sont détachés à l'inspection générale de l'administration. À la fin de ce jeu de chaises musicales, l'ambassadeur Roland Gilles a, lui, été remplacé à Sarajevo par la diplomate Claire Bodonyl, quarante-trois ans, conseillère aux affaires budgétaires et administratives au cabinet du ministre Laurent Fabius... Simple conseillère aux Affaires étrangères, cette jeune femme commence ainsi une carrière d'exception.

L'explication de repli sur soi de la gendarmerie est simple : ce corps a toujours vécu en autarcie dans l'ombre de l'armée de terre qu'elle jalouse et des plus hautes autorités politiques nationales ou locales auxquelles elle obéit, le doigt sur la couture du pantalon. En échange de cette soumission quasi aveugle depuis un demi-siècle, les généraux de gendarmerie ont pu étendre sans cesse leurs privilèges dans un monde presque féodal au nom de la sécurité de nos concitoyens. Et les généraux avaient besoin de considération à l'image de leurs subordonnés qui faisaient le boulot dans les campagnes à la grande satisfaction des populations. Une considération recherchée par les képis étoilés pour bâtir leur réputation et attirer les jeunes officiers à leur sortie de Saint-Cyr. À une nuance près, lorsque l'affaire criminelle était d'importance, les militaires ne faisaient pas d'histoires pour repasser le bébé à la PJ. Maigret en est la terrible caricature. Avant 1962, à la sortie de la Deuxième Guerre mondiale, du conflit indochinois, de la guerre d'Algérie et de l'indépendance de nos colonies africaines, on ne peut pas dire que les généraux de gendarmerie peignaient la girafe comme nombre d'entre eux aujourd'hui. On ne les voyait pas alors intervenir sur les étranges lucarnes, dans les journaux ou disserter à la radio, dès qu'un fait-divers faisait la une. Ils laissaient les commissaires de police jouer les vedettes et préféraient dans l'ombre monter en puissance tant sur le plan des moyens que des missions : création des gendarmes auxiliaires en 1972, des Sections de recherche en 1970 pour concurrencer la « PJ de Maigret », du GIGN en 1974, des PSIG (Pelotons de surveillance et d'intervention de la gendarmerie) en 1975 et des Techniciens en identification criminelle en 1989, sans compter des unités plus récentes. Bien entendu qui dit moyens et missions supplémentaires dit généraux en plus et donc avancement plus rapide des anciens képis étoilés.

En 1962, les 3 généraux de gendarmerie pouvaient tenir dans une R4. Aujourd'hui qu'ils sont passés à 73 il faut un autocar pour les transporter. Pour comparaison, il y avait alors 292 généraux d'active dans l'armée de terre au début des années 1960. Depuis, le chiffre des généraux de gendarmerie ne cesse d'augmenter (l'avancement y est plus rapide que dans toute l'armée française). Témoin de cette irrésistible ascension, le directeur de la gendarmerie Jean-Claude Périer, juge au tribunal de la Seine, a dirigé la boutique pendant 9 ans jusqu'au 22 mai 1973. Un record dans l'histoire du corps. À ses côtés, trois généraux en tout et pour tout : l'inspecteur général, le général sous-directeur et le général commandant la gendarmerie de la 1re région militaire, c'est-à-dire celle de Paris. Ce magistrat et ces 3 généraux avaient sous leurs ordres 60 000 gendarmes chargés d'assurer la sécurité publique et la prévôté (police aux armées). Constat évident aujourd'hui : ces 3 généraux se sont reproduits comme des lapins, ils sont 73 et comptent environ 100 000 gendarmes sous leurs ordres. Leurs nominations et radiations du corps d'active (la 1re section), leurs affectations successives sont publiées au Journal officiel de la République française.

De 1962 à 2015, le nombre des généraux de gendarmerie s'est multiplié par 24, les effectifs totaux de gendarmes ont grossi de 60 %, grimpant de 60 000 à 100 000 hommes, et la population est passée de 46,5 millions d'habitants à 66 millions, soit une augmentation de 44 %. Ce taux de reproduction des officiers généraux de gendarmerie est digne d'une vraie armée mexicaine. Jean Pruvost, professeur de lexicologie et de lexicographie à l'université de Cergy-Pontoise (Val-d'Oise), explique le sens de cette locution armée mexicaine : « *Un peu comme dans Tintin où les militaires sont bardés de médailles, cette locution désigne un ensemble où tout le monde dispose d'un rôle, et dont le surcroît est gage d'inefficacité* ». Rien à voir avec l'armée de terre, où le nombre de généraux, 292 en 1962 (avec alors 500 000 hommes sous leurs ordres), diminue sans cesse. Ces képis étoilés sont aujourd'hui tombés à moins de 170 pour une armée de terre qui compte un peu plus de 110 000 hommes. On peut légitimement penser qu'un certain nombre de généraux de gendarmerie et de l'armée de terre (par comparaison avec la plupart des armées étrangères) sont payés à ne rien faire ou presque. Sur les

73 généraux de gendarmerie, une bonne trentaine hante les couloirs du magnifique et tout nouveau siège de leur direction à Issy-les-Moulineaux, composée de plusieurs bâtiments à basse consommation d'énergie couverts de panneaux photovoltaïques et de récupérateurs d'eau. Seul témoignage de leur présence : le ballet des allers et venues de leurs voitures de service, des 508 noires.

Dix ans après la fin de la guerre d'Algérie en 1972, une pluie d'étoiles avait déjà commencé à tomber sur les képis. Les 3 généraux avaient fait des petits, la maréchaussée alignait déjà 15 képis étoilés. Chacune des dix régions militaires de l'Hexagone s'était vu attribuer son général, le commandement des écoles et celui de l'outre-mer en avaient également raflé un. Soit 12 qui s'ajoutaient aux 3 existants depuis 10 ans. Chacun de ces 15 grands chefs doit tenir son rang grâce à quelques privilèges : voiture avec chauffeur, cabinet doté d'un colonel et deux lieutenants-colonels, un secrétariat particulier, des ordonnances et un logement coquet et spacieux. Tout comme aujourd'hui, les places étaient chères et très recherchées par les jeunes saint-cyriens qui, dès l'âge de trente ans, se voyaient déjà au sommet de la pyramide. À partir de 1966, les premiers saint-cyriens intègrent directement l'École des officiers de gendarmerie de Melun à la sortie de leur école. Une nouvelle étape est franchie, en 1977, lorsque la possibilité d'intégrer eux aussi directement la gendarmerie à la sortie de leur école est ouverte aux officiers issus des autres grandes écoles militaires que sont les écoles polytechnique, navale et de l'air. La gendarmerie commençait ainsi allégrement à piller le recrutement des autres armées. Puis, les capitaines des différentes armées, les civils fonctionnaires d'État ou titulaires d'un master et les sous-officiers recrutés par concours ont pu également espérer accéder au grade de général. Il a bien fallu accélérer l'avancement pour ne pas risquer de bloquer l'avenir des colonels et lieutenants-colonels.

Suivant l'exemple de l'armée de terre, la direction de la gendarmerie a alors appliqué discrètement une méthode juridique tout à fait illégale, mais indispensable pour ne pas bloquer le système : le « conditionnalat ». Les généraux de brigade nommés jeunes risquant de paralyser le tableau d'avancement de leurs suivants pendant des années, la quasi-totalité des colonels devait signer une lettre de démission de la gendarmerie avec la date en blanc (avant la limite d'âge du grade de général) pour être bénéficiaire d'une promotion au grade de général de brigade. Au-delà de cette période allant de six mois à cinq ans ou plus, le général de brigade rentrait dans la 2e section, sorte de préretraite qui lui permettait (aujourd'hui encore) de toucher 80 % de sa solde d'active jusqu'à son départ en retraite à l'âge de soixante-sept ans. Au beau milieu de ce discret cérémonial, les trois généraux de gendarmerie les plus gradés et âgés autogéraient et autogèrent toujours le plus souvent la carrière de leurs petits camarades officiers généraux, choisissant ceux qui vont les remplacer, tout en haut de la pyramide, dès leur entrée dans la carrière vers l'âge de trente ans. Chaque fin novembre, le trio concocte dans le plus grand secret une liste d'aptitudes et l'envoie pour approbation au ministre de la Défense. Aujourd'hui le ministre de l'Intérieur en est également destinataire. Mais à part la nomination du directeur de la gendarmerie, cette liste est toujours avalisée comme une lettre à la poste.

Des généraux commandants de brigades de gendarmerie…

Sous la Ve République, la politique des gouvernements de droite comme de gauche a toujours favorisé le recrutement d'un trop-plein de généraux de gendarmerie qui se sont toujours plaints d'être les plus mal lotis de la haute fonction publique. Le raisonnement est le suivant : on ne peut pas augmenter le traitement des généraux quatre ou cinq étoiles qui touchent un salaire maximum mensuel de 8 000 euros net contre plus du double pour les patrons de Bercy. Cela provoquerait des réajustements en chaîne de tous les salaires. Aussi, l'État pousse à la création de postes qui accroissent les possibilités d'avancement, mais qui, en réalité, ne servent pas à grand-chose. Ainsi, le général de division Jacques Boyé a été nommé général de corps d'armée, le 22 juin 1981, se voyant attribuer une quatrième étoile. Le ministre de la Défense de l'époque, Charles Hernu, fils de gendarme lui-même, enclenchait ainsi un processus inflationniste de gaspillage. Même chose, une dizaine d'années plus tard, en mars 1992, lorsque le général de corps d'armée Jacques Hérisson reçoit sa cinquième étoile, en étant nommé général inspecteur des Armées. Ce grade supplémentaire donnait automatiquement un poste de plus d'officier général à la gendarmerie. La machine était lancée... La gendarmerie n'a jamais cessé de singer l'armée de terre, multipliant des postes de directeurs et de sous-directeurs de services réservés uniquement à des généraux.

Cette course à l'échalote a entraîné une montée en puissance de tous les grades à tous les postes, sauf pour les simples gendarmes qui restent toujours aujourd'hui en net sous-effectif. Commandées encore il y a une dizaine années uniquement par des sous-officiers (majors ou adjudants), les brigades sont très majoritairement dirigées maintenant par des lieutenants. Les communautés de brigades par des capitaines, les compagnies par des commandants ou des lieutenants-colonels, les groupements par des colonels et parfois des généraux. Et enfin les 22 régions de gendarmerie de l'Hexagone ont vu leur traditionnel colonel systématiquement remplacé par un général, puis aujourd'hui dans certains cas par 2 généraux. Le commandant à la retraite Jean Pineau, qui avait identifié en 1979 le gendarme Alain Lamare, comme étant le « tueur de l'Oise », ne pense pas que du bien de ce trop-plein de généraux. Cet ancien des escadrons de commandos de la gendarmerie en Indochine, des commandos de chasse du même corps en Algérie, puis commandant des compagnies de Clermont (Oise) et Vincennes (Val-de-Marne), nous a livré son témoignage en juillet 2015 : « *Cet hypertrophie de généraux et d'officiers à tous les niveaux du commandement n'améliore pas l'efficacité d'une gendarmerie déjà de plus en plus soumise à la préfectorale et non plus aux procureurs de la République. Là où il y avait un capitaine qui prenait simplement ses responsabilités comme moi à l'époque, il y a aujourd'hui un colonel qui supervise quotidiennement ce que fait un commandant, lequel fait refaire tout le projet à son capitaine, qui l'avait demandé au lieutenant de la brigade. On est chez les fous. Tout le monde surveille tout le monde, ils n'ont rien d'autre à faire. Il vaudrait mieux avoir moins de généraux désœuvrés dans les états-majors ou la direction à Paris et plus de gendarmes sur le terrain pour faire du travail de proximité avec la population.* »

Des exemples reflètent cette hypertrophie. Ainsi, jusqu'en 1980, le directeur des écoles de gendarmerie a toujours été un colonel, sauf une fois. Depuis, c'est un général, à qui l'on a, il y a peu, donné un général sous ses ordres comme adjoint. L'inflation sur les grades ne s'est pas tarie. De 1980 à 2002, le poste revient à des généraux de brigade, puis de 2004 à 2010 à des généraux de division[1]. Autre exemple : le Sirpa (Service d'informations et de relations publiques des armées) de la gendarmerie a été longtemps commandé par un capitaine ou un commandant. Aujourd'hui, le général de brigade Philippe Gimbert a été nommé conseiller pour la communication du directeur général de la gendarmerie nationale et chef du Sirpa gendarmerie à compter du 1er août 2015. Cet officier général a sous ses ordres 130 militaires

1. Le dernier nommé, en septembre 2013, est le général de corps d'armée Alain Giorgis. Atteignant bientôt la limite d'âge, il a cinquante-neuf ans aujourd'hui, cet officier général devra partir rapidement en retraite. Le général de brigade Isabelle Guion de Méritens commande l'école des officiers de gendarmerie de Melun, un établissement qui a été très longtemps dirigé par un colonel, et elle doit incessamment récupérer un adjoint au rang de général de brigade.

environ, dont la « production » ne prouve pas vraiment leur utilité. Sinon d'être souvent les larbins de journalistes en visite à la direction de la gendarmerie ou dans les états-majors.

Une pluie d'étoiles

Directeur pendant trente ans du mensuel des retraités de l'armée, *L'Essor de la gendarmerie nationale*, Jacques Revise a vu au fil du temps des généraux de gendarmerie devenir des rentiers intouchables de la République. Dans son ouvrage *La Face cachée de la gendarmerie*[1], il raconte entre autres le gaspillage provoqué par la montée en puissance discrète de cette bureaucratie autogérée : « *Tout général éprouve un besoin impérieux de considération. Il est général et, qui plus est, général de gendarmerie, alors que la rareté de cet état reste dans l'imaginaire des officiers des armées. De ce fait, il a droit non seulement à une "maison militaire", mais son état-major doit s'étoffer : un général ne travaille pas tout seul, il a droit à un colonel adjoint et à tous les officiers et sous-officiers nécessaires pour faire des projets, des inspections, des rapports, des notes de service, en un mot tout ce qui entoure "un grand chef", automatiquement plein d'idées et adepte du changement. Et ainsi, la machine est relancée. Dans la foulée du grand chef, l'avancement suit et les états-majors pléthoriques s'accroissent. Il vaut mieux, sur un plan général, augmenter les soldes du personnel que de jouer à l'armée mexicaine.* »

Pour donner une idée de la vitesse stupéfiante de l'avancement des officiers généraux de gendarmerie, l'exemple du directeur général de la gendarmerie Denis Favier est parlant. Cet ancien et excellent patron du GIGN (Groupe d'intervention de la gendarmerie nationale) est nommé général de brigade à l'âge de quarante-huit ans, général de division à cinquante ans, général de corps d'armée à cinquante et un ans, enfin général d'armées et

1. Les éditions de la Musse, 2013.

patron de la gendarmerie à cinquante-trois ans. Il a décroché ses cinq étoiles en l'espace de 4 ans et 10 mois, étant battu uniquement par le chef d'état-major des armées, Pierre de Villiers, qui a fait lui le même parcours en 4 ans et 4 mois ! « Si les petits cochons ne le mangent pas », ce brillant officier général sera encore le grand patron de la gendarmerie en 2020, bloquant ainsi l'avancement de nombreux généraux et colonels ! À cinquante-huit ans, il aura atteint l'âge de la retraite après avoir été général pendant dix ans comme nombre des képis étoilés dans la gendarmerie. C'est la grande différence entre la maréchaussée et les autres armes, où les généraux d'active ont une vie administrative plus courte : quatre ans à peine. On n'attire pas les mouches avec du vinaigre… Si les meilleurs officiers à la sortie de Saint-Cyr choisissent la gendarmerie, devenue leur place forte, il y a une raison majeure. Celle d'offrir plus de chances d'y mener une carrière de général…

Cette course aux grades entraîne quelques gaspillages comme les généraux « quarts de place », appelés ainsi parce qu'ils ne payent que 75 % de leur place dans les trains, alors qu'ils ne sont plus en activité. En fait, il s'agit de colonels qui ont gagné leurs deux étoiles de général de brigade, puis aussitôt accepté de rentrer en 2e section. Histoire de dégager la piste aux étoiles pour certains de leurs camarades colonels, tout en touchant une pension de retraite légèrement plus importante. Un petit tour de passe-passe, certes complètement légal, mais qui aboutit à leur faire prendre leur retraite bien avant soixante ans, à une époque où les gouvernements veulent, on le sait, sans cesse repousser ces départs. En 2015, les 3 colonels suivants en ont bénéficié : Philippe du Boisbaudry, Didier Chipoy, René Pesme. La même année, deux généraux de brigade, Jean-Robert Bauquis et Joël Lavaud, sont aussi devenus généraux de division d'un coup de baguette magique, avant de quitter immédiatement la gendarmerie[1].

Les généraux qui avaient intronisé l'avancement stratosphérique du directeur actuel de la gendarmerie sont sur le point de quitter la maison. Leur âge légal de départ reste fixé à 61 ans comme tous les officiers de l'armée française, mais dans la gendarmerie, de facto, c'est 57, 58 ou 59 ans. Cet âge maximal de service pour les généraux reste inférieur à celui en vigueur dans la fonction publique civile pour les corps de niveau équivalent. Un recul de cet âge maximal à 61 ans (comme pour tous les retraités français) aboutirait à bloquer l'avancement et les promotions des colonels, commandants et capitaines. Ou il faudrait prendre une mesure sensée, mais très impopulaire au sein de l'armée : diminuer drastiquement le nombre des élèves officiers sortant de Saint-Cyr, des autres grandes écoles militaires et des recrutements annexes. L'ex-numéro 2 de la gendarmerie, le général d'armée Laurent Muller, cinquante-huit ans, a été admis, le 1er août 2015, dans la 2e section des officiers généraux (cadre de réserve jusqu'à soixante-neuf ans). Jusqu'à cette date, il était depuis le 1er mai 2012 l'un des cinq généraux de l'armée de terre, de la Marine nationale, de l'armée de l'air, de l'armement et de la gendarmerie à dépendre directement du ministre de la Défense. Sous l'autorité directe de ce ministre, ces 5 inspecteurs généraux des armées remplissent *« des missions d'inspection, d'étude et d'information s'étendant à l'ensemble des armées, de la gendarmerie et de la Direction générale de l'armement (Dga) »*.

1. Saint-cyrien comme la majorité des généraux les plus gradés de la gendarmerie, le général de division Gérard Samuel, cinquante-sept ans, a eu la chance d'être officier général pendant cinq ans. Mais, ce patron de la région de gendarmerie Lorraine s'est pendu, le 6 août 2009, dans son appartement de fonction à moins d'un mois de quitter ses fonctions pour une préretraite, en 2e section. Marié et père de trois enfants, il avait été nommé général de brigade le 7 juillet 2004 et de division, le 30 janvier.

Des inspecteurs généraux condamnés à se croiser les bras

Inspecteur général des armées au titre de l'armée de terre de 2008 à 2009, le général d'armée Jean-Marie Faugère, nous a raconté, en avril 2015, le « calvaire » enduré par les cinq inspecteurs généraux des armées. L'ancien président du comité de liaison des généraux de la 2e section (2S) s'est ennuyé à mourir durant cette année d'enfer. Il le raconte comme à son habitude sans mâcher ses mots : « *C'était désespérant, il n'y avait strictement rien à faire. J'ai dû à plusieurs reprises demander à être reçu par un membre du cabinet du ministre de la Défense, Hervé Morin, pour être chargé d'une enquête. Sans grand résultat… Et le pire : nos rares enquêtes, personne ne les lisait. Au mieux, elles finissaient au fond d'un tiroir, au pire par un classement vertical.* » L'ex-commandant de la région terre Nord-Est et des forces françaises en Allemagne a aujourd'hui compris la mission réelle d'un inspecteur général des armées : ne rien faire en attendant de passer dans la 2e section, c'est-à-dire la préretraite. Très peu pour lui. Les terriens, les marins et les aviateurs restent inspecteur général en moyenne un ou deux ans, les ingénieurs quatre ans.

Les deux derniers ex-généraux de gendarmerie nommés inspecteurs généraux des armées, Marc Watin-Augouard et Laurent Muller ont occupé cette fonction respectivement pendant 4 et 3 ans. Durant ses trois années comme inspecteur général des armées, Laurent Muller a été accaparé par beaucoup d'événements protocolaires. À ce poste, il n'a pas raté une seule cérémonie avec prise d'armes et défilé aux quatre coins de la France ou au quartier des Célestins à Paris, notamment pour les « adieux aux armes » avec départ en 2e section de l'ancien général patron local de la gendarmerie et arrivée du nouveau. À quoi servent-elles ces coutumes féodales sinon à gaspiller des heures de service, des petits fours et de l'essence ? Hiver comme été, les chauffeurs de ces généraux font tourner les moteurs des 508, pendant la prise d'armes et la réception qui suit. Le doigt sur la couture du pantalon, le gendarme chauffeur se doit d'accueillir le képi étoilé dans une voiture bien chaude ou bien fraîche. Enfin, l'Inspection générale de la gendarmerie nationale (Iggn) a, elle, été magnifiquement installée avec bureau et une cinquantaine d'appartements idéalement placés à la caserne Paris-Minimes, située à 200 mètres de la place des Vosges. Le numéro 3 de la gendarmerie, le général de corps d'armée Pierre Renault est le patron de ce corps d'inspection, depuis le 1er août 2015, avec cinq généraux sous ses ordres, un divisionnaire et quatre de brigade. Est-ce bien raisonnable ? En 1962, le général inspecteur général de la gendarmerie nationale n'avait pas un seul général à sa disposition... Le processus de fusion en cours entre la police et la gendarmerie aurait-il transformé la caserne de Paris-Minimes en cimetière des éléphants surnom de l'Igpn (Inspection générale de la police nationale) ?

Dans son référé du 3 février 2015 sur « la gestion des carrières dans la police et la gendarmerie nationales », la Cour des comptes estime que le trop-plein de généraux dans la gendarmerie n'est pas près de se résorber. Le président de la Cour, Didier Migaud, écrit à propos d'une pyramide du corps des officiers complètement déséquilibrée : « *Dans la gendarmerie nationale, la pyramide s'est déformée au sein de chaque corps au profit des catégories les plus élevées et les plus coûteuses : la proportion des colonels et des lieutenants-colonels parmi les officiers est passée de 13 % en 2009 à 18 % en 2013. Dans le corps des sous-officiers, compte tenu de l'augmentation du nombre de grades supérieurs, le taux de pyramidage est passé, au cours de la même période de 24 % à 33 %, soit un encadrant pour deux encadrés.* » Cible numéro 1 de ce constat alarmant, le plan Pagre (Plan d'adaptation des grades aux responsabilités exercées) visait à renforcer l'encadrement de la gendarmerie et à mieux reconnaître les responsabilités exercées par les sous-officiers et officiers. En fait, la direction de la gendarmerie semble engagée dans une course-poursuite feutrée avec la police nationale, la gendarmerie comptant environ 100 000 personnels contre 135 000 pour la police nationale. Comme le dit la Cour des comptes, « *la gendarmerie, en engageant la mise en œuvre du plan Pagre à compter de 2006, a cherché à augmenter le nombre de ses officiers pour les aligner sur les grades de la police sans réfléchir sur ses besoins fonctionnels.* »

De plus, suite au redécoupage des régions dans l'Hexagone, celles de la gendarmerie vont passer, dès le 1er janvier 2016, de 22 à 13. Sur les 22 régions actuelles, 14 sont actuellement commandées par des généraux, dont cinq d'entre eux ont des généraux comme adjoints, et les 8 autres sont dirigées par des colonels. Certains de ces officiers vont se retrouver absolument débordés… En effet, les structures de coordination au niveau de chaque région de gendarmerie sont appelées à recaser ces officiers dans des placards.

Le numéro 2 de la CGT mieux payé qu'un général

Les généraux de gendarmerie ou les ambassadeurs souffrent de la même maladie que les hauts fonctionnaires du ministère des Finances à Bercy, ils cultivent les sureffectifs dans la plus grande discrétion. Ces militaires et civils appartiennent à la catégorie A+, qui perçoit les salaires les plus élevés de la fonction publique. Deux ou trois ans avant la retraite, les administrateurs de Bercy sont récompensés par une sinécure avec rémunération somptuaire, exprimée avec une autre lettre, l'échelle lettre G. Ces emplois dits de « débouché » ont aussi l'avantage de faire un appel d'air qui libère des postes du bas en haut de la hiérarchie. Ces sinécures, qui rapportent le plus et fatiguent le moins, se dissimulent derrière un système de référence volontairement incompréhensible pour le commun des mortels. Même pour les ministres des Finances, car les primes liées à ces échelles lettres restent très confidentielles. D'autant plus que les fonctionnaires hauts, dont nous parlons ici, ne sont pas là pour travailler, mais doper leur pension de retraite en récompense de bons et loyaux services, au nom de l'intérêt général bien entendu.

Par contre, ces ex-TPG, anciens conservateurs des hypothèques, (rebaptisés aujourd'hui administrateurs des finances publiques) n'ont pas d'obligations puisque ce sont leurs subordonnés qui font le travail... L'important est ailleurs. Tous ces fonctionnaires hauts peuvent émarger au minimum à 10 000 euros net par mois et au double maximum, avec primes, voiture et logement de fonction. D'une année sur l'autre, ces seniors sont parfois sollicités pour rédiger un rapport qu'ils demandent le plus souvent à une petite main de pondre et se contentent de signer...

Nous ne nous intéresserons pas ici aux responsables de la quinzaine de grandes directions de Bercy. Ces derniers touchent jusqu'à 20 000 euros net par mois pour les plus anciens. On peut discuter de leurs méthodes de travail, de leur arrogance, de leur goût secret et de leur pouvoir hors norme, ce n'est pas le sujet de cet ouvrage. Une certitude : ces directeurs sont tous de grands bosseurs qui ne comptent pas leurs heures. Nous parlons ici de certains fonctionnaires de la Direction générale des finances publiques (DGFiP). Forte de 110 000 fonctionnaires en 2014, celle-ci est issue de la fusion, en 2008, de la Direction générale des impôts et de la Direction générale de la comptabilité publique. Pour bien comprendre la suite, il faut savoir – les rapports sur la DGFiP des députés UMP Gilles Carrez (du 14 octobre 2010) et de la députée PS Valérie Rabault (du 9 octobre 2014) l'attestent – que la catégorie des personnels A+ n'a pas du tout été touchée, à Bercy, par la mesure de non-remplacement d'un fonctionnaire sur deux décidée, pour faire des économies, par la droite en 2006, puis poursuivie par la gauche à partir de 2012. Ainsi, de 2006 à 2011, les A+ sont passés de 1 921 à 2 822, une augmentation de 901 hauts fonctionnaires en 5 ans, soit de 47 %. Par contre, les agents de catégorie C ont baissé de près de 21 % pendant la même période. De 2011 à 2014, 4 personnels A+ ont été engagés, chaque année, en plus du remplacement de tous les personnels de cette catégorie partant à la retraite. À l'inverse, tous les autres personnels ont souffert de réductions très importantes. En un mot, à Bercy, les fonctionnaires hauts n'ont jamais connu la crise, mais leur surnombre risque à terme de poser problème. Le politique sera bien obligé un jour ou l'autre de s'attaquer au trop-plein de fonctionnaires hauts A+.

Défenseur attitré du petit personnel à Bercy comme ailleurs, le syndicat CGT a pourtant autorisé, en 2008, son numéro 2, Jean-Christophe Le Duigou, à postuler pour l'un de ces postes réservés aux A+. Ces emplois de « débouché » qui rapportent le plus et fatiguent le moins… Ancien bras droit de Bernard Thibault secrétaire général de la CGT, ce syndicaliste a été, de 1999 à 2009, membre du bureau confédéral de la CGT, chargé des questions économiques et des retraites. Nommé au conseil d'orientation des retraites depuis 2000, il était, trois ans plus tard, le principal représentant de la CGT lors des négociations sur les retraites avec le gouvernement et les partenaires sociaux. Expert patenté es retraites, Jean-Christophe Le Duigou s'est mitonné une pension aux petits oignons, lorsqu'il s'est rapproché de l'âge fatidique de soixante ans. Fonctionnaire, il avait été mis, en 1978, à la disposition de son syndicat, y étant détaché et conservant ainsi ses droits à l'avancement et à la retraite.

C'est pourquoi il a pu tout à fait légalement demander, en avril 2007, à être réintégré dans son administration d'origine, les impôts, où il n'avait pas mis les pieds depuis près de 30 ans ! Petite précision : le nombre de permanents de la CGT comme

Jean-Christophe Le Duigou a été multiplié par 5, en 30 ans, alors que celui de ses adhérents était divisé par 5. Et la commission paritaire ad hoc, composée de représentants du ministère des Finances et des syndicats, a proposé, en décembre suivant, sa nomination au poste prestigieux et fort rémunérateur de conservateur des hypothèques. Un passage de huit mois dans cet emploi d'archivage des transactions immobilières, au salaire à l'époque de 9 000 euros net mensuels, s'imposait pour doper sa retraite. Dans toute la fonction publique, le taux de celle-ci est basé sur les six derniers mois de traitement et non sur la moyenne des 41 ans comme dans le privé. Bon prince, le secrétaire général de l'Élysée, Claude Guéant, avait annoncé que Jean-Christophe Le Duigou était dispensé d'exercer physiquement cette nouvelle activité, pour cause de « militantisme syndical ». Le syndicaliste a donc été officiellement absolument débordé pendant ces 8 mois. De 1978 à 1982, ce fonctionnaire des impôts détaché avait été secrétaire national du syndicat CGT des agents de la direction générale des impôts, puis à partir de 1982 secrétaire général CGT de la Fédération des finances de la CGT. Puis promu, dix ans plus tard, au grade de directeur divisionnaire des impôts, tout en étant mis à disposition de son syndicat. Enfin, il était nommé en décembre 2009, conservateur des hypothèques de quatrième catégorie à Corbeil (Essonne) avant de prendre sa retraite administrative, le 31 août 2010. Cet ancien dirigeant du Parti communiste français de 1987 à 1996 avait alors soixante et un ans et droit à une retraite à vie et à taux plein. Pour 11 ans de travail effectif à Bercy et 30 ans détaché à la CGT. Environ 40 000 autres syndicalistes des entreprises publiques et des administrations, en « équivalents temps plein », sont détachés aujourd'hui auprès des syndicats.

Suite aux réactions provoquées par la décision de la commission de Bercy de réintégrer le numéro 2 de la CGT comme conservateur des hypothèques, le journal *L'Humanité* a pris ainsi sa défense dans un article paru le 14 janvier 2008 : « *Les faits ? Jean-Christophe Le Duigou, qui occupe le grade de directeur divisionnaire des impôts, a été promu, en août 2007, en même temps que 61 autres fonctionnaires du même rang, au poste de conservateur des hypothèques. Cela lui vaudra, lors de son départ en retraite, prévu fin 2009, de percevoir une pension de 3 275 euros brut. Cette progression de carrière "découle d'une procédure et de droits statutaires qui ont été validés en toute transparence" par la commission administrative paritaire de la DGI* (Nda : Direction générale des impôts), *et ce "avec l'accord unanime des représentants syndicaux et de l'administration", souligne la direction de la CGT. Outre ceux de la CGT, les élus du SNUI Solidaires, de la CGC et de la CFDT ont voté "pour". Un tel avancement "correspond, indique l'intéressé, à ce qui a été négocié en 1982 avec Bercy" pour les syndicalistes détachés, afin que leur engagement ne joue en leur défaveur. En effet, comme le rappelle la direction du syndicat dans sa déclaration, la lutte contre les discriminations touchant les militants dans leur déroulement de carrière, quel que soit leur niveau hiérarchique, est une préoccupation constante. Ce qui rend "la mise en cause de la probité de Jean-Christophe Le Duigou d'autant plus condamnable"*. »

20 416 euros net mensuels et 2 heures de travail par jour

C'est le président de la République lui-même, Nicolas Sarkozy, qui a nommé Jean-Christophe Le Duigou conservateur des hypothèques. Notre bonne vieille et insupportable république monarchique pointait encore son museau pour attribuer, une fois de plus, l'une des sinécures les mieux loties de la fonction publique. Titulaires de charges inventées par les rois pour fidéliser des sujets, les conservateurs des hypothèques (les « CH » comme on les surnomme à Bercy) étaient régis par une loi du 21 ventôse

An VII (le 11 mars 1799), après avoir été créés par un édit en 1771. Stricto sensu, cette catégorie de fonctionnaires hauts n'existe plus depuis 2012, mais ces superprivilégiés ont gardé tous leurs avantages en se cachant sous le nom d'administrateurs des finances publiques jusqu'à leur départ en retraite fin 2012. À l'époque de la réintégration de Jean-Christophe Le Duigou, ils étaient encore 354. Leur fonction était double. D'un côté, le conservateur collationnait pour l'État le produit des taxes sur les transactions immobilières, dont les fameux droits de mutation, et de l'autre, il constituait la mémoire officielle de ces achats et ventes. Ce second service, dit de la publicité foncière, consistait à tenir un gigantesque fichier immobilier des propriétés avec ou sans hypothèque sur le secteur géographique du CH. Il permettait à chaque conservateur d'être payé au pourcentage par leurs clients et d'en reverser une partie à l'État. Un passe-droit inouï pour un fonctionnaire qui doit normalement n'être payé que par l'État !

Résultat de ces primes extravagantes : les conservateurs des hypothèques touchaient à l'époque un traitement mensuel pouvant aller jusqu'à 20 416 euros net par mois dans les plus beaux postes : à Paris, Nanterre, Lyon et Annecy. Les salaires les plus élevés de la fonction publique pour en réalité à peine deux heures de travail par jour. Mais on ne voyait qu'une toute petite minorité de ces 354, à peine quelques dizaines, dans les locaux des conservations. En fait, tout était organisé pour ne pas avoir besoin d'eux. Un « chef de contrôle » de la conservation des hypothèques était là en permanence pour faire le job... Le seul problème du CH était de bien choisir ce « chef de contrôle » (de catégorie A dans les grandes conservations et B dans les petites) compétent et bosseur, de manière à pouvoir, avec l'accord tacite de tous, se reposer totalement sur lui, qui ne demandait qu'à être motivé par quelques petites primes... C'était réglé comme du papier à musique et le conservateur ne passait qu'une fois par semaine lui « rendre visite ». Sous la direction des « chefs de contrôle », 4 000 fonctionnaires exécutaient toutes les tâches en puisant dans d'immenses bacs à fiches manuelles, armés de crayons de calligraphe et de règles. Mais, les logiciels de télétraitement et les écrans d'ordinateurs ont remplacé, à partir de 2003, ces travaux manuels, provoquant d'énormes réductions de personnel et remettant en cause les privilèges incroyables des conservateurs. Fantômes surpayés, on ne les voyait jamais durant leurs 18 mois à 2 ans de fonction. Aussi, à son congrès de Seignosse (Landes), en 2003, le Snadgi-CGT (Syndicat national de la direction générale des impôts) s'était prononcé pour « *la suppression du grade de conservateur des hypothèques. Ce service, comme les autres, doit avoir à sa tête un chef de service qui ne soit pas rémunéré en fonction des résultats.* » Ce qui n'a pas empêché Jean-Christophe Le Digou d'oublier cette résolution de son syndicat et de demander un poste de conservateur des hypothèques. Fais ce que je dis, mais pas ce que je fais…

Jean-Christophe Le Duigou cumule aujourd'hui revenus, retraites et honneurs, sans le moindre complexe. À ses 3 275 euros de pension à vie en tant que conservateur des hypothèques sans y avoir jamais travaillé, l'ancien numéro 2 de la CGT ajoute une retraite mensuelle de 1 500 euros brut comme ancien membre du Conseil économique et social, 15 années durant. Soit un montant total de pensions retraite de l'ordre de 4 775 euros brut mensuels. Par ailleurs, le 9 avril 2008, le président de la République Nicolas Sarkozy l'a nommé membre de la Commission de régulation de l'énergie, pour un mandat de six ans. D'avril 2008 à avril 2014, cette occupation lui a rapporté 3 929,94 euros brut par mois. Le même président de la République, Nicolas Sarkozy, a élevé, en 2010, Jean-Christophe Le Duigou, au grade de chevalier de la Légion d'honneur. Plus fort encore, le 29 mars 2013, ce conservateur honoraire des hypothèques a été nommé conseiller d'État en service extraordinaire (pour 5 ans) par le président de la République François Hollande. Soit un salaire brut mensuel de 8 000 à 10 000 euros. De mars 2013 à avril 2014, l'ancien numéro 2 de la CGT a empoché en retraites et rémunérations publiques plus de 17 000 euros brut par mois. Par la suite, ce conseiller d'État a multiplié les activités. Ainsi, pour une période de trois ans, suite à un arrêté de la ministre de l'Écologie, du Développement durable et de l'Énergie Ségolène Royal, l'ancien numéro 2 de la CGT a été nommé, le 23 avril 2014, président du Conseil du fonds de péréquation de l'électricité. Nous ignorons s'il a été rémunéré pour cette activité. Une chose est sûre : Jean-Christophe Le Duigou est un rentier de la République absolument débordé. La paix sociale n'a pas de prix !

Une bonne partie des emplois et le statut moyenâgeux des 354 conservateurs des hypothèques ont disparu entre 2009 et 2012, laissant la place à 250 bureaux dits de « la publicité foncière ». Rémunérés dès lors directement par l'État, ils ne touchent plus un salaire constitué à partir de primes au pourcentage payées par leurs clients. Appartenant aux trois premières des six catégories de CH les mieux payés (jusqu'à 20 416 euros net mensuels), les nouveaux chefs de publicité foncière ne perdent pas un centime par rapport à leurs prédécesseurs dans la fonction. Comme eux, ils décrochent leur poste en fin de carrière comme un bâton de maréchal. En effet, ils sont aujourd'hui reclassés, en détachement, au grade d'administrateur général des finances hors classe. Il s'agit du statut des fonctionnaires hauts les mieux payés de Bercy et de la fonction publique en général. Il regroupe les quelques 500 directeurs départementaux, régionaux et centraux du ministère des Finances. Les mieux lotis d'entre eux, les hors échelle G, ont des rémunérations qui peuvent atteindre 20 000 à 25 000 euros net par mois. Tous dépassent le salaire du président de la République François Hollande, qui est d'un peu moins de

15 000 euros brut par mois. Appartenant aux trois catégories inférieures, les successeurs des CH les moins payés (à partir de 10 000 euros net mensuels) sont devenus des chefs comptables hors échelle A ou B. Leur fonction garde le même propos : fournir une sinécure dorée, non plus à 354 fonctionnaires hauts, mais à 250 pendant 18 mois à 2 ans avant leur mise à la retraite. Le gaspillage continue, mais à une moindre échelle (l'économie serait de 17 millions d'euros par an), sans que les parlementaires puissent y mettre leur nez, puisque le gouvernement Fillon a légiféré par ordonnance dans ce dossier. Les prodiges incessants des logiciels informatiques permettent aux « nouveaux conservateurs » de rester eux aussi absolument débordés...

Les petits marquis de Bercy se la coulent douce

Les 50 ex-TPG (Trésoriers payeurs généraux) gagnent autant que les 250 patrons de service de publicité foncière et ne travaillent pas beaucoup plus. Sorte de banquier de l'État et des collectivités locales, le TPG ou son équivalent tient les cordons de la bourse de l'administration dans les départements. Ces trois petites lettres, TPG, restent synonymes de secret défense. Les dernières précisions sur les rémunérations de ces fonctionnaires hauts remontent à un rapport de la Cour des comptes de 2008 ! Ce document estimait la rémunération des 50 plus importants TPG (sur 110 à l'époque au total) dans une fourchette comprise entre 15 000 et 20 000 euros net par mois. Créé sous l'Ancien Régime, ce corps était divisé à l'époque en deux charges. Il comprenait les responsables de toutes les recettes du royaume, receveurs généraux, et des dépenses, les payeurs généraux. Un décret impérial a réuni, en 1865, ces deux corps pour fonder celui des Trésoriers payeurs généraux (TPG), supprimé en 2009. Ces derniers ont alors fusionné, retenez votre souffle, avec les directeurs départementaux ou régionaux des services fiscaux.

Officiellement, il s'agissait de réaliser des économies en regroupant la Direction de la comptabilité publique et la Direction générale des impôts, donnant ainsi naissance à la DGFiP (Direction générale des finances publiques) et faisant disparaître au passage les TPG. En 2009, ces derniers ont rejoint les fonctionnaires hauts des impôts pour former un seul corps, celui des administrateurs des finances publiques. À cette occasion, les rémunérations ont été alignées par le haut et le corps des TPG a été dissous, en 2012, avec le départ de ses derniers représentants à la retraite.

Tous les préfets ne peuvent pas terminer leur carrière en beauté dans le fauteuil d'un directeur du ministère de l'Intérieur. Or, un poste de TPG, devenu aujourd'hui directeur départemental ou régional des services fiscaux, était et reste le seul autre moyen pour un préfet de décrocher une sinécure. Sur les 110 TPG existant jusqu'en 2012, une petite quinzaine venait de la préfectorale, la plupart des autres des finances, c'est-à-dire de la direction de la Comptabilité publique, service chargé de faire rentrer l'impôt dans les caisses de l'État. Le puissant syndicat FO des 110 TPG (seul 4 d'entre eux n'en étaient pas adhérents !) faisait la pluie et le beau temps. Sur les 10 postes de TPG libérés chaque année, ce syndicat se battait pour que 5 d'entre eux soient mis à la disposition du directeur de la Comptabilité publique. Lequel pouvait ainsi récompenser ses meilleurs cadres à 18 mois ou 2 ans de la retraite. Sur les 5 postes restants, 3 étaient attribués au ministre des Finances qui pouvait ainsi offrir une place au soleil à 3 de ses sous-directeurs qui ne deviendraient jamais directeurs, faute de postes disponibles. Aujourd'hui, les choses n'ont pas beaucoup changé, sauf que FO doit maintenant partager ses desiderata avec Solidaires finances publiques, syndicat majoritaire à la DGFiP. Dans un département, aujourd'hui, l'ex-TPG ou le directeur des services fiscaux arrive juste derrière le préfet sur le plan du protocole, mais plutôt devant lui au pouvoir financier. Les postes toujours les plus recherchés : ceux des Hauts-de-Seine, Nouméa et Paris, Paierie générale, rue Croix-des-Petits-Champs. C'est ce dernier qui vire chaque mois les salaires des 130 000 fonctionnaires de l'État à Paris. Au traitement de ce directeur des services fiscaux parisiens, il faut ajouter un logement de fonction somptueux et une voiture de grand standing avec chauffeur.

L'intégration des ex-TPG et anciens directeurs des impôts, dans les nouveaux postes de patrons des services départementaux et régionaux des services fiscaux, a été réalisée, comme prévu, sans baisse de salaire. Le traitement des TPG étant de 30 à 40 % supérieur à ceux des anciens directeurs départementaux des impôts, la fusion des deux corps ne s'est pas faite à l'économie. Les premiers étaient les héritiers de leurs ancêtres des receveurs et payeurs généraux de l'Ancien Régime, qui avaient le droit de toucher un intéressement sur toute somme qu'ils manipulaient. Aujourd'hui, sous une forme différente, les directeurs départementaux ou régionaux des services fiscaux conservent ce privilège sous forme de primes. Pour surpayer les TPG, l'État leur allouait aussi des « indemnités pour risques corporels et indemnités représentatives pour frais réels », des rémunérations hors plafond de cumul et bénéficiant d'une exonération fiscale totale. Joli tour de passe-passe qui survit peut-être aujourd'hui malgré les déclarations gouvernementales assurant que les primes seront dorénavant calculées en fonction de la performance de ces cadres supérieurs. Ancien TPG à Vannes et Laon, auteur de l'ouvrage *L'État dinosaure, l'administration racontée par un préfet*[1], Claudius Brosse avoue : « *Le TPG est rémunéré de façon si compliquée que personne n'y comprend grand-chose, même pas celui qui entre dans le corps* ». Cependant, ces petits marquis sans escarpins ont perdu un avantage. Par tradition, ils touchaient un pourcentage sur les

1. Albin Michel, 2001.

placements à la Caisse des dépôts et consignations des emprunts de l'État. Cette « gratification » leur a été retirée. Toutefois, depuis la suppression du statut des TPG en 2009, le ministère des Finances n'a fourni aucune information sur leurs revenus réels. Comme pour leurs petits camarades CH, la réforme des TPG s'est faite dans l'opacité totale (leurs primes restent confidentielles) et par voie d'ordonnances, donc dans le dos des parlementaires.

Troisième partie

INSPECTEURS, CONSEILLERS : DES CONTRÔLEURS HORS DE CONTRÔLE

La dizaine de grands corps de contrôle et d'inspection générale se remplit très vite dès qu'une échéance présidentielle se présente, puis se vide lorsque se forment les nouveaux cabinets à l'Élysée, Matignon et dans les ministères. Retranscrit discrètement dans le Journal officiel de la République française, ce chassé-croisé illustre les relations incestueuses entre les grands commis de l'État qui, disent-ils, incarnent la neutralité du service public, et les élus. Les premiers dépendant des seconds, ils espèrent décrocher un beau poste dans l'administration ou un cabinet ou encore une circonscription législative. Sous prétexte de redonner un sang neuf à ces institutions de contrôle et d'inspection, le président de la République y nomme de manière discrétionnaire 20 à 25 % de leurs membres. Pas d'obligation de diplôme ou de travail pour ces superpistonnés. Ils doivent simplement être âgés de trente à quarante-cinq ans. On comprend aisément que nombre de « ces gens-là » ne viennent pas pour travailler, mais pour goûter jusqu'à soixante-cinq ou soixante-neuf ans aux joies d'un emploi, qui n'est pas rémunéré moins de 8 000 euros brut par mois.

Une terrible passivité frappe ces discrètes institutions de contrôle et d'inspection, qui comptent environ 1 500 fonctionnaires hauts. Les énarques de gauche qui étaient au placard succèdent dans un ronron sécurisant à des énarques de droite et vice-versa. Censés contrôler la bonne utilisation de l'argent du contribuable, ces corps de contrôle et d'inspection sont aujourd'hui aussi des usines à caser des politiques aux frais de l'État en attendant une alternance à la tête du pays. Certes, leur travail trouve sa justification de temps en temps dans un article du *Monde*, du *Figaro* ou un passage à un *JT* de 20 heures. Mais pas question dans ces rapports médiatisés de dénoncer l'inertie et l'incurie administratives, au risque de nuire à la carrière et au corps (Cour des comptes, Inspection générale des finances, de l'éducation nationale, des affaires sociales...) auquel un inspecteur, conseiller ou contrôleur doit être loyal avant toute chose. Un seul discours primaire et faux doit être martelé : au nom de l'intérêt général, les hauts fonctionnaires se sacrifient en acceptant des salaires mensuels de 10 000 à 20 000 euros nettement moins importants que dans le privé. Des rémunérations pas moins élevées que la moyenne de celles des cadres supérieurs (18 000 euros brut mensuels) dans les entreprises de l'Hexagone. À ne pas confondre, la mauvaise foi aidant, avec celle des dirigeants des multinationales françaises qui n'ont, eux, aucune sécurité d'emploi.

Qu'en est-il des obligations d'assiduité et de performance des inspecteurs, conseillers et contrôleurs généraux ? Dans son ouvrage *Les Nouveaux Bien-pensants*[1], Hélène Strohl, inspectrice générale retraitée de l'Igas (Inspection générale des affaires sociales), souligne l'impunité totale, dont usent et abusent les hauts fonctionnaires : « *Il faut le dire et le redire, le fonctionnaire haut dispose encore d'une sûreté de carrière à nulle autre pareille. L'incurie, la paresse, voire l'incapacité ne donnent pas lieu à une mise en congé ou mise à la retraite d'office. Il faut que la faute relève de la malhonnêteté flagrante pour qu'il y ait révocation.* » Hélène Strohl parle d'or comme l'a montré l'affaire de l'ancienne

1. Avec Michel Maffesoli, Éditions du Moment, 2014.

présidente de l'Ina (Institut national de l'audiovisuel), Agnès Saal. Ancienne membre de plusieurs cabinets de ministres de la Culture sous Lionel Jospin, celle-ci avait dû démissionner, en avril 2015, de son poste, suite à la révélation de ses frais de taxi : plus de 40 000 euros en 10 mois, dont 6 700 euros pour son fils, alors qu'elle disposait d'une voiture de fonction avec chauffeur. Cette proche de l'ancienne ministre de la Culture Aurélie Filippetti (qui l'avait nommée à l'Ina) a été réintégrée, quelques semaines plus tard, au ministère de la Culture comme chargée de mission. Une réintégration qui relève de la stricte « *application du droit de la fonction publique* », selon les mots mêmes de Fleur Pellerin. Une procédure judiciaire a été entamée, mais Agnés Saal n'a pas été révoquée pour l'instant, elle qui demeure très officiellement soutenue par le syndicat CGT du ministère de la Culture.

Un conseiller de la Cour pond cinq rapports par an

L'existence de la Cour des comptes relève du simple bon sens. Sa mission de base : s'assurer que les comptables publics, ceux qui payent au nom de l'État et en sont ses serviteurs, ne mettent pas d'argent dans leur poche. Depuis peu, cette institution certifie aussi que les administrations ont bien dépensé l'argent du contribuable suivant les dispositions légales et réglementaires. Une sorte de chien de garde face au discrédit de la classe politique. Et surtout, elle réalise directement une quinzaine de rapports chaque année pour le Parlement. Aussi, ce juge financier est le dernier rempart contre l'excès de dépenses, dans la mesure où il dispose des moyens les plus importants pour dénoncer le gaspillage des deniers publics. Ses rapports, observations et référés dénoncent les dérives budgétaires, mais n'ont aucun caractère contraignant, étant surtout destinés à être publiés dans la presse pour avoir un caractère d'exemplarité. La Cour n'est pas encore au service des citoyens avec pour mission de s'assurer de l'opportunité des dépenses.

Les 392 magistrats inamovibles du corps de la Cour (impossible de déplacer sans son accord un juge paresseux dans une autre administration) ont été recrutés pour les trois-quarts d'entre eux à la sortie de l'Ena parmi les premiers de cette école (porte d'entrée obligatoire pour les jeunes auditeurs) et les autres au tour extérieur. C'est-à-dire dans la fonction publique (avec un minimum de quinze ans d'ancienneté) ou de manière totalement discrétionnaire par le président de la République à condition d'être âgé de quarante-cinq ans au moins. L'âge de leur retraite est fixé normalement à soixante-cinq ans, mais les conseillers peuvent rester jusqu'à soixante-neuf ans, s'ils ont eu trois enfants. Les 231 juges en activité à la Cour des comptes, fin 2013, représentaient 60 % des 392 magistrats de ce corps, dont 40 % sont donc en détachement (soit 126) comme élus, dans l'administration, les ministères et à l'Élysée, ou en disponibilité (35) dans le privé. La Cour des comptes communique ces chiffres dans deux documents publiés chaque année par elle : son rapport d'activité et son rapport annuel au président de la République. Depuis 2014, l'institution dirigée par Didier Migaud ne publie aucun chiffre ou pourcentage qui permettrait de connaître le nombre total des magistrats du corps de la Cour, celui des juges en détachement ou en disponibilité. La volonté d'éviter toute polémique sur le cas de François Hollande explique-t-elle l'occultation inexplicable de ces chiffres ? En effet, selon le service de communication de l'Élysée, le président de la République touchera, une fois à la retraite, une pension mensuelle de 3 473 euros net en tant qu'ancien conseiller référendaire à la Cour des comptes. La plupart du temps en détachement ou en disponibilité de cette institution comme son illustre homologue Jacques Chirac, François Hollande n'y a été en service que pendant trois ans. Et de son propre aveu, il était alors absolument débordé comme nous l'expliquons plus loin. L'âge moyen des 231 en activité à la Cour est de cinquante-trois ans et ils se répartissent depuis toujours en quatre catégories. Il y a d'abord les bosseurs qui ne comptent pas leurs heures ; les flemmards divisés en deux catégories, ceux qu'on ne voit jamais parce qu'ils font de la politique et ceux qui ne veulent plus y toucher, tous ont été nommés par le chef de l'État, pour y profiter d'un refuge confortable en remerciement de services rendus ; enfin, les cumulards politiques qui gardent leurs mandats locaux (la qualité de parlementaire est incompatible avec celle de juge à la Cour des comptes) et certains fantômes parmi les 90 rapporteurs de la rue Cambon. Classés à l'échelon HEE des A+, les juges les mieux payés de la Cour empochent entre 7 000 et 11 000 euros net par mois avec des primes. Les 7 présidents des chambres de la Cour (13 à 14 000 euros net mensuels) ne peuvent sanctionner les flemmards qu'en diminuant leurs primes et ralentissant leur avancement.

Les 231 magistrats de la Cour ont droit à quatre mois de vacances par an. Pendant toutes leurs absences, leurs boîtes mail se remplissent, mais personne ne s'en occupe. Il reste très inélégant d'envoyer un courriel rue Cambon pendant les vacances judiciaires. Sans réponse pendant plusieurs semaines, cet envoi témoigne du rythme de travail épuisant de certains conseillers. Explication : chaque magistrat fait presque tout lui-même en pianotant sur son ordinateur et travaille en compagnie d'un deuxième juge dans un petit bureau, qui ne fait pas de plus 30 m^2. Chacun des 696 fonctionnaires de la Cour dispose de 13 m^2 selon les statistiques officielles. Ni secrétaire ni dactylo pour les 231 magistrats, ce qui représente un atout maître pour les tire-au-flanc. Pas de fil à la patte… Ni voiture de fonction avec chauffeur, il n'y en a que 3 pour 231 magistrats. Une dizaine d'employés sont là pour imprimer et photocopier les rapports. Cette solitude spartiate et ces « grandes vacances » ont permis, en 2013, la production de 1 225 rapports, référés, arrêts et ordonnances. Chacun des 231 conseillers de la Cour a produit en moyenne à peine 5,3 documents de 25 pages cette année-là. Une rentabilité de forçat qui pose bien des questions. En effet, les 231 juges financiers délèguent systématiquement l'essentiel de leurs travaux d'investigation et d'écriture aux 198 rapporteurs, experts et assistants qui les entourent. C'est-à-dire des préfets, généraux, administrateurs civils de Bercy ou de l'Insee, ingénieurs des mines ou des ponts, tous extérieurs au corps.

En fait, le premier président de la Cour des comptes en place depuis 2010 et inamovible jusqu'en 2020 (où il partira à la retraite), l'ancien député PS Didier Migaud n'a pas changé grand-chose à l'organisation ni au rythme de travail des juges. Malgré les apparences, les sept présidents de chambres sont restés les vrais patrons, rue Cambon. Par force, ce sont toujours les mêmes qui sont chargés de faire les rapports dans une ambiance austère, sans le moindre bureau personnel et en l'absence de toute secrétaire. Intouchables car inamovibles, un bon quart des 140 et quelque conseillers maîtres et de la soixantaine de conseillers référendaires se contente de signer les rapports, sans états d'âme. D'où une grogne discrète, mais certaine, des conseillers scrupuleux et consciencieux, qui explique le pourcentage énorme de 40 % de magistrats travaillant à l'extérieur de la Cour, en détachement ou disponibilité.

À la Cour des comptes, la catégorie des fonctionnaires hauts absolument débordés ne recrute pas seulement chez les conseillers, mais aussi chez leurs plus proches collaborateurs, les 80 rapporteurs. En détachement dans cette juridiction, l'administrateur civil du ministère de l'Intérieur Roland Hureaux, soixante-sept ans, est parti à la retraite, le 15 juin 2015, après avoir exercé à deux reprises ces fonctions de rapporteur. Énarque, normalien, sous-préfet, diplomate et universitaire, ce père de sept enfants n'a jamais nié lors de nos déjeuners au Cercle Républicain avoir trouvé une planque à la Cour : « *C'était pour la bonne cause, car j'écris de nombreux articles, tribunes libres et livres. Ce n'est pas pour moi de l'argent gaspillé.* » Ancien membre du cabinet d'Édouard Balladur, Premier ministre, puis de Philippe Seguin, président de l'Assemblée nationale, ce gaulliste et souverainiste est le brillant auteur d'une dizaine d'ouvrages politiques et de plus d'un millier d'articles ou tribunes libres, d'actualité ou de réflexion politiques. Dans les revues *Commentaire* et *Le Débat* ; dans les quotidiens *Le Monde*, *Le Figaro* et *Libération* ; dans l'hebdomadaire *Valeurs actuelles* ; et sur les sites Marianne2 et Atlantico.

Lors de chacun de ses détachements de 3 ans à la 2e chambre de la Cour, le ministre de la Défense l'a nommé comme « rapporteur spécialisé auprès du comité des prix de revient des fabrications d'armement » (CPRA). Roland Hureaux connaît du monde dans le domaine de la Défense depuis son stage en 1994-1995 à l'IHEDN (Institut des hautes études de la Défense nationale). Fondé en 1966, le CPRA produit chaque année un rapport à caractère consultatif qui ne sert pas à grand-chose, puisque la dérive des coûts de production des industriels français de l'armement n'a jamais cessé. La Cour des comptes a également permis à Roland Hureaux de faire de la politique dans le département du Lot. Depuis 1993, il s'est présenté à de nombreuses élections législatives, cantonales et municipales à Cahors, où il possède une maison. Sans succès. Pour s'être présenté en candidat dissident, il a été exclu du RPR en 1995, puis s'est rapproché de Jean-Pierre Chevènement, avant de se présenter sous l'étiquette UMP. Ce fonctionnaire haut absolument débordé reste farouchement indépendant et intransigeant. Ainsi, peu avant d'être à nouveau détaché du ministère de l'Intérieur à la Cour des comptes, il avait publié, en janvier 2012, son dernier ouvrage *La grande démolition : la France cassée par les réformes*[1]. Et à la page 116, il écrit à propos de la certification des comptes de l'État : « *Près d'un tiers des effectifs de la Cour des comptes est désormais absorbé par cet exercice largement stérile dont les conseillers de cette auguste institution murmurent entre eux qu'il ne sert à rien* ».

Le conseiller Hollande était journaliste et prof

Une chose est sûre : le président de la Cour, Didier Migaud, ne peut pas obliger un juge flemmard à travailler, ni s'en séparer. Impossible pour lui de s'opposer au retour d'un conseiller détaché dans l'administration ou en disponibilité dans le privé, ou encore à la nomination au tour extérieur d'un protégé du président de la République. Le plus bel exemple de flemmard, resté absolument débordé à la Cour des comptes, reste celui du futur président de la République François Hollande qui avait choisi d'intégrer cette juridiction après être sorti huitième de la promotion 1980 de l'Ena. De 1981 à 1996, la rue Cambon, comme il l'espérait, lui a alors fourni un emploi fictif, légal et très agréable. Sauf de 1988 à 1993, où il a été député de Corrèze, étant en détachement de la Cour des comptes avec le maintien de tous ses avantages en matière d'avancement et de retraite… Un certain Jacques Chirac lui avait montré la voie. Sorti de l'Ena en 1960, celui-ci avait utilisé la Cour des comptes pour faire de la politique et être élu, en 1967, député d'Ussel en Corrèze et sans cesse réélu depuis. Ce futur président de la République n'avait pas laissé un souvenir mémorable à la Cour des comptes, où il avait surtout pris l'habitude d'y nommer ses amis politiques. Ce n'est pas un hasard si cette juridiction a fourni

1. Buchet Chastel.

deux présidents à la Ve République. Pour un jeune énarque drogué à la politique, c'est la mangeoire idéale permettant d'être en campagne à plein-temps et sans mandat, tout en étant rémunéré plus que correctement.

Le 5 janvier 1989, François Hollande, élu l'année précédente député de Tulle (Corrèze), avouait dans l'émission *Édition spéciale* (consacrée aux privilèges à l'occasion du bicentenaire de la Révolution française) sur Antenne 2 qu'il avait été payé à ne rien faire à la Cour des comptes : « *Si je n'étais plus député, je redeviendrais conseiller référendaire à la Cour des comptes. Qu'est-ce que ça veut dire ? Ça veut dire que si je ne faisais absolument rien à la Cour des comptes, je continuerais à gagner 15 000 francs par mois (3 486 euros 2014) et 25 000 francs (5 810 euros), si je faisais des rapports, mais sans forcément en faire énormément. Je pourrais doser mon travail, rester chez moi quand je suis fatigué, aller à la Cour des comptes dans mon bureau pour passer des coups de téléphone… Bref, je serais totalement libre ! Je serais un vrai privilégié comme je l'étais avant d'être député.* » Le futur président multipliait les activités. Tout en étant à la Cour des Comptes, il a donné des cours magistraux d'économie à Sciences Po Paris de 1980 à 1991. Hors mandat parlementaire (il a été député de 1988 à 1993), la Cour lui a fourni un emploi fictif, légal et très agréable de 1980 à 1996, exactement pendant 9 ans. Et de novembre 1996 à juin 1997, il a été mis en disponibilité (à sa demande, c'est la règle) pour devenir avocat. Sa « mangeoire » à la Cour était devenue trop voyante, vu sa qualité de porte-parole du PS comme lui a vertement fait remarquer Pierre Joxe, président de la Cour des comptes depuis 1993. Il était « grillé » rue Cambon. Sa mise en disponibilité interrompait ses droits à l'avancement et à la retraite, mais il pouvait revenir à la Cour à tout moment ce qu'il n'a pas eu besoin de faire. La règle non écrite de la neutralité de la Cour des comptes se cache derrière une énorme hypocrisie. Un conseiller maître ou référendaire peut avoir une activité politique, mais elle doit rester discrète…

On ne peut pas dire que l'activité politique du conseiller référendaire François Hollande a vraiment été discrète de 1980 à 1996. Il a été successivement candidat PS aux législatives, de 1981, contre Jacques Chirac en Corrèze ; dans la foulée, chargé de mission officieux à la présidence de la République pendant 9 ans ; candidat aux municipales d'Ussel, en 1983 ; la même année et en 1984, directeur de cabinet de Max Gallo secrétaire d'État porte-parole du gouvernement puis de Roland Dumas, ministre des Affaires européennes (ce qui l'oblige tout de même à être placé en détachement de la Cour) ; retourne à la Cour en 1985 pour jouer discrètement au chroniqueur économique, au *Matin de Paris*, tout en continuant à donner des cours à Sciences Po Paris avant d'être élu pour la première fois député en 1988. Le meilleur exemple du caractère peu discret de ses activités politiques reste ses deux ans de collaboration au *Matin de Paris*, en 1985 et 1986, où il avait suivi Max Gallo, devenu directeur de la rédaction peu avant le naufrage du quotidien.

« *Normalement, après avoir garé en fin de matinée son scooter au bas de la rédaction, rue Hérold, ce type charmant, courtois et drôle, débarquait, tous les matins vers 9 heures et repartait le soir comme nous à 20 heures,* se souvient un journaliste du service économique du *Matin de Paris*, Étienne Gingembre. *Son bureau était juste à côté du mien. C'était un accroc du téléphone. En fait, il ne foutait rien. Alors de temps en temps on le charriait. On lui disait de nous lâcher les baskets et d'aller bosser à la Cour des comptes. Il nous répondait gentiment : "Je n'ai pas de travail à la Cour, ils ne me donnent rien à faire". Il déjeunait souvent avec nous et le chéri de ces dames disparaissait toujours l'après-midi pendant deux à trois heures, le temps peut-être d'aller traîner au siège du PS et à l'Élysée. On lui écrivait souvent ses tribunes libres et chroniques économiques qui paraissaient dans le* Matin. *Il doit en avoir écrit lui-même, deux ou trois. Pas plus, il n'avait pas le temps ! Mais François Hollande nous le rendait bien. Extrêmement bienveillant et sympathique, ce grand médiateur intervenait souvent à notre demande auprès de la direction pour arranger les choses en cas de conflit*[1]. » Aujourd'hui, placé en détachement pour remplir son mandat à la présidence de la République, François Hollande est toujours conseiller à la Cour des comptes.

Le fantôme de Mme Garaud et le conseiller Lambert-TGV

Autre flemmard bien connu, Pierre Moscovici qui avait rejoint la Cour, en 1984, à sa sortie de l'Ena et passait comme François Hollande plus de temps à faire campagne pour le PS que dans son bureau, rue Cambon. À la réélection de François Mitterrand en 1988, il a été promu « conseiller référendaire » et quitta rapidement la Cour, alternant des fonctions en détachement dans des cabinets ministériels, député européen et français, avant la consécration avec son poste de ministre des Affaires européennes de 1997 à 2002. Suite à la défaite de Jospin aux présidentielles et à son propre échec aux législatives, il retourna penaud à la Cour, y étant nommé tout de même conseiller maître. Mais une préoccupation l'habitait : se faire réélire. Mission accomplie deux ans plus tard, en 2004, lors des élections européennes. Aujourd'hui âgé de cinquante-sept ans, Pierre Moscovici peut toujours retourner à Cour, s'il redevient un blessé du suffrage universel, sans poste ministériel ni mandat de député. Comme son ami François Hollande, il a appartenu à la catégorie des conseillers qui ne mettent jamais les pieds à la Cour. Une espèce peu montrée du doigt, mais qui a la vie dure… Ces juges paresseux, cyniques ou fatigués survivent encore aujourd'hui à la Cour grâce

1. Entretien avec l'auteur, le 22 septembre 2015.

à la loi et au silence complice de ce corps de magistrats qui vit en autarcie presque totale. Un comble pour des juges administratifs qui ne cessent de mettre leur nez dans la gestion des ministères, des administrations, des collectivités locales et des entreprises publiques en stigmatisant notamment l'absentéisme de certaines catégories de fonctionnaires.

Marie-France Garaud, l'ancienne éminence grise de Georges Pompidou, puis de Jacques Chirac, faisait partie de ces tire-au-flanc absolument débordés. Depuis son arrivée à la tête de la juridiction en 1993, Pierre Joxe n'avait jamais vu cette dame nommée conseillère référendaire, en 1974, au tour extérieur par le président par intérim Alain Poher, juste après la mort de Georges Pompidou. Accaparée par de multiples activités politiques, elle ne mettait jamais les pieds dans son bureau, rue Cambon, sauf une fois par mois pour relever son courrier. Aussi, en 1997, Pierre Joxe excédé décida d'installer dans son bureau deux conseillers en mal de local pour travailler. Prévenue, la conseillère référendaire y a accouru pour faire un scandale. Mais Pierre Joxe n'a pas cédé. Les usages plaidaient pour lui. Seul un conseiller maître a droit à un bureau pour lui tout seul. Résultat : l'ancienne conseillère de Chirac n'est plus revenue ni dans son bureau ni à la Cour. Cela ne l'a nullement empêchée d'être nommée au grade supérieur de conseillère maître en 1998. L'année suivante, à l'âge de soixante-cinq ans, elle partait à la retraite en tant que conseillère maître honoraire. On ne la voit pas plus, rue Cambon, maintenant que du temps de ses fonctions.

Autre cas extraordinaire : le notaire de profession, Alain Lambert, ancien ministre du Budget (2002-2004) et sénateur de l'Orne (1992 à 2002 et de 2004 à 2010). Peu avant de faire son pot de départ de la Cour le 30 juin 2015 (ayant atteint la limite d'âge de soixante-neuf ans), le président du conseil général de l'Orne nous a expliqué qu'il avait atterri rue Cambon pour occuper son bureau au maximum, au risque de déplaire : « *J'ai demandé à Nicolas Sarkozy de me nommer conseiller maître à la Cour des comptes, ce qu'il a fait le 18 octobre 2010. Je ne voulais pas rester au Sénat parce je n'avais pas réussi, en 2008, à être élu président de cette assemblée. Siéger dans cet hémicycle, où j'avais été président de la Commission des finances pendant 3 ans ne présentait plus d'intérêt pour moi. Comme j'avais été également ministre du Budget et de la Réforme budgétaire, j'avais donc préparé la loi de finances après l'avoir voté en tant que sénateur, il ne manquait plus que le troisième maillon de la chaîne. C'est-à-dire le contrôle à la Cour des comptes de l'application de la loi par le gouvernement. Je ne suis pas énarque, comme 95 % des conseillers de cette maison, mais je suis tout aussi compétent et sans doute plus qu'eux pour traiter les dossiers budgétaires. De Paris, gare Montparnasse, à Alençon en TGV, via Le Mans, c'est 2 h 30 de trajet, plus une demi-heure de métro ou deux heures et demie de voiture avec chauffeur, c'est rapide et je signe des parapheurs pendant le voyage*[1]. »

Seulement, il y avait un hic, dont Alain Lambert n'a pas voulu nous parler clairement. Nommé par le roi républicain à un grade de conseiller maître qui lui permettait d'avoir un bureau pour lui tout seul à la Cour, l'ancien ministre venait prendre ses quartiers rue Cambon, toujours accompagné d'une ou d'un assistant attaché et payé par la présidence du conseil général de l'Orne. Scandale à la Cour, où aucun de ces moines bénédictins « revendiqués » ne dispose d'une secrétaire à l'exception du premier président, des 7 présidents de chambre et du secrétaire général. Certes, l'ancien maire d'Alençon était depuis 2007 président du conseil général de l'Orne et cette fonction n'était pas incompatible, stricto sensu, avec sa mission à la Cour des comptes,

1. Entretien avec l'auteur le 2 juin 2015.

contrairement à un mandat de parlementaire. Mais, visiblement, tout le monde à la Cour voulait qu'il démissionne. Question de simple éthique, dit-on, son devoir de réserve propre à tout fonctionnaire lui imposait de démissionner. Les mêmes donneurs de leçons affirment péremptoirement que l'espèce des tricheurs, tire-au-flanc et paresseux, a disparu de la Cour depuis l'arrivée de Didier Migaud à la tête de la juridiction. Voire ? Or, Alain Lambert avait droit légalement à une décharge à 90 % de son temps de travail à la Cour pour occuper ses fonctions à la tête du département de l'Orne, tout en étant payé à plein temps. Malgré les efforts pour le faire démissionner, Didier Migaud n'a pu que le priver de certaines primes avec son accord. Passionné par ses missions à la Cour, le stakhanoviste Alain Lambert y a travaillé en réalité plus qu'à mi-temps. Curieusement, il a été montré du doigt par ses pairs, alors que la rumeur de la Cour ne fait jamais allusion à ceux qui ne viennent jamais ou rarement à leur bureau, tant les conseillers ont horreur de se faire remarquer et craignent de voir les projecteurs des journalistes se braquer sur leurs collègues flemmards, dont on ne parle jamais.

Deux autres conseillers ont plus que largement profité de la Cour des comptes pour faire de la politique. Député européen pendant 18 ans et connu pour son assiduité au parlement de Strasbourg, Jean-Louis Bourlanges est revenu à la Cour en 2007 après avoir démissionné de son mandat à Bruxelles. L'année suivante, ce vice-président de l'UDF et ancien compagnon de route de François Bayrou a été promu au grade de conseiller maître. En 2011, il a été admis en retraite, mais maintenu en activité jusqu'en 2015, à l'âge légal de soixante-neuf ans. Pendant toutes ces années, il a été éditorialiste pour divers journaux et magazines, notamment sur France Culture, où il participait régulièrement à l'émission politique *L'Esprit public*, le dimanche matin. Il a été élu, en 2010, président de l'institut du Centre, un laboratoire d'idées voulant représenter toutes les tendances du centrisme. Conseiller maître à la Cour des comptes, Axel Urgin, cinquante-cinq ans, multiplie les activités politiques sans le moindre complexe. Cet énarque et ancien d'HEC aux racines guadeloupéennes est secrétaire national du PS à la laïcité et à l'outre-mer, membre du Conseil national du PS, conseiller municipal de Créteil, 8e vice-président de la Communauté d'agglomération de la plaine centrale du Val-de-Marne (156 000 habitants), et président du SMITDUVM (Syndicat mixte intercommunal de traitement des déchets urbains du Val-de-Marne) qui regroupe 508 000 habitants, 18 communes et emploie plus de 700 salariés. Ancien dirigeant d'Europcar France (en disponibilité alors de la Cour), il est également professeur au Cnam (Conservatoire nationale aux arts et métiers). Comment cet ex-conseiller technique du Premier ministre Pierre Bérégovoy et directeur de cabinet de plusieurs secrétaires d'État PS à l'outre-mer arrive-t-il à concilier toutes ces activités avec ses fonctions importantes de conseiller maître à la Cour des comptes ? Mystère. Une chose est sûre : ce militant du PS partisan de la motion B (signé par Christian Paul, leader des frondeurs) au dernier congrès du PS à Poitiers est absolument débordé…

Les inspecteurs généraux des finances s'ennuient

À l'inverse de la Cour des comptes, où 40 % des 392 magistrats environ sont en détachement ou en disponibilité, 80,8 % des 204 inspecteurs généraux des finances membres du corps travaillent à l'extérieur du service de l'Inspection générale des finances (IGF). Selon le rapport 2014 de l'IGF, 39 inspecteurs généraux des finances travaillent effectivement au service à Bercy. Les 165 autres sont en détachement dans l'administration mais surtout en disponibilité dans le privé. Considérés comme les meilleurs, les plus intelligents et les plus vertueux, ces enfants chéris de la République ont abandonné l'État pour pantoufler dans la banque, les affaires et les multinationales du CAC-40, attirés par des rémunérations de nabab et l'exercice du pouvoir.

Ces 39 inspecteurs généraux des finances sont aidés par 42 inspecteurs des finances et 7 stagiaires. Ces 88 membres de l'IGF ont produit, en 2014, 198 rapports de toutes sortes. Ils ont donc rédigé 2,7 rapports par an contre 5,3 pour les 231 conseillers de la Cour des comptes. Ces inspecteurs généraux ont autorité à faire des contrôles sur pièces dans toutes les administrations et entreprises publiques. Une seule différence avec la Cour des comptes : ils se déplacent sur les lieux du contrôle. La chef de service, Marie-Christine Lepetit, dirige ce bras armé du ministre des Finances qui requiert son expertise, quand il hésite pour une décision. Une sorte de cabinet de consultants au service exclusif du patron de Bercy. Les futurs inspecteurs défroqués – qui dirigent aujourd'hui les principales sociétés du CAC 40 – et leurs collègues plus âgés, mais restés au service de l'État, sont logés à Bercy de manière spartiate dans le bâtiment Colbert aux septième et huitième étages. D'immenses couloirs gris, aveugles et désespérément vides, scandés tous les cinquante mètres par des portes coupe-feu, donnent sur leurs bureaux monastiques de 15 m^2. Pas un bruit, pas un éclat de voix, le silence est d'or. Ici, les fonctionnaires hauts sont sortis dans la botte de l'Ena, mais d'autres sont issus du concours interne réservé à la fonction publique ou encore du tour extérieur à la discrétion du chef de l'État. Au huitième étage, c'est la pouponnière sous la direction de Marie-Christine Lepetit : en compagnie d'une quarantaine d'inspecteurs des finances, les jeunes inspecteurs se préparent, pendant quatre années, à s'enfuir au plus vite vers les cabinets ministériels, une grande direction de l'administration et le privé. Au septième, c'est le cimetière des éléphants : les 39 vieux inspecteurs généraux, la cinquantaine épanouie ou à deux doigts de la retraite (issus pour la plupart du tour extérieur et du concours interne), attendent patiemment d'avoir soixante-cinq ou soixante-neuf ans pour s'en aller. Ces seniors sont trop âgés pour intéresser les grandes entreprises privées. À la cinquantaine, c'est fini pour eux.

Malgré une baisse du nombre d'inspecteurs généraux membres du corps (passés de 231 en 2007 à 204 en 2014-2015), ceux-ci sont encore trop nombreux au service de l'IGF à Bercy. Résultat : les 39 inspecteurs généraux du service de l'IGF (contre 41 en 2007) s'ennuient, absolument débordés dans leurs petites cellules monastiques qui leur servent de bureau. Issus de la haute fonction publique, où ils avaient le plus souvent secrétaire, bureau de standing, voiture avec chauffeur et quelquefois salle à manger privée, ces fonctionnaires hauts ont reçu leur bâton de maréchal en arrivant à l'IGF, en fin de carrière. Or, à l'instar des juges de la Cour des comptes, ils doivent tout faire eux-mêmes. C'est un choc quand ils arrivent… Au septième étage du bâtiment Colbert, ils ne disposent que d'une secrétaire – qui applique strictement les 35 heures réglementaires – pour trois ! Autant dire que les répondeurs ne chôment pas. En fait, ces seniors ne font rien ou presque, il n'y a pas à l'évidence assez de missions ou d'audits pour les occuper. Exactement comme les cinq généraux d'armée qui sont chargés d'inspecter toutes les composantes de l'armée française. À force d'être absolument débordés, ces grands commis de l'État multiplient les activités plus ou moins bénévoles à l'extérieur du ministère. Ils président notamment des organismes publics. Chacun s'occupe comme il peut.

À l'évidence, les inspecteurs généraux en poste à Bercy ne sont pas trop mal payés (jusqu'à 10 000 euros net par mois), mais les primes représentent la moitié de cette rémunération et disparaissent pour le calcul de leur retraite. Outre la rédaction de quelques rapports, ils ont en principe deux obligations. La première : encadrer les apprentis inspecteurs, dont ils surveillent le travail d'enquête sur pièces aux quatre coins de la France. Cette sorte de tutorat amène chacun d'entre eux à être responsable d'une zone géographique et d'un secteur thématique de contrôle comme la Défense, la Justice ou l'Équipement. La seconde obligation : assister à la réunion du Cogex (Comité des inspecteurs), qui rassemble tous les inspecteurs généraux les premiers lundi après-midi et mardi matin de chaque mois. En cas d'absences répétées ou systématiques, le patron de l'IGF n'a qu'une arme à sa disposition : diminuer les primes de l'intéressé. Le débat au Cogex obéit à deux règles, il est contradictoire et doit rester confidentiel. L'objet : les inspecteurs généraux présentent des notes ou rapports sur les points qui leur paraissent devoir être signalés au ministre ou aux administrations centrales concernées. Le Cogex fait naturellement le point sur les missions en cours ou en projet, en évitant notamment les dégâts collatéraux et les thématiques trop risquées politiquement. En effet, si les inspecteurs généraux sont inamovibles, le chef de service de l'IGF est nommé par décret en Conseil des ministres parmi les inspecteurs généraux des finances. Il est donc assis sur un siège éjectable. Il ou elle peut être viré(e) à tout moment par le président de la République, tout en gardant ses fonctions d'inspecteur général des finances.

Les ombres de Michel Rocard et de François Léotard

Sont fermement invités à assister à ces deux réunions du Cogex ceux qui ne viennent jamais occuper leur bureau ou très rarement. Le meilleur exemple remonte au début des années 1990 : l'ancien Premier ministre Michel Rocard y venait en principe le lundi après-midi ou le mardi matin. Il n'utilisait jamais son bureau à Bercy, car il en possédait un autre avec une secrétaire dans Paris.

C'était un retour de plus de trente ans en arrière pour Michel Rocard. À l'issue de sa scolarité à l'Ena, il avait choisi, en 1958, l'IGF, y avait suivi les quatre terribles années de « tournée » (l'apprentissage), avant d'être détaché, en 1963, à la direction du Trésor au ministère des Finances. En 1967, il avait été mis en disponibilité pour occuper ses nouvelles fonctions de secrétaire national du PSU et, deux ans plus tard, en 1969, en détachement comme député PSU des Yvelines. Mais, battu aux législatives de 1973, il s'est retrouvé sans mandat et sans ressources. Aussi, il est retourné au service de l'IGF à Bercy, tout en donnant des cours au Cnam. À partir de 1981, il était à nouveau placé en détachement comme député, puis nommé plusieurs fois ministre, et enfin Premier ministre en 1988. Trois ans plus tard, le 15 mai 1991, François Mitterrand le congédiait brutalement et six mois après, en novembre, Michel Rocard retournait pour la deuxième fois travailler à l'IGF à Bercy.

Le retour à la « maison » IGF d'un ancien Premier ministre ne s'était jamais produit et s'annonçait comme un véritable casse-tête. Mais tout s'est très bien passé… Retrouvant plusieurs de ses anciens collègues, il les tutoyait comme avant et s'est montré charmant avec tous. Le patron à l'époque de l'IGF, Pierre Gisserot, a mis les petits plats dans les grands. Des plantes ont été installées dans le bureau du revenant. Au bout de plusieurs mois, le personnel découvrait que les plantes étaient mortes. Elles n'avaient jamais été arrosées, parce que Michel Rocard n'avait pas mis les pieds dans son bureau ! En fait, il participait au moins à une réunion mensuelle du Cogex. Sinon, il adressait un mot d'excuse à Pierre Gisserot. « *En fait, c'était quasiment impossible de faire travailler à l'inspection un ancien Premier ministre*, se souvient un inspecteur général honoraire qui veut rester anonyme. *Le patron de l'inspection n'osait rien lui demander. Cela dit, il nous a fait un exposé très instructif sur les différences de fonctionnement entre Matignon et le ministère des Finances à Bercy...* » À l'époque, Michel Rocard était très occupé à son poste de secrétaire national du PS. Il restera à l'IGF deux ans et demi jusqu'à sa mise à la retraite en 1994, après avoir été battu aux législatives de 1993 et avant d'être élu sénateur en 1995, puis député européen. Il n'aura pas pondu un seul rapport ni écrit une seule ligne durant son retour à Bercy.

François Léotard a fait encore plus fort que Michel Rocard. Ancien ministre de la Défense, de la Communication et président de l'UDF, cet énarque (promotion 1971) et administrateur civil avait travaillé uniquement dans la préfectorale et en cabinet avant d'être élu député en 1978 et réélu sans cesse depuis. La mort de son frère, l'acteur Philippe Léotard, un livre où deux journalistes l'accusaient sans la moindre preuve d'être l'un des deux commanditaires (avec Jean-Claude Gaudin) de l'assassinat de la députée Yann Piat, sa défaite en PACA face au PS aux régionales de 1998 et son triple pontage le poussent à cesser toute activité politique à la fin de l'année 1991. Une autre sale affaire lui collait aussi aux basques et il restait toujours mis en examen depuis que la justice a découvert un prêt de 5 millions de francs (762 000 euros) accordé, en 1996, par une banque italienne, le Fondo, au Parti républicain qu'il présidait. Une somme équivalente provenant de « fonds spéciaux », conservés par François Léotard après son passage à la tête du ministère de la Défense de 1993 à 1995, avait servi de caution pour ce prêt. Dans cette affaire, il a été condamné, le 16 février 2004, pour « blanchiment et financement illégal de parti politique ». Or François Léotard avait surtout peur d'être condamné à la privation de ses droits civiques et donc d'être radié du corps des fonctionnaires. Ce qui lui interdirait de toucher sa pension d'administrateur civil qui doit s'ajouter à celle d'ancien député.

Comme il l'a raconté à de nombreux journalistes, à l'hiver 2001, l'ancien député-maire de Fréjus (Var) a rendu visite au président de la République, Jacques Chirac, son vieil ennemi avec qui il avait renoué depuis quelques années. Ce jour-là, l'ex-ministre de la Défense a avoué à son ancien adversaire qu'il voulait arrêter la politique. Il avait cinquante-huit ans. Au bout de quelques minutes, le Président lui proposait de terminer en beauté son parcours de fonctionnaire comme inspecteur général des finances, en échange de sa démission de son mandat de député de la cinquième circonscription du Var sur laquelle lorgnait le maire UMP de Saint-Raphaël, Georges Ginesta. François Léotard ne pouvait refuser un salaire mensuel de 9 000 euros net, lui qui, pour le calcul de sa retraite de fonctionnaire, n'avait à l'époque qu'un salaire d'administrateur civil de 2e classe, soit le grade le plus bas de ce corps de hauts fonctionnaires. Bonne pioche : un inspecteur général des finances en matière de salaire brut (sans les primes), seul pris en compte pour le calcul de la retraite, gagnait à l'époque 2 000 euros de plus environ qu'un administrateur civil de 2e classe. Aussitôt dit, aussitôt fait, le 21 décembre 2001, avec un décret signé par le président de la République. Cinq jours plus tard, François Léotard démissionnait de l'Assemblée nationale.

Contacté par la présidence de la République comme le veut la loi, l'IGF ne s'est pas du tout opposée à cette nomination, alors qu'elle connaissait parfaitement les menaces judiciaires qui pesaient sur François Léotard. À son arrivée à Bercy, ce dernier n'a pas été très bien accueilli, puisqu'il a été nommé en résidence à Paris, alors qu'il habitait toujours Fréjus. Certes, l'ancien ministre de la Défense avait déjà un pied-à-terre à Paris, mais il dû payer lui-même tous ses allers-retours en avion entre Nice et Paris. À la même époque, un préfet hors cadre domicilié à Lyon, Thierry Kaeppelin, a été nommé « inspecteur général des finances en service extraordinaire » (pour 5 ans), mais « en résidence à Lyon », ce qui lui a permis de se faire rembourser tous ses billets de TGV. « *Pendant ses 21 mois de fonction à l'IGF,*

François Léotard a été beaucoup plus assidu que Michel Rocard, se rappelle un inspecteur général. *Il venait une ou deux fois par semaine et déjeunait de temps en temps avec nous. Pour moi, il n'a fait qu'une seule mission, en Allemagne, qui a donné lieu à un rapport.* » François Léotard est parti à la retraite, le 1er septembre 2003, aussi discrètement qu'il était arrivé à l'IGF, notamment sans faire de pot de départ comme le veut la tradition. Ces 21 mois de fonction à Bercy lui permettent d'empocher une retraite mensuelle de l'ordre de 4 700 euros brut et non de 7 000 euros brut comme ses collègues ayant toutes leurs annuités de cotisations. Explication : l'ancien ministre de la Défense n'avait au compteur qu'un peu plus d'une trentaine d'années de cotisation pour sa retraite. Mais, ces 4 700 euros brut s'ajoutent à ses 4 672 euros brut mensuels versés également par l'État pour ses trois mandats de député, ce qui donne près de 9 400 euros brut mensuels. Ces pensions ne représentent aujourd'hui qu'une toute petite partie des revenus de François Léotard. Un exemple : il est conseiller contractuel en assistance commercial, depuis février 2005, de l'entreprise varoise Pizzorno et fait également partie du conseil d'administration de ce groupe. Coût de ses prestations commerciales, 12 000 euros brut mensuels, sans compter ses 10 000 euros par an de jetons de présence que lui accorde cette entreprise spécialisée dans le ramassage et le traitement des ordures ménagères.

Les inspecteurs fantômes qui font de la politique

Sur les 39 inspecteurs généraux des finances au service de l'IGN à Bercy, deux d'entre eux, Bertrand Brassens, soixante et un ans, et François Asselineau, cinquante-huit ans, sont devenus absolument débordés à force de vouloir mener une carrière politique tambour battant. Le premier l'est moins, car il a perdu, en 2014, son mandat de conseiller général de Compiègne-Sud-Est, aux élections départementales, dans le nouveau canton de Compiègne-2. Ce père de cinq enfants et fils du colonel Michel Brassens (fondateur à Compiègne du club giscardien Perspectives et Réalités) était arrivé en troisième position derrière le candidat du Front national et celui de l'UMP qui a gagné au 2e tour. Élu dans le canton de Compiègne-Sud-Est de 2001 à 2014 (au 1er tour en 2008), ce militant socialiste depuis l'âge de vingt et un ans était devenu le grand argentier du département de l'Oise, en tant que président de la Commission des finances du conseil général à Beauvais. Ce qui dans un département comme l'Oise (plus de 800 000 habitants) représente un boulot à plein temps. Bien sûr en tant que fonctionnaire, Bertrand Brassens avait droit à une délégation à temps partiel pour exercer son mandat politique et sans perte de salaire. Mais il n'en a rien fait, cumulant son mandat politique et ses fonctions à Bercy. Les employés de l'IGF poussent aujourd'hui un soupir de soulagement après sa défaite aux départementales de l'Oise. Auparavant, cet inspecteur général des finances laissait très souvent devant la porte de son bureau de Bercy d'énormes liasses de papier à jeter avec l'en-tête du conseil général de l'Oise. On lui doit quand même quelques rapports faits en collaboration avec l'Igas (l'Inspection générale des affaires sociales).

Ancien conseiller technique dans les cabinets ministériels de Roland Dumas, Catherine Lalumière et Élisabeth Guigou, ce diplômé de Sciences Po Paris et licencié en droit n'était au départ qu'un attaché principal d'administration centrale à la DGI (Direction générale des impôts). Nommé au tour extérieur inspecteur des finances de 2e classe en 1991 par François Mitterrand, cet ex-secrétaire général des Jeunesses socialistes dans l'Hexagone est devenu inspecteur général des finances sur décision du Premier ministre Lionel Jospin, en 2001. À l'IGF, il n'a pas retrouvé son « modèle », l'inspecteur général des finances Philippe

Marini, maire RPR de Compiègne, qui avait quitté définitivement Bercy, en 1992, pour être détaché comme sénateur de l'Oise. En effet, il avait connu ce dernier, à partir de 1983, en tant que conseiller municipal PS de Compiègne. Bertrand Brassens n'a cessé de caresser le rêve de devenir député dans l'Oise ou maire de Compiègne (il avait mis Philippe Marini en ballotage aux municipales de 1995 à Compiègne). Problème : il était barré aux législatives à Compiègne, car la circonscription était réservée à une femme, Laurence Rossignol, battue en 1997, 2002 et 2007, mais devenue sénatrice en 2011. Furieux de ne pas avoir été désigné comme candidat par le PS en 2012, il s'était présenté aux législatives en candidat dissident et avait pris une belle veste avec 11,44 % des suffrages. Après cette défaite, puis une seconde aux départementales de 2015, cet inspecteur général des finances ne laisse plus de piles de papier devant son bureau et assiste souvent aux réunions du Cogex. Sa carrière politique semblant très compromise, il lui reste, d'ici la retraite, 8 ans à ne pas être absolument débordé au septième étage du bâtiment Colbert à l'IGF. Mais, il va sûrement s'ennuyer… Un décret du 20 juillet 2015 l'a nommé membre titulaire de la Commission nationale d'aménagement cinématographique, en tant qu'inspecteur général des finances.

François Asselineau n'a pas lui été nommé à l'IGF en raison de sa couleur politique, bien au contraire… Diplômé d'HEC et sorti deuxième de l'Ena en 1985, ce passionné d'Asie et d'Océanie (il parle le japonais couramment) a choisi l'Inspection générale des finances qu'il a quittée en détachement pour être conseiller ou directeur de cabinet dans les gouvernements Balladur et Juppé. Après la dissolution de 1997, il s'est vu obligé de revenir à la maison IGF. Deux ans plus tard, il a adhéré au RPF (Rassemblement pour la France), le parti de Charles Pasqua qu'il suit comme directeur de son cabinet à la présidence du conseil général des Hauts-de-Seine. Membre du bureau national, directeur des études et porte-parole de ce parti, ce fort en thème écrivait dans plusieurs revues tout en ayant été nommé, en 2004, directeur délégué à l'intelligence économique en détachement. Puis, trois ans plus tard, il est revenu au service de l'IGF à Bercy, créant à cette époque l'Union populaire républicaine (UPR), dont le but essentiel est de faire sortir la France de l'Europe, source de tous nos maux. À partir de cette année 2007, François Asselineau est un intouchable au service de l'IGF, où depuis il n'a mis les pieds que très rarement. Ainsi, on ne l'a plus vu aux réunions du Cogex. Marié et père de deux enfants, Dominique Asselineau sera à la retraite d'ici une dizaine d'années. Pour l'instant, ce fonctionnaire haut absolument débordé est rémunéré un peu moins de 9 000 euros net par mois. Difficile pour la chef du service de l'IGF, Marie-Christine Lepetit, de confier une mission à un anti-européen et anti-américain aussi fanatique…

Le Conseil d'État n'aime pas les flemmards

Nettement moins agréables qu'à l'IGF ou à la Cour des comptes, les conditions de travail au Conseil d'État incitent ses membres à fuir leurs locaux du Palais-Royal. Les 232 conseillers d'État, maîtres des requêtes et auditeurs en service (sans prendre en compte les 118 autres en détachement dans l'administration, au gouvernement, au parlement comme élu ou en disponibilité dans le privé) sont quasiment tous censés travailler à la bibliothèque de l'institution ou chez eux. Explication : seul le vice-président du Conseil d'État (le président étant théoriquement le Premier ministre) et les six présidents de section ont droit à un bureau et à une voiture de fonction avec chauffeur. Rien ne pousse leurs 225 subordonnés à devenir des stakhanovistes pour un traitement de 6 000 à 10 000 euros net par mois. Leur première mission : aidés de 390 autres fonctionnaires, ces sortes de moines bénédictins (inamovibles en fait) donnent des avis au gouvernement, en fait le conseillent notamment avant le dépôt au parlement d'un projet de loi ou la publication d'une ordonnance ou d'un décret. Deuxième mission : ils tranchent en ultime recours les litiges liés à l'administration de l'État, territoriale ou hospitalière. Une double fonction qui doit éviter les multiples conflits d'intérêts entre le rôle de conseil de l'État et de juge de ce même État.

Les flemmards ou tire-au-flanc sont plutôt mal accueillis au Conseil d'État qui croule sous le boulot, les contentieux avec l'État se multipliant inexorablement. Rien qu'en 2014, le nombre d'affaires jugées par cette cour suprême en matière administrative a battu tous les records avec un total de 12 252 arrêts. Ce qui représente une augmentation de 26,5 % et 18 % respectivement par rapport à 2013 et 2009 ! Durant la même année 2014, cette juridiction a rédigé 1 160 avis pour le gouvernement, soit une hausse respective de 16 % et 21 % par rapport à 2013 et 2009. Pendant ces six années, les membres du Conseil d'État ont vu leurs effectifs grossir de 8 % passant de 322 à 350. Les détachements et mises en disponibilité ont grimpé eux à la même époque de 109 à 118, soit une augmentation de 7 %. En un mot, les effectifs du Conseil ont à peine augmenté en six ans, alors que le nombre d'affaires jugées et d'avis au gouvernement a lui explosé. Chacun des membres du Conseil ploie de plus en plus sous la charge de travail. Les chiffres le prouvent à l'évidence. En 2014, entre les arrêts et les avis pour le gouvernement, le Conseil d'État a produit un total de 13 412 documents. Chacun des 232 membres actifs du Conseil a rédigé donc plus de 57 de ces mêmes documents, soit un peu plus d'un par semaine. Les cadences du Conseil d'État apparaissent infernales comparé au rendement de chacun des 231 conseillers à la Cour des comptes et des 39 inspecteurs généraux des finances. On l'a vu, en 2014, les premiers ont pondu chacun 5,3 rapports, et les seconds 2,7. Sans commentaires…

Pour échapper à ces cadences infernales, les flemmards et tire-au-flanc du Conseil d'État n'ont que deux solutions. La première consiste à essayer de se faire oublier en ne mettant plus les pieds au Palais-Royal. Une stratégie assez difficile à appliquer face à la fermeté courtoise, mais inébranlable, des patrons du Conseil d'État. Contrairement aux mauvaises habitudes de la Cour des comptes, de l'IGF et de la quasi-totalité des services d'inspection ou de contrôle de l'Hexagone, le Conseil d'État tolère très rarement les paresseux et ceux de ses membres qui multiplient occupations ou titres. Tout simplement parce que sa surcharge s'alourdit sans cesse proportionnellement aux contentieux avec l'administration qui augmentent de manière exponentielle. C'est pourquoi les bosseurs bénéficient d'une rémunération en large partie « au mérite » : leurs 40 % de primes dépendent beaucoup du nombre et de la difficulté des dossiers traités. La seconde solution, pantouflage ou voie de garage, reste la meilleure alternative pour les grands paresseux. Qui fixe les règles de ces « pantouflages » dans toute la fonction publique ? Le Conseil d'État, la femme de César étant au-dessus de tout soupçon… Le scandale de ces mises à disposition dans le privé et détachements dans l'administration, au gouvernement ou à l'Élysée, n'est pas un secret. Premier rouage de l'institution du Palais-Royal, les maîtres de requêtes en activité au service diminuent d'année en année. En 2014, ils étaient 64 seulement contre 55 en service à l'extérieur.

118 membres de l'institution travaillent aujourd'hui à l'extérieur du Palais-Royal, les trois-quarts sont détachés dans l'administration et un quart en disponibilité dans le privé. Des absences qui ne peuvent excéder 6 ans en détachement et 10 ans en disponibilité (l'État ne les paye plus, mais ils gardent ancienneté et avancement) sans retour à la maison mère, avant un

nouveau départ. Au passage, ce grand corps y gagne une stratégie d'influence dans l'administration comme dans les multinationales du CAC-40. Besoin d'un chargé de mission pour un ministre ? D'un conseiller technique ? D'un ministre ? D'un Pdg pour Radio France ? D'un président pour l'Opéra de Paris, le château de Versailles ou le Conseil de la concurrence en passant par le secrétariat général du gouvernement et celui du Conseil constitutionnel ? D'un secrétaire général pour Total, la BNP ou de gros cabinets d'avocats ? Passez commande ! Dans la journée, un maître des requêtes ou un conseiller d'État peut ainsi être aux ordres. Et souvent plus rapidement que ses collègues de l'IGF ou de la Cour des comptes. Le plus scandaleux : de nombreux conseillers d'État et maîtres des requêtes sont en disponibilité, le plus légalement du monde, dans les plus gros cabinets d'avocats parisiens accrédités au Conseil d'État et à la Cour de cassation. Pas question d'y chercher le moindre conflit d'intérêts. C'est une pratique curieusement légale…

Un petit tour pour Érik Orsenna et Régis Debray

Initiée sous François Mitterrand, l'évolution du tour extérieur vers une politisation accrue a permis à de nouvelles catégories d'individus d'atterrir au Palais-Royal, sans la moindre formation juridique ou expérience des tribunaux administratifs. Les 232 membres du Conseil d'État en activité au Palais-Royal ne sont pas tous sortis dans les 15 premiers de l'Ena, la « botte » ou voie impériale pour le Conseil d'État, où débutent chaque année 6 ou 7 auditeurs. Au grade suivant, 3 maîtres des requêtes sur 4 sont des anciens auditeurs et le quatrième est nommé au tour extérieur de manière totalement discrétionnaire par le président de la République. Au dernier grade, celui de conseiller d'État, 3 sur 4 également sont d'ex-maîtres des requêtes et le quatrième est désigné au tour extérieur. Ce recrutement monarchique à 25 %

permet de repêcher les recalés de l'Ena, de récupérer les compétences très utiles des juges de tribunaux administratifs et offre sur un plateau une belle situation aux amis du prince qui ont quelquefois perdu la leur. Pour devenir ainsi maître des requêtes d'un coup de baguette magique, il faut avoir 30 ans, mais 15 de plus pour être parachuté conseiller d'État. Aucune autre obligation pour ces heureux élus, sauf pour ceux issus de la fonction publique qui doivent avoir 10 ans d'ancienneté au minimum. Ce privilège régalien récompense ou console aussi les « amis » du président de la République et du parti majoritaire. Ou encore, ce sont des avocats que les joies du barreau n'amusent plus ou des médecins que la vue d'un malade plonge dans un état dépressif. Ils ne sont pas d'une grande utilité, d'autant plus qu'il faut compter des années pour s'habituer à l'institution. Ces hauts fonctionnaires quittent le plus souvent le Conseil d'État au bout de 2 ou 3 ans ou se font mettre en disponibilité ou détachement avant de revenir polluer la vie de leurs collègues ou de démissionner. Ces rentiers absolument débordés y ont gagné une carte de visite supplémentaire et une assurance chômage. Les tâches qu'ils ne peuvent ou ne veulent pas exécuter incombent à leurs collègues qui se trouvent écrasés sous une avalanche de dossiers de plus en plus nombreux. Ambiance…

La liste est longue de ceux dont, à tort ou à raison, les nominations ont défrayé la chronique, d'Érik Orsenna à Régis Debray et Paule Dayan, de Jean Lecanuet à Jean-François Mattei et Jeannette Bougrab, en passant par les chiraquiennes Isabelle Lemesle, ex-présidente des Monuments de Paris, et Christine Albanel, plume de l'ancien président, Camille Pascal, conseiller médias du président Nicolas Sarkozy, Hugues Gall, ex-directeur de l'Opéra de Paris, Pierre Zémor, consultant en communication rocardien, l'avocat Arno Klarsfeld ou les journalistes Philippe Boucher et Guy Thomas. Parmi ces nominations, certaines sont plus emblématiques. Accueillant Érik Orsenna (Érik Arnoult de son vrai nom), écrivain et ancien conseiller culturel de François Mitterrand à l'Élysée, nommé maître des requêtes en décembre 1985, Marceau Long, vice-président du Conseil d'État, lui avait conseillé, en 1987, de rester chez lui et d'écrire des romans. Ce que l'intéressé a fait avec obéissance et célérité. Élu à l'Académie française en 1998, Érik Orsenna a publié 10 romans et ouvrages pendant ses 15 années d'activité au Conseil d'État de 1985 à 2000. Parmi ces livres : *L'Exposition coloniale*[1] et *Le Conseil d'État : juger, conseiller, servir*[2]. En 2000, il était élevé au grade de conseiller d'État et s'était aussitôt fait mettre en disponibilité pour convenances personnelles, avant de prendre sa retraite de l'institution du Palais-Royal, le 3 juillet 2009, à l'âge de soixante-deux ans. Ce type de mises en disponibilité de 9 ans est tout fait légal, puisqu'un décret précise qu'elle ne peut dépasser 10 ans. Nous avons retrouvé uniquement la trace de deux missions effectuées par Érik Arnoult au Conseil d'État, les 23 juin 1986 et 20 novembre 1996. Il agissait comme rapporteur à la section du contentieux, lors de deux arrêts rendus par une sous-section, comme le précise le site Juricaf[3] réalisé en partenariat par l'Association des cours judiciaires suprêmes francophones et l'université Paris I.

Durant ses fonctions de maître des requêtes au Conseil d'État de 1985 à 1988, Régis Debray a lui publié un seul ouvrage *Comète ma comète*[4]. Le jour de sa nomination au Palais-Royal il avait quitté son poste à l'Élysée de chargé de mission aux Relations internationales et celui de secrétaire général du Conseil du Pacifique Sud. Le cas Régis Debray montre le grand

1. Le Seuil, prix Goncourt 1988.
2. Gallimard, 1999.
3. Toutes les statistiques publiées ici à propos des fonctions de rapporteur au Conseil d'État proviennent de cette source.
4. Gallimard, 1986.

professionnalisme des patrons du Conseil d'État. Ancien compagnon de route de Che Guevara, écrivain et universitaire, Régis Debray a essayé de remplir sa fonction de rapporteur à la section du contentieux. Au début de chaque audience des dix sous-sections du contentieux, le rapporteur rappelle l'affaire, la jurisprudence en la matière et les grandes dates de l'instruction du dossier. Ce travail d'exécution relativement simple revient en priorité aux nouveaux maîtres des requêtes et conseillers d'État issus du tour extérieur, qui ne connaissent pas grand-chose au droit administratif. Ils sont censés s'y faire les dents… Une mission que Régis Debray qualifia de « *tâche manuelle estimable, mais d'un intérêt intellectuel limité* » dans la lettre qu'il a envoyée au vice-président du Conseil d'État, Marceau Long pour lui signifier, en 1992, sa démission. Il ne supportait pas de « *sacrifier ses convictions à son confort* », c'est-à-dire de « *voir rendus des arrêts parfois contraires à ce que l'on pense* ». De 1985 à 1988, le maître des requêtes Régis Debray a participé comme rapporteur à quatre arrêts rendus par la section du contentieux, trois le 16 octobre 1987 et un le 3 juillet précédent. Il est donc allé deux fois au Conseil d'État en trois ans pour faire son travail de rapporteur ! De 1988 à 1992, l'ancien conseiller du président de la République François Mitterrand avait demandé fort honnêtement à être placé en disposition pour convenances personnelles. N'ayant ensuite plus donné signe de vie, considéré comme démissionnaire, il a été radié définitivement des cadres du Conseil d'État, le 7 juin 1993.

Les cancres : Paule Dayan et Pierre Zémor

« *C'est la fille de mon meilleur ami, je vous demande de le comprendre* », c'est ainsi que François Mitterrand s'adresse, en 1995, à Édouard Balladur pour lui recommander de nommer Paule Dayan au Conseil d'État, comme l'ancien Premier ministre le raconte dans le livre *Le pouvoir ne se partage pas : conversations avec François Mitterrand*[1]. Malgré l'avis défavorable donné à cette nomination par le vice-président du Conseil d'État, Marceau Long, cette ancienne chargée de mission sur les problèmes de justice à la présidence de la République et secrétaire générale du CSM (Conseil supérieur de la magistrature) est nommée conseiller d'État, le 7 avril 1995. Comme Régis Debray, elle a exercé les fonctions de rapporteur à la section du contentieux avant de prendre sa retraite, en 2008, à l'âge de soixante-cinq ans. Sur la période du 30 juillet 2003 au 18 décembre 2008, soit 66 mois, elle a été rapporteuse pour 64 arrêts rendus par la section du contentieux. Elle a donc participé à la production d'un peu moins d'un arrêt ou document par mois contre un peu plus de quatre par mois en moyenne, en 2014, pour les 233 membres du Conseil d'État en service actif. Mais, en dehors des cas exceptionnels de l'écrivain Orsenna et du révolutionnaire Debray, c'est un proche de Michel Rocard, le conseiller en communication Pierre Zémor qui a été le plus mauvais élève au Conseil d'État comme rapporteur à la section du contentieux. Nommé conseiller d'État le 29 juin 1988, ce diplômé de Sciences Po Paris et ingénieur de l'École spéciale des travaux publics a été rapporteur pour 20 arrêts rendus entre juillet 1989 et juillet 1995. Soit une moyenne de 3,3 arrêts par an ! À temps partiel en quelque sorte, car ce conseiller d'État (aujourd'hui honoraire) multipliait des activités très variées à l'intérieur et à l'extérieur du Conseil d'État. Pierre Zémor était absolument débordé… Contacté, l'intéressé nous a affirmé, sans nous fournir le moindre élément de preuve : « *Vos chiffres sont fantaisistes eu égard à la masse d'arrêts dont j'ai été rapporteur et membre de formations de jugement entre septembre 1988 et mars 2006* ». Nos chiffres, nous l'avons vu, sont publiés et consultables sur le site Juricaf.

1. Fayard, 2009.

Il y a aussi des conseillers d'État absolument débordés qui exercent le job de père en fils, mais très discrètement… Ainsi, l'énarque et fils de général, le conseiller d'État Bernard de Froment, est en disponibilité, depuis 2006, pour exercer des fonctions de conseil en droit public au sein du cabinet parisien Adamas Lawfirm, accrédité au Conseil d'État. En 2016, à l'âge de soixante-quatre ans, il devra choisir entre réintégrer le Conseil d'État pour y prendre rapidement sa retraite ou en démissionner pour poursuivre sa carrière d'avocat. L'institution du Palais-Royal lui a déjà permis de mener une belle carrière politique en détachement, comme député de Guéret, et en décharge de temps (tout en étant payé à 100 %), comme élu local dans la Creuse. De quoi être absolument débordé dans ses fonctions au Conseil d'État. En effet, la liste de ses mandats a de quoi donner le tournis… Il a été élu député RPR de la Creuse en 1993 (battu en 1997 et 2002), président du conseil général du même département de 1994 à 1998, conseiller régional du Limousin (1986-1992, puis 1998-2004), conseiller municipal de Gennevilliers (Hauts-de-Seine) de 1989 à 1993, également conseiller municipal de Bénévent-L'abbaye (Creuse) de 1983 à 1989, et maire de Saint-Fiel (Creuse) de 1995 à 2014. En 2007, sa fille Camille, journaliste, a tenté de lui succéder en Creuse comme député sous les couleurs du Modem, mais elle s'est pris une belle veste recueillant 10 % des voix. En revanche, son fils Jean-Baptiste de Froment, normalien et ancien professeur de philosophie à l'université de Nanterre, s'est retrouvé, à moins de trente ans, en 2007, à l'Élysée, en charge de l'Éducation et de la Jeunesse, puis de la Prospective et des Études d'opinions. Juste avant de quitter ses fonctions en mai 2012, Nicolas Sarkozy l'a nommé maître des requêtes au Conseil d'État en remerciement de services rendus. Deux ans plus tard, le fils de Froment était élu conseiller UMP de Paris dans le

IXe arrondissement. Équivalent à celui d'un conseiller départemental, ce seul mandat ne devait pas trop perturber ses activités parmi les sages du Palais-Royal. Pourtant depuis sa nomination au début 2012 jusqu'au 10 juillet 2015, soit en 38 mois, il n'a exercé que 84 fois ses fonctions de rapporteur à la section du contentieux. Ce qui représente une moyenne de 2,2 arrêts par mois à comparer avec plus d'un document ou arrêt produit chaque semaine en moyenne, en 2014, par les 232 membres actifs au Conseil d'État. Comme son père, Jean-Baptiste de Froment appartient à la caste des fonctionnaires hauts absolument débordés.

Ancienne professeur de français et « plume » de Jacques Chirac à la mairie de Paris, puis à Matignon et l'Élysée, Christine Albanel représente la catégorie des parachutés au Palais-Royal (par un président de la République) qui ont baissé les bras face à l'énormité du travail. Conseillère à l'Éducation et à la Culture à la présidence jusqu'en 2000, Jacques Chirac l'a nommée la même année conseillère d'État, alors qu'elle était encore conseillère régionale UMP en Île-de-France et responsable nationale au RPR. Le résultat : du 23 avril 2001 au 7 février 2003, Christine Albanel a assuré ses fonctions de rapporteur pour 63 arrêts rendus. Ne supportant visiblement pas ce rythme, elle a cessé alors toute activité au Conseil d'État pendant 5 mois avant que Jacques Chirac la nomme présidente du château de Versailles en détachement, le 7 juillet 2003. Dès lors, Christine Albanel a enchaîné les postes, en détachement comme ministre de la Culture et de la Communication de 2007 à 2009, en disponibilité comme directrice exécutive d'Orange depuis 2010. Agée aujourd'hui de cinquante-neuf ans, elle a le droit de rester en disponibilité chez Orange jusqu'en 2020. À l'âge de soixante-quatre ans, elle pourra ainsi partir à la retraite sans avoir à retourner travailler au Palais-Royal. Selon le dossier trimestriel du *Canard enchaîné*, consacré aux liens entre « fric et politique » (publié en octobre 2010), Christine Albanel a reconnu toucher environ 300 000 euros de rémunérations annuelles pour son poste de direction chez Orange. Cela n'empêchera pas cette sexagénaire d'empocher en plus une belle retraite du Conseil d'État, où elle n'aura travaillé réellement qu'un peu moins de deux ans...

Pas de cadences infernales pour Balladur

Deux anciens ministres, Jean-François Mattéi et Michel Barnier, ainsi que l'ancien Premier ministre, Édouard Balladur, n'ont pas non plus supporté les cadences de travail du Conseil d'État. Ces trois exemples montrent que l'institution du Palais-Royal (comme d'ailleurs la Cour des comptes et l'IGF) fait preuve de beaucoup moins de zèle pour faire travailler un ex-membre du gouvernement et a fortiori son ancien patron. Critiqué pour n'avoir soi-disant pas mesuré à temps la dimension de la canicule de l'été 2003 (15 000 morts), le ministre de la Santé Jean-François Mattéi n'a pas été reconduit dans ses fonctions l'année suivante dans le gouvernement Raffarin III. Quatre mois plus tard, le 21 juillet 2004, le président de la République Jacques Chirac le nommait, à titre de « dédommagement », conseiller d'État en service extraordinaire pour 5 ans. En fait, l'ancien ministre a été élu, le 19 décembre suivant, président de la Croix-Rouge (il sera réélu en 2009) et a consacré tout son temps à ce mandat très prenant. Nous n'avons retrouvé aucune trace de son activité au Conseil d'État. Après n'avoir pas renouvelé Michel Barnier comme ministre des Affaires étrangères dans le gouvernement Villepin en mai 2005, le président de la République l'a nommé, à titre de consolation, conseiller d'État le 15 septembre 2005. L'ancien commissaire européen et trois fois ministre s'est mis en disponibilité, cinq mois plus tard, pour devenir le jour même vice-président du groupe pharmaceutique Mérieux-Alliance. Deux ans après, il démissionnait de ce poste pour réintégrer le Conseil d'État, et était nommé aussitôt, le 28 juin 2007, ministre de l'Agriculture et de la Pêche en détachement. Même situation deux ans plus tard, Michel Barnier est élu député européen en décembre 2009, avant d'être réintégré, quatre mois plus tard, au Conseil d'État et désigné immédiatement en détachement, pour cinq ans, commissaire européen. À la fin de ce mandat bruxellois, le 7 novembre 2014, il a été réintégré au Conseil d'État. Malgré tous ses efforts pour être tête de liste des Républicains dans la région Rhône-Alpes-Auvergne en décembre 2015, il se retrouve depuis un an sans mandat politique pour la première fois. Âgé de soixante-quatre ans, ce partisan officiel du recul de l'âge de la retraite pourrait parfaitement demander au Conseil d'État de bénéficier de ses droits à pension. Mais ceux-ci ne courent pour l'instant que sur 10 ans… Certes, ce soutien de Bruno Lemaire, aux primaires du parti Les Républicains, peut déjà toucher ses confortables retraites d'ancien parlementaire, de commissaire européen et d'élu local d'un montant total de plus de 10 000 euros net mensuels. Enfin, nous n'avons retrouvé aucune trace de son activité sous les ors du Palais-Royal, comme son dernier livre *Se reposer ou être libre*[1] semble l'illustrer…

Édouard Balladur s'est beaucoup mieux débrouillé pour mener sa barque au Conseil d'État que Michel Barnier. Une chatte n'y retrouverait pas ses petits dans les allers et retours de l'ancien Premier ministre entre le Conseil d'État, la politique et les postes de Pdg de trois sociétés parapubliques. À sa sortie de l'Ena en 1957, il a choisi de travailler au Conseil d'État. En 1965, 1969, 1975 et 1976, ce maître des requêtes, puis conseiller d'État (à partir de 1984) a exercé ses fonctions de rapporteur à la

1. Gallimard, 2014.

section du contentieux. En quatre ans, il a ainsi participé à 35 formations de jugements ayant rendu autant d'arrêts. Soit au rythme plus que pépère de moins d'un arrêt par mois et presque 9 par an ! Entre détachements auprès de Georges Pompidou et mises en disponibilité dans 3 sociétés parapubliques, Édouard Balladur a accompli une sorte de service minimum avec l'accord bien sûr des plus hautes autorités du Palais-Royal. On ne pouvait pas lui reprocher de ne pas travailler au Conseil d'État en dehors de ses détachements au cabinet de Georges Pompidou Premier ministre (1965-1968) et président de la République (1969-1974). Après la mort de ce dernier le 2 avril 1974, le maître des requêtes Édouard Balladur a été bien obligé de quitter ses fonctions de secrétaire général de l'Élysée pour affronter les cadences infernales du Conseil d'État. Édouard Balladur a été rapporteur de la section du contentieux 14 fois en 1975 et 13 fois en 1976. Soit 27 arrêts sur 35 au total auxquels il a participé en 4 ans. Cette « surchauffe » et le refus du président de la République VGE de le recaser l'ont conduit à demander sa mise en détachement pour devenir Pdg de filiales de sociétés parapubliques en 1977 et 1980. Des responsabilités qu'il a abandonnées en 1986, étant élu député pour la première fois, puis nommé ministre.

Par ailleurs, le général de Gaulle avait nommé Édouard Balladur, en 1968, président de la société parapublique ATMB, qui exploite le tunnel du Mont-Blanc. Cette fonction étant considérée comme honorifique et toujours réservée à un proche du chef de l'État, il a pu conserver ce grand fromage de la République jusqu'en 1981, malgré son retour au Conseil d'État de 1974 à 1977. Durant ses 12 années à la tête de cette sinécure, il a empoché un salaire mensuel brut de 50 000 francs (soit 7 600 euros d'aujourd'hui), selon le n° 53 des dossiers du *Canard enchaîné* « Les Gaymard de la République » publié en 2006. Il bénéficiait alors de quelques petits privilèges : trois chambres à l'année gratuites à l'hôtel Majestic de Chamonix, une carte bancaire de la société, une voiture avec chauffeur et un appartement de fonction, dont il conservera la jouissance jusqu'en 1986 en tant que président honoraire. Alors pourquoi n'a-t-il pas démissionné du Conseil d'État ? Cette institution lui verse aujourd'hui une pension de 3 500 euros brut par mois qui s'ajoute à ses retraites mensuelles de 10 000 euros brut (versées par les trois sociétés parapubliques et publiques), de 4 000 et 2 000 euros en tant qu'ancien député et conseiller de Paris. Soit de près de 20 000 euros brut mensuels. Mais papy Balladur, âgé aujourd'hui de quatre-vingt-cinq ans, ne peut pas toucher sa retraite pleine de conseiller d'État. En effet, par souci d'économie, il s'était fait placer, en 1988, en préretraite du Conseil d'État à l'âge de cinquante-neuf ans. Sa retraite cumulait déjà 31 annuités sur 37,5 de cotisation au maximum. Sa retraite différée du Conseil d'État lui a permis de ne plus cotiser à la caisse de retraite de cette institution, alors qu'il cotisait déjà pour ses mandats politiques à d'autres caisses. Reste une question sans réponse : Édouard Balladur bénéficie-t-il d'une retraite en tant qu'ancien patron d'ATMB ?

Jeannette Bougrab : un strapontin à 7 000 euros

Maître des requêtes aujourd'hui en détachement à l'ambassade de France à Helsinki et symbole de la méritocratie républicaine, Jeannette Bougrab, quarante et un ans, a multiplié les activités et les revenus à l'image d'Édouard Balladur. Fille d'un harki ouvrier métallurgiste, cette spécialiste de droit public a fait de brillantes études à Orléans, puis à la Sorbonne et à Sciences Po. Militante de l'UMP depuis 2002, elle a été nommée au Conseil d'État, le 28 septembre 2007, par le président de la République Nicolas Sarkozy. Une défaite électorale est à l'origine de sa nomination. En effet, aux législatives de juin précédent, elle avait fait le plus mauvais score de la droite, depuis soixante ans, dans le quartier populaire parisien de Clignancourt et des Grandes Carrières du XVIIIe arrondissement. Mauvaise perdante, elle s'était déclarée déçue d'avoir été cantonnée par Nicolas Sarkozy à un rôle « *d'animateur de réunions communautaires* » dans une circonscription, dont elle avait obtenu l'investiture de haute lutte. Pour la remercier, le nouveau président de la République l'a nommée au Palais-Royal.

Six mois après sa nomination au Conseil d'État, la nouvelle maître des requêtes a commencé à y travailler. Ainsi, du 7 avril 2008 au 14 avril 2010, elle a assuré ses fonctions de rapporteur au service du contentieux dans 45 arrêts. Sur une période de 2 ans pile, cela représente un peu plus de 22 arrêts par an et un peu moins de 2 par mois. Ce rythme de sénateur s'expliquait sans doute par les multiples responsabilités qu'elle avait acceptées. Ainsi, le 21 janvier 2010, un décret du président de la République l'avait nommée présidente du conseil d'administration de l'Acse (Agence nationale pour la cohésion sociale et l'égalité des chances), dont elle démissionnera un an plus tard en février 2011. Puis, à la demande du président de la République, elle était nommée, le 7 juin suivant, présidente de la Halde (Haute Autorité de lutte contre les discriminations et pour l'égalité). À cette occasion, Jeannette Bougrab était placée en détachement du Conseil d'État. Le 23 juin 2010, *Le Canard enchaîné* avait écrit que la nouvelle présidente avait fait voter par le conseil d'administration de la Halde une délibération visant à plus que doubler son indemnité mensuelle, qui passait de 6 900 à quelque 14 000 euros. Le vendredi 13 mai 2011, Jeannette Bougrab perdait le procès en diffamation qu'elle avait engagé contre l'hebdomadaire pour ces affirmations. En effet la 17e chambre du tribunal correctionnel de Paris a jugé que l'enquête du *Canard* était « *sérieuse* » et reconnu que « *la fixation par la Halde même de la rémunération de sa présidente était surprenante* ». Jeannette Bougrab l'avait répété à l'audience : « *Je n'ai à aucun moment augmenté le traitement qui était le mien* ». Pour le tribunal, « *le chiffre livré par* Le Canard enchaîné *à ses lecteurs* [est] *tout sauf fantaisiste* ».

Six mois après avoir été catapultée à la tête de la Halde, Jeannette Bougrab était nommée, le 14 novembre 2010, secrétaire d'État en détachement chargée de la Jeunesse et de la Vie associative. Elle a quitté ce poste, en mai 2012, à l'arrivée de la gauche au pouvoir, mais n'a pas du tout eu envie de retrouver les cadences infernales au Conseil d'État. Le 16 novembre 2012, elle y retournait mais pour demander aussitôt sa mise en disponibilité. Le 19 décembre suivant, elle prêtait serment aux côtés de Claude Guéant, l'ancien secrétaire général de l'Élysée, pour devenir avocate et entrer comme collaboratrice dans la succursale parisienne du gros cabinet américain Mayer-Brown, accrédité auprès du Conseil d'État. Elle y a dirigé pendant un an et demi une équipe chargée de « *conseiller les entreprises face aux nouvelles contraintes juridiques liées à la lutte anticorruption* ». En avril 2014, elle abandonnait la profession d'avocate, ayant été désavouée par le conseil de l'ordre, suite à une polémique d'ordre professionnelle. Courant 2013, la maître des requêtes avait rejoint en tant que chroniqueuse le *Grand Journal* de Canal + présenté à l'époque par Antoine de Caunes. Suite à son abandon de la profession d'avocate, elle était réintégrée, à sa demande, au Conseil d'État, le 11 juillet 2014. Jusqu'au 7 août 2015, date de sa mise en détachement pour diriger le service culturel de l'ambassade de France en Finlande, Jeannette Bougrab n'a repris son métier de rapporteur au service du contentieux qu'une seule fois, le 17 juin 2015 pour un arrêt rendu par les 9e et 10e sous-sections réunies. Au courant de l'année 2014, elle a réalisé un documentaire pour Canal +. Depuis le début de l'année 2015, elle avait fait l'objet de violentes critiques après l'attentat contre *Charlie Hebdo*. Elle s'était alors présentée sur BFM TV comme la compagne du dessinateur Charb, assassiné lors de l'attaque. Cette relation avait été formellement démentie par la famille de Charb. Depuis, un garde du corps ne lâche plus d'une semelle l'ancienne secrétaire d'État.

Autre figure médiatique très parisienne, l'avocat Arno Klarsfeld, cinquante ans, a été nommé conseiller d'État au tour extérieur, lors du Conseil des ministres du 27 octobre 2010. Très discret à propos de ses occupations dans cette institution, ce proche du président de la République Nicolas Sarkozy y a exercé ses fonctions de rapporteur à la section du contentieux de février 2011 à février 2015 pour le moment. Pendant ces 5 années, il a participé en tant que rapporteur à 42 arrêts rendus. Ce qui correspond à plus de 8 arrêts par an et à moins d'un par mois. Peut mieux faire… Ancien conseiller et « plume » du président de la République Nicolas Sarkozy, Camille Pascal, quarante-neuf ans, s'est révélé plus assidu qu'Arno Klarsfeld. Il a été nommé, conseiller d'État au tour extérieur, le 3 mai 2012, quelques jours avant la victoire de François Hollande à la présidentielle. Historien, universitaire, ancien secrétaire général et directeur de la communication de France Télévision, il a participé comme rapporteur à 81 arrêts rendus par la section du contentieux du Conseil d'État entre le 11 octobre 2012 et le 22 juillet 2015. Ce qui représente une moyenne de plus de 2 arrêts par mois pour cet écrivain. Un haut fonctionnaire débordé à force de collaborer à l'hebdomadaire *Valeurs actuelles* comme chroniqueur et d'écrire des essais. Auteur de 6 ouvrages collectifs de vulgarisation dans les années 1990, le conseiller d'État Camille Pascal s'est lancé en littérature. Il a ainsi publié en 2012 *Scènes de la vie quotidienne à l'Élysée*[1] et, en 2015, *Les Derniers Mondains*[2].

1. Plon.
2. *Idem.*

L'une des dernières recrues du Conseil d'État, Dominique Bertinotti, ancienne ministre déléguée à la Famille de mai 2012 à mars 2014, n'est pas surchargée de travail… Nommée en dédommagement de son départ du gouvernement pour raisons de santé, cette ancienne conseillère PS de Paris et soutien de Ségolène Royal en 2007 a été nommée place du Palais-Royal, le 2 juillet 2014, au tour extérieur. Depuis cette date, en 14 mois, elle a été rapporteuse de trois formations de jugement de la section du contentieux soit 0,35 fois par mois ! En effet, selon le site Juricaf, ces juges ont rendu cinq arrêts : les 23 mars, 17 avril et 3 juin 2015. Pour l'instant, on ne lui a pas imposé des cadences infernales…

Un cimetière d'éléphants à Ivry-Sur-Seine

Sorte de sous-inspecteurs généraux des finances, les 170 contrôleurs généraux des finances en service actif ont quitté, en 2012, leurs agréables et commodes locaux, boulevard Diderot face à la gare de Lyon, pour s'installer tout en haut d'un immeuble quelconque de sept étages, à Ivry-sur-Seine. Ici, à 500 mètres environ de la porte de Choisy et du XIIIe arrondissement de Paris, les façades murées, les hôtels en ruine et les terrains vagues, restes d'une banlieue ouvrière, sont presque un souvenir. Des navettes de bus relient matin et soir la gare de Lyon à l'immeuble du 67, rue Barbès qui, derrière sa façade de béton et verre sans âme, regroupe 1 500 fonctionnaires de la douane, de la compétitivité, et les représentants syndicaux de Bercy. Aucune raison sociale ne figure à son entrée ornée simplement de deux drapeaux, un tricolore et un européen. Excentré au regard des multiples déplacements professionnels qu'implique l'exercice des missions des contrôleurs, l'implantation du service à Ivry-sur-Seine a entraîné la mise en place d'un outil informatique, l'extranet, permettant le travail à distance. Conséquence : les contrôleurs absolument débordés, nombre d'entre eux habitent en province, restent invisibles au service parfois pendant plusieurs semaines. Une soixantaine de membres du corps des contrôleurs généraux ont échappé à cet exil. Une quarantaine d'entre eux est placée en détachement comme élus ou dans différentes administrations (notamment une vingtaine au Budget) et une vingtaine d'autres restent en disponibilité dans le privé. 26 % donc des membres du corps du Contrôle général des finances (CGEFi) travaillent à l'extérieur du service. Alors que 80 % font de même à l'Inspection générale des finances, 26 % également à la Cour des comptes et 34 % au Conseil d'État. La soupe est bonne pour ces contrôleurs généraux, inutile d'aller chercher ailleurs…

En fait, les 170 contrôleurs généraux du CGEFi (qui gagnent jusqu'à 10 000 euros nets par mois) travaillent dans une maison de retraite de luxe installée au septième étage du 67, rue Barbès. Selon les chiffres très officiels communiqués par le ministère de l'Économie et des Finances, 48 % des contrôleurs généraux ont plus de 60 ans, 35 % entre 56 et 60 ans, 13 % entre 51 et 56, et 4 % ont 50 ans et moins. Aucun d'eux n'a commencé sa carrière dans cette institution de contrôle qui ne sert plus à grand-chose, mais qu'on maintient sous perfusion pour donner des postes à des cadres supérieurs de la fonction publique en surnombre dans leur administration. La plupart sont arrivés là en fin de carrière parce qu'on ne pouvait pas leur donner de poste de directeur à Bercy ou ailleurs. Et une partie non négligeable d'entre eux (un cinquième) est constituée de personnalités nommées au tour extérieur, ne possédant que des compétences très limitées en matière économique et financière. Le CGEFi a été créé, en 2005, en fusionnant deux corps de contrôle (d'État et financier) et deux corps d'inspection (du commerce et de l'industrie, des postes et télécommunications). Plutôt que de supprimer carrément ces

4 organismes doublonnant avec d'autres services plus performants, l'État a préféré les fusionner pour en faire une usine à gaz, machine à clientélisme et à politisation de la haute fonction publique. On est toujours chez les fous…

Un exemple significatif parmi beaucoup d'autres : Isabelle Deleu, cinquante-deux ans, conseillère parlementaire de la ministre de l'Économie, des Finances et de l'Industrie, Christine Lagarde, a été nommée, le 8 avril 2011, contrôleur général économique et financier de 1re classe. Tout devient possible quand on est une militante politique dévouée… Militante RPR depuis l'âge de dix-huit ans, cette infirmière avait tôt abandonné sa blouse blanche et ses seringues à l'hôpital américain de Neuilly-sur-Seine pour être chargée de mission auprès de Nicolas Sarkozy, alors secrétaire national à la jeunesse du parti. Attachée de presse, puis conseillère parlementaire, Isabelle Deleu n'a que deux diplômes : le premier d'infirmière et le second du Celsa (École des hautes études en sciences de l'information et de la communication), qui lui ont suffi pour décrocher cette sinécure. Une première dans l'histoire du CGEFi… Son agenda reste aujourd'hui nettement moins chargé qu'à l'époque où elle œuvrait pour l'ancienne ministre, mais elle gagne tout de même 8 000 euros net par mois, primes comprises.

Un contrôleur général des finances pond 0,58 rapport par an !

Titulaire d'un simple doctorat en gestion, Dominique Tibéri a eu moins de chance ou un carnet d'adresses moins fourni. Malgré l'avis défavorable émis le 10 janvier 2011 par une commission d'aptitude de Bercy, le fils de l'ancien maire de Paris était parachuté, le 20 janvier suivant, contrôleur général économique et financier par le président de la République Nicolas Sarkozy.

À en croire les mauvaises langues, le Premier ministre François Fillon, qui rêvait alors de conquérir la mairie de Paris aux municipales de 2014, voulait succéder à Jean Tibéri dans sa circonscription parisienne. En échange de sa non-candidature, le fils de ce dernier avait été nommé à Bercy au CGEFi. Avec deux passages dans des cabinets ministériels et un emploi subalterne à Air France, les états de service du fils Tiberi étaient apparus trop légers. « *L'audition a aussi fait apparaître l'absence de connaissances, par l'intéressé, des missions du corps et des compétences que les fonctions dans ce corps requièrent* », estimait la commission. Avant de conclure sévèrement que « *Dominique Tiberi n'est pas apte à exercer les fonctions du corps du contrôle général économique et financier* ». Le Conseil d'État avait été saisi d'une requête du Syndicat parisien des administrations centrales, économiques et financières, qui réclamait l'annulation « pour excès de pouvoir » du décret de nomination. Le Conseil d'État a repris l'argumentaire de la commission et constaté « *qu'il n'avait exercé ni des responsabilités d'encadrement ou de direction ni des fonctions d'analyse et d'expertise approfondies à caractère économique et financier* ». Les conseillers d'État ont aussi rappelé au gouvernement l'article 6 de la déclaration des droits de l'homme : « *Tous les citoyens [...] sont également admissibles à toutes dignités, places et emplois publics, selon leurs capacités et sans autre distinction que celle de leur vertus et de leur talents.* » Fort logiquement, la plus haute juridiction administrative a annulé, le 21 décembre 2011, la nomination de Dominique Tibéri au CGEFi. Excédés par le favoritisme qui frappe aussi leur institution au Palais-Royal lors des nominations au tour extérieur, ces hauts fonctionnaires ont voulu stigmatiser les politiques et leurs proches qui viennent à Bercy uniquement pour y profiter d'une sinécure.

Une bonne partie des 170 contrôleurs généraux d'Ivry-sur-Seine n'a pas grand-chose à faire. À l'inverse de la Cour des comptes, de l'IGF et du Conseil d'État, le service de communication du CGEFi fournit fort peu d'éléments permettant de mesurer le travail de ces fonctionnaires hauts. Pourtant, les locaux du 67, rue Barbès à Ivry-sur-Seine, ne ressemblent pas à un désert glacé comme les bureaux de l'IGF à Bercy. C'est une fourmilière, où les 170 contrôleurs généraux sont assistés de 155 collaborateurs, dont une centaine de cadres A. Le CGEFi est censé contrôler la bonne marche de 600 organismes ou entreprises publiques ou parapubliques, où l'État possède 600 milliards d'euros d'intérêts budgétaires et patrimoniaux. En deux mots, de contrôler leur bonne gestion et l'utilisation judicieuse de l'argent public. Le site du CGEFi ne fournit qu'à une seule date un bilan chiffré de ses rapports d'audits, d'études et de mission qui doivent signaler les risques pour l'État d'une mauvaise gestion et gouvernance de ces entreprises. Le 11 décembre 2013, il donne le chiffre de 150 rapports de toutes sortes édités pendant les 18 mois précédents, ce qui en représente 100 pour cette année. Une simple division révèle que chacun des 170 contrôleurs a réalisé, en 2013, 0,58 rapport, audit ou mission. Ils sont donc lanternes rouges derrière les inspecteurs généraux des finances (2,7 rapports par an), les membres de la Cour des comptes (5,3) et les conseillers d'État (57). Sur le site du CGEFi, aucun de ces rapports, conclusions de missions ou d'audits, n'est consultable. Quelques-uns sont à disposition sur le site de la Documentation française, éditeur de l'administration, qui publie la grande majorité des rapports des services nationaux d'inspection et de contrôle, sauf ceux du CGEFi. En fait, le site de la Documentation française met à disposition uniquement les rapports réalisés par le CGEFi en collaboration avec d'autres services d'inspection et de contrôle. Derrière le prétexte commode de la confidentialité, c'est une politique de l'opacité qui masque bien l'excès de contrôleurs généraux au 67, rue Barbès.

Un seul exemple met en doute le sérieux et l'efficacité des travaux de ces fonctionnaires hauts. Le montant de la perte colossale d'Areva en 2014 : 4,9 milliards d'euros. Dans leurs rapports sur Areva au ministre de l'Économie (un document d'une page au maximum !), les contrôleurs du CGEFi n'ont jamais mis en doute la gestion et la gouvernance de sa dirigeante, Anne Lauvergeon, l'ex-patronne de ce groupe de 2001 à 2011. Ils se sont lourdement trompés ou ont fermé les yeux… Bruno Rossi, chef de la mission de contrôle « Énergie » au CGEFi est représenté, depuis 2008, au conseil de surveillance d'Areva SA et au sein de ses comités spécialisés par l'un de ses subordonnés Toni Cavatorta. Ce dernier a voix consultative, mais n'a jamais exprimé la moindre contestation dans une note. En dehors du CGEFi, 8 autorités de contrôle interviennent dans la surveillance par l'État d'Areva : l'APE (Agence des participations de l'État), l'Office parlementaire d'évaluation des choix scientifiques et technologiques (OPECST), la Commission des finances de l'Assemblée nationale et du Sénat auxquelles les comptes sont présentés chaque année, la Cour des comptes, la direction générale de l'énergie et du climat (DGEC), la direction générale du Trésor, l'Autorité de sûreté nucléaire (ASN), les commissaires aux comptes d'Areva et l'Autorité des marchés financiers (AMF). Conclusion : le travail du CGEFi, doublonne avec celui de toutes ces structures. Si la mission de contrôle « Énergie » de Bruno Rossi est restée les bras croisés face à cette descente aux enfers, elle a fait la preuve de son inutilité.

Françoise Miquel « la pétroleuse » d'Ivry-sur-Seine

Une première exception au milieu de cette opacité sur les activités du CGEFi, l'inspectrice générale Françoise Miquel, chef de la mission « Médias Culture ». Dans cette sinécure très discrète, cette énergique blonde de soixante-deux ans fait tache depuis son arrivée dans le service, il y a dix ans aujourd'hui. Ancienne énarque de la promotion Voltaire (1981) avec François Hollande, l'ex-magistrate des tribunaux administratifs a été la patronne de la communication du Premier ministre, Jean-Pierre Raffarin, de 2002 à 2005. En tant que directrice du Service d'information du gouvernement (SIGD). Dans un livre *Une femme dans les coulisses du pouvoir : ce que l'Ena ne m'a pas appris*[1], cette fonctionnaire de conviction trempe sa plume dans le vitriol pour dénoncer les dysfonctionnements de la haute fonction publique, notamment les services inutiles au CGEFI comme ailleurs… Pas particulièrement estimée par ses petits camarades, cette mère de deux enfants a bien failli les quitter. En effet, aux législatives de 2007, elle s'est présentée sous l'étiquette UMP dans la 4e circonscription de l'Eure, où elle a recueilli près de 47 % des voix face au PS. Depuis, elle ne s'est pas du tout endormie au septième étage du 67, rue Barbès. Ainsi, le 20 mai dernier, *Le Canard enchaîné* titrait sur une demi-page à son propos : « *La pétroleuse de Bercy qui rêve de flinguer 1 222 postes à France Télés. Dans une étude confidentielle, la contrôleuse d'État suggère un sérieux coup de torchon.* » Sans prévenir la direction de France Télévision, Françoise Miquel a envoyé aux sénateurs cette note « confidentielle », qui calcule que 12 % de l'effectif de France Télévision (10 000 personnels environ) ne sont pas nécessaires. Marquée à droite, et à quelques années de la retraite, la « pétroleuse » du 67, rue Barbès, n'a plus rien à perdre. Ce qui n'est pas le cas d'Isabelle Roux-Trescases, cinquante et un ans, qui après un passage par les services du Premier ministre a pris, en juillet 2014, son galon d'administrateur général de Bercy en tant que chef du CGEFi. Marquée à gauche, elle a pris la tête de cette sinécure pour y remplacer un haut fonctionnaire de droite qui la

1. Presse de la Renaissance, 2006.

dirigeait depuis 21 ans, Charles Coppolani, un énarque de soixante-quatre ans, nommé président de l'Arjel (Autorité des jeux en ligne) en gardant toutes ses primes et avantages. Le gouvernement voulait récompenser la première et se débarrasser du second à la tête de ce service qui s'appelait, avant 2005, le contrôle d'État.

La deuxième et dernière exception à cet endormissement généralisé du CGEFi : Bernard Gaudillère, soixante-quatre ans, qui regarde tout ce remue-ménage d'un œil distrait. Son épouse Marie Santarelli, attachée d'administration centrale au CGEFi, suit son patron Charles Coppolani en tant que son assistante à l'Arjel. Bernard Gaudillère, contrôleur général économique et financier, symbolise parfaitement l'ennui qui régnait au contrôle d'État et y règne toujours aujourd'hui même sous son nouveau nom de CGEFi. Il n'y avait et il n'y a pas grand-chose à faire aujourd'hui au 67, rue Barbès à Ivry-sur-Seine. La carrière de Bernard Gaudillère, grand bosseur devant l'éternel, en témoigne. Sa réputation ne l'a jamais lâché : arriver à 7 heures le matin au bureau et ne pas en repartir avant 22 heures. Impossible au 67, rue Barbès ! Sorti de l'Ena dans la promotion Simone Weil (1974), ce Lyonnais surdoué et bardé de diplômes (maîtrise d'histoire, École pratique des hautes études et DES de droit public) milite très vite au PS, devenant conseiller municipal de Lyon de 1977 à 1983. Il choisit d'être administrateur civil à Bercy, prenant la tête d'une direction de la Caisse des dépôts et consignations. Le 25 juin 1981, Henri Emmanuelli, secrétaire d'État aux Dom-Tom, donne un coup d'accélérateur à sa carrière, le choisissant comme directeur de cabinet. Il le garde à ce poste lorsqu'il est nommé secrétaire d'État au Budget, le 31 mars 1983. L'apothéose survient le 4 avril 1984, Bernard Gaudillère est nommé directeur général des douanes et droits indirects à l'âge de trente-quatre ans ! Un record. Il fait partie des brillants éléments de la toute jeune énarchie socialiste qui s'installe aux commandes de l'État-PS avec Martine Aubry, Jean-Marc Sauvé, Éric Giuily…

Deux ans plus tard, après la victoire de la droite, le socialiste Bernard Gaudillère est viré de son poste comme un malpropre et atterrit à la mission transport du contrôle d'État. Le placard dans toute sa splendeur agrémenté d'un hochet de consolation : administrateur civil hors classe, il est nommé contrôleur d'État de 1re classe ce qui est une promotion. Mais il vit très mal cette sinécure. Après la victoire de François Mitterrand en mai 1988, il se retrouve simplement directeur de cabinet du ministre des Transports, Louis Mermaz. Ce qui est tout à fait anormal pour un directeur qui ne peut en principe perdre son poste de directeur que pour être nommé à un autre poste de directeur. Un mois plus tard, le Premier ministre Michel Rocard ne reprend pas le mitterrandiste Louis Mermaz dans son nouveau gouvernement. Et toutes les portes se ferment sur l'ancien patron de la douane. Plutôt que d'aller s'enterrer naturellement dans son placard au contrôle d'État, il se fait nommer en juin 1990 en détachement de ce corps président à Nantes de la Banque régionale de l'Ouest (BRO), puis 5 ans plus tard de la société Cicotitres. Ces deux sociétés étant privatisées, Bernard Gaudillère est bien obligé de retourner au contrôle d'État, en mars 2000. Explication. Sa carrière éclair, qui l'a mené à la tête de la douane, a fait des envieux, des jaloux… En un mot, à gauche comme à droite, certains ne lui pardonnent pas son goût du pouvoir.

Le Mazarin de Delanoë, un superbosseur « placardisé »

Bertrand Gaudillère reste à l'époque un an et demi seulement au contrôle d'État, le temps pour Bertrand Delanoë d'être élu maire de Paris, en mars 2001. Avant cette élection, le contrôleur d'État est devenu le son véritable Mazarin du futur maire de

Paris. Son job peu prenant à Bercy lui a permis d'organiser la victoire de Bertrand Delanoë, en ne négligeant aucun détail. À l'époque, Bernard Gaudillère était le patron de la mission « Pêche-Agriculture » au contrôle d'État. Une fois Bertrand Delanoë élu, il passe de son éminence grise à son directeur de cabinet à la mairie, en détachement du contrôle d'État où il retourne à partir de 2008. Aux municipales de cette année, il est élu conseiller de Paris et devient maire adjoint aux Finances en exerçant cette délégation en décharge de temps par rapport à ses fonctions de contrôleur général au CGEFi. À ce poste, il est chargé de suivre la mise en œuvre d'économies grâce à la stratégie immobilière des 570 opérateurs de l'État qui emploient près de 400 000 agents. Pas une mince affaire… Et en 2014, il abandonne ses fonctions d'adjoint, se fait élire simplement conseiller de Paris (3 000 euros net par mois) pour reprendre ses fonctions presque à plein temps de contrôleur général (14 000 euros net par mois), chargé cette fois de diriger la mission « Fondations d'utilité publique ». À ce titre, Gaudillère siège comme administrateur dans les 11 fondations suivantes : Assistance aux animaux, Avenir pour la recherche médicale appliquée, Gueules cassées, Judaïsme français, Lions de France, Petits frères des pauvres, Planet Finance, Protestantisme, ARC pour la Recherche sur le cancer, Raoul Follereau, WWF France. Provenant de legs et de donations, l'actif cumulé au bilan de ces 11 fondations atteint 500 millions d'euros qu'il faut protéger contre tout détournement.

Dans son édition du 11 février 2015, *Le Canard enchaîné* titre sur quatre colonnes « La Fondation d'assistance aux animaux se soigne sur la bête » : « *Un magot de 49 millions, un parc immobilier impressionnant… Longtemps cajolée par l'État, la Fondation assistance aux animaux est dans le collimateur du fisc. La pâtée est bonne.* » Reconnue d'utilité publique, cette fondation soigne les chats et chiens de maîtres aux revenus très modestes. Le problème : cette richissime institution gère quatre fois plus d'appartements et de villas que de dispensaires et de refuges pour animaux. 74 biens immobiliers situés à Paris, dans les Hauts-de-Seine, dans la banlieue sud et sur la Côte d'Azur contre 17 établissements pour accueillir les animaux. La directrice de la Fondation avait un salaire mensuel de 5 800 euros. En clair, la DNEF (Direction nationale des enquêtes fiscales) soupçonne les dirigeants d'Assistance aux animaux de profiter du statut de fondation, qui l'exonère de toute taxe ou impôt, pour exploiter de fait une entreprise commerciale et non caritative. Cela pourrait leur coûter un redressement de 10 millions d'euros. À la veille de la descente des limiers du fisc au siège de la fondation, Bertrand Gaudillère téléphone à l'un des agents du fisc, mais, selon ses propos recueillis par *Le Canard enchaîné*, pas du tout pour lui dire de ne pas faire le contrôle. Contacté le 21 avril 2015 à la mairie du Xe arrondissement de Paris, dont il est l'élu au Conseil de Paris, Bernard Gaudillère n'a pas donné suite.

Interrogé sur la gestion de la fondation Assistance aux animaux par les journalistes de l'hebdomadaire satirique, le chef de la mission « Fondations d'utilité publique » a répondu que pour l'instant rien n'a attiré son attention. En fait, Bernard Gaudillère était et reste absolument débordé… Depuis son élection, la toute nouvelle maire de Paris, Anne Hidalgo, lui confie quantité de missions officielles : un rapport sur l'ouverture le dimanche des commerces parisiens, la présidence de l'association du Vieux Paris, de la Sete (Société d'exploitation de la tour Eiffel) pour 1 500 euros net par mois, la vice-présidence du Crédit municipal de Paris (le Mont-de-piété)… Des missions difficiles, car elles le conduisent à être en conflit ouvert avec l'État, dont il reste un haut fonctionnaire. Le meilleur exemple : l'ouverture du dimanche, où les positions d'Anne Hidalgo et du gouvernement sont aux antipodes. Une certitude : à l'âge de soixante-quatre ans, Bernard Gaudillère a cessé d'être absolument débordé le 7 septembre 2015. À cette date, sur sa demande, un arrêté du ministre de l'Économie l'a admis à la retraite.

Exemple inverse : Jean-Pierre Guérin, cinquante ans, ancien chef de cabinet du Premier ministre Jean-Marc Ayrault de juin 2012 à décembre 2013, a été nommé inspecteur général de première classe au CGEFi, le 19 février 2015, au tour extérieur par le président de la République, François Hollande. Cet énarque, socialiste déclaré, est ainsi mis à l'abri dans la sinécure de luxe d'Ivry-sur-Seine… En effet, un mois plus tard, fin mars 2015, Jean-Pierre Guérin perdait son siège de conseiller général de Le Mée-sur-Seine près de Melun (Seine-et-Marne), victime du raz de marée de l'UMP et du Front national. Domicilié depuis dix ans dans cette commune, il a bien l'intention d'y poursuivre une carrière politique sous les couleurs du PS. Ancien magistrat au tribunal administratif de Melun, il avait été directeur de cabinet de l'ancien président PS du conseil général de Seine-et-Marne, Vincent Eblé, de 2004 à 2008, juste avant d'être élu conseiller général. Ne pouvant plus exercer au tribunal administratif de Melun du fait de son mandat politique dans le même département, il avait été affecté à un poste modeste de la Caisse des dépôts et consignations, chargé du portefeuille des participations immobilières et forestières. Aujourd'hui, la sinécure du CGEFi lui donne jusqu'à sa retraite un salaire de 9 000 euros net par mois et du temps pour regagner un mandat. Le reclassement des élus socialistes victimes de la montée en puissance du Front national est un vrai souci…

Les 137 Igen ont pondu 26 rapports en 2014 !

Idéalement situés par rapport aux stations de métro Bir-Hakeim et du RER Champs de Mars, les 137 inspecteurs généraux de l'Éducation nationale (Igen) en activité sont regroupés dans un building austère du 31/33, rue de la Fédération, dans le XVe arrondissement à Paris. Selon les chiffres consultables sur le site du ministère de l'Éducation nationale (education.gouv.fr), les 137 inspecteurs généraux de ce ministère ont remis au ministre, en 2014, 26 rapports, dont certains rédigés en collaboration avec d'autres services de l'Éducation nationale ou de diverses administrations. Une simple division révèle un chiffre ahurissant : pour alerter et conseiller le ministre, chacun de ces inspecteurs a produit 0,18 rapport pendant la même année. Cinq inspecteurs doivent se mettre ensemble pour rédiger un seul rapport comportant en moyenne de 50 à 300 pages. Ou ce qui apparaît plus probable : des dizaines d'inspecteurs sont atteints de flemmardise aiguë et ne participent que très rarement à ces travaux. Et ce sont toujours les mêmes courageux et passionnés, fers de lance du grand corps malade des enseignants, qui font le boulot.

Dépendant directement du ministre mais complètement autonomes, les 137 Igen n'ont pas que des rapports à rédiger, mais personne ne contrôle ces autres travaux sur le terrain, c'est-à-dire les tournées d'inspection dans les classes, les écoles et les lycées. Au fil du temps, ils se sont répartis essentiellement en groupes thématiques par discipline enseignée (langues, histoire et géographie, primaire, etc.), qui n'ont cessé de se multiplier au point de former des petites chapelles, dotés chacun d'un doyen coopté entre eux. Chaque année un programme de travail de l'inspection générale, comportant un certain nombre de thèmes d'étude ou d'enquêtes, est arrêté. Chacune de ces thématiques fait théoriquement l'objet d'un rapport annuel confidentiel au ministre. Créée par le Premier Consul Napoléon Bonaparte, l'Inspection générale de l'éducation nationale a été pendant longtemps un vivier d'agrégés choisis par eux-mêmes. Ces inspecteurs généraux peuvent se décourager et se croiser les bras, pour faire de la politique ou ne rien faire… À l'inverse de la Cour des comptes, de l'IGF ou du Conseil d'État, ils sont chargés d'une mission impossible, étant juge et partie. Ils prennent part à l'évolution du système éducatif à tous les niveaux, président un nombre important de concours de recrutement, participent aux conseils d'administration des écoles de formation des maîtres, supervisent les procédures de titularisation, jouent un rôle dans la notation des professeurs agrégés, conseillent les inspecteurs d'académie et participent aux conseils d'administration des grands organismes du système d'éducation. Mais ils sont ensuite chargés de critiquer dans leurs rapports ce même système éducatif ! Et nombre de ces rapports restent sans suite, au fond d'un tiroir…

L'Inspection générale de l'éducation nationale apparaît comme la plus belle sinécure pour hauts fonctionnaires dans l'Hexagone, au vu de quelques chiffres. Les 137 inspecteurs sont officiellement tous en activité au service rue de la Fédération, 21 autres étant détachés dans l'administration et les ministères, soit 13 % des effectifs totaux du corps. Selon les statuts du corps publiés dans la loi du 21 avril 1965, ces détachés (la mise en disponibilité n'est pas prévue) ne doivent pas dépasser un quart des effectifs totaux, donc le chiffre de 39. Un jugement hâtif pourrait laisser croire que ces Igen ont le sens de l'État, chevillé au corps. Ce pourcentage de 13 % de détachés représente un record dans les corps d'inspection ou de contrôle de l'Hexagone, puisque leurs collègues travaillant à l'extérieur représentent 80 % des effectifs à l'IGF, 34 % au Conseil d'État, 40 % à la Cour des comptes et 26 % au Contrôle général économique et financier. Aucun d'entre eux n'a eu envie de quitter le navire pour voir si la soupe était meilleure ailleurs. Le plus souvent les Igen restent en fonction jusqu'à ce que l'âge les contraigne à prendre leur retraite. Mais, comme nous le verrons, l'opacité du « mammouth » permet à certains inspecteurs de remplir des mandats de parlementaire ou locaux, sans avoir jamais demandé à être placés en détachement ou à bénéficier de décharges d'horaires. Ce qui est strictement obligatoire selon la loi. Et, bien sûr, ils ne mettent jamais les pieds rue de la Fédération.

Avec la loi du 13 septembre 1984, François Mitterrand a créé un tour extérieur à l'Igen comme dans la quinzaine d'autres grands corps d'inspection et de contrôle. Dans ce cas précis, le prétexte n'était pas qu'un prétexte. Il était urgent de diversifier le profil des inspecteurs généraux pour tenter de mettre fin à une atmosphère trop mandarinale, il est vrai. En fait, le ver était déjà dans le fruit et cette initiative allait hâter la décomposition déjà bien engagée de cette entité. Jusque-là pour les désigner, le ministre choisissait uniquement les Igen parmi les fonctionnaires de catégorie A, titulaires d'un doctorat, d'une habilitation à diriger des recherches ou de l'agrégation, tout en ayant 10 ans de service dans l'Éducation nationale, dont 5 ans d'ancienneté dans l'enseignement. Les recteurs, les professeurs d'université, les inspecteurs territoriaux et les professeurs de classes préparatoires aux grandes écoles étaient les principaux recrutés. Parmi ces inspecteurs généraux, le ministre désigne toujours, pour deux ans, le doyen de l'Igen (numéro 2 du ministère dans l'ordre du protocole), son adjoint et ses deux assesseurs. Dorénavant, un sur cinq des nouveaux inspecteurs généraux est choisi discrétionnairement par le président de la République sans autre condition que l'âge. L'heureux pistonné doit avoir quarante-cinq ans ou plus. À la corporation dominatrice des agrégés depuis longtemps absolument débordés dans leur tour d'ivoire de la rue de la Fédération s'est ajouté peu à peu un bataillon d'une petite quarantaine d'amis du pouvoir. Ces derniers ont formé des sortes de couches géologiques au fil des gouvernements qui plaçaient leurs copains et coquins, rue de la Fédération.

Jean Germain a rédigé un seul rapport en 18 ans avant de se suicider

La Cour des comptes a sauvé l'honneur des fonctionnaires hauts mettant sur la place publique l'existence de la sinécure Igen qui était et reste un secret de polichinelle rue de Grenelle, au ministère de l'Éducation nationale. Personne n'avait envie d'en parler. Ni la gauche ni la droite ne voulait voir jeter en pâture à l'opinion publique des Igen qui, sous le prétexte de remplir leur mandat d'élu, désertaient leur poste à l'Éducation tout en empochant leur salaire intégralement. Le 28 octobre 2010, le tout nouveau président de la Cour des comptes, Didier Migaud, adressait un référé de deux pages accablantes au Premier ministre, François Fillon. Sous un titre anodin « Nomination au tour extérieur dans certains corps d'inspection et de contrôle », le document stigmatisait le gaspillage créé par l'absence de tout contrôle sur le travail des Igen. Le Premier ministre, François Fillon, avait deux mois pour répondre par écrit à ce référé. Ce qu'il n'a pas jugé utile de faire… D'entrée, les juges annonçaient la couleur en ciblant les deux tire-au-flanc les plus scandaleux : « *L'attention de la Cour avait été retenue par la situation particulière de deux inspecteurs généraux de l'Éducation nationale, nommés au tour extérieur, Jean Germain et Léon Bertrand.* »

En clair, ces deux membres de l'Igen, depuis 18 ans pour le premier (maire et président de la Communauté d'agglomération de Tours) et 2 ans pour le second (ancien député UMP de Guyane et ex-ministre du Tourisme de Jacques Chirac), n'ont jamais mis les pieds, ou si peu, rue de la Fédération. Cela ne les a pas empêchés de toucher leur salaire net mensuel de l'ordre de 6 000 à 8 300 euros primes comprises en 2010. Or, le Code général des collectivités territoriale (CGCT) obligeait le premier à demander des « autorisations d'absence » (séances plénières et commissions) et une « décharge horaire » (droit à crédit de 140 heures par trimestre) pour assurer ses deux mandats. C'est mal connu, mais c'est la procédure légale : cela n'aurait pas du tout amputé son salaire d'Igen, soit 4 000 euros net mensuels en début de carrière et 8 000 euros net par mois en fin. Par ailleurs, il aurait conservé ses indemnités mensuelles de maire et de président de la Communauté d'agglomération de Tours, respectivement de 3 200 euros net (3 094 en 1995) et de 4 400 (4 125 en 1995) euros net mensuels. Soit un revenu total de 7 219 (en 1995) ou 8 430 euros net par mois en 2010. En tant qu'élu local et haut fonctionnaire, Jean Germain empochait le joli pactole de 11 219 euros net mensuel en 1995 et 16 070 en 2010 ! Mais, comme monsieur l'inspecteur était déjà absolument débordé par ses mandats locaux, il n'a jamais eu le temps de monter à Paris pour occuper son bureau à l'Igen.

Or, pour bénéficier d'« autorisations d'absence » et de « décharges horaires », Jean Germain avait l'obligation de rendre des comptes écrits et verbaux au doyen de l'Igen. C'était le piège pour ce fonctionnaire haut qui n'avait pas du tout l'intention d'exercer ses fonctions… Sans se poser la moindre question, des ministres de gauche comme de droite et cinq doyens de l'Igen ont fait au total verser à l'inspecteur Jean Germain plus de 1 million d'euros net pour dix courtes notes manuscrites et un rapport réalisés en 18 ans de travail pour l'Éducation nationale. Pour la plupart, ils ne l'avaient jamais vu ! En fait, cinq doyens de l'Igen ont accepté de fermer les yeux sur le cas de l'invisible maire de Tours. Ce sont dans l'ordre Georges Laforest (ex-conseiller du ministre de l'Éducation Jean-Pierre Chevènement), le futur ministre de l'Éducation nationale Xavier Darcos, Geneviève Becquelin, Dominique Borne et François Perret (ancien directeur de cabinet de Xavier Darcos). Jean Germain était un spécialiste de la double carrière. Juriste de formation et maître de conférences en droit public à l'université de Tours, dont il sera président de 1988 à 1993, Jean Germain avait commencé sa carrière dans la roue d'André Laignel, un poids lourd du PS et trésorier du parti de 1981 à 1988. Il a été son directeur de cabinet à la présidence du conseil général de l'Indre (de 1979 à 1985), puis sans arrêt quand celui-ci était ministre de 1988 à 1993. Le 21 janvier 1993, André Laignel l'a fait nommer Igen en prévision de la défaite électorale aux législatives de mars suivant.

À cette époque, Jean Germain n'avait pas de mandat et tirait ses revenus de son métier de directeur de cabinet et de professeur d'université avant d'être élu maire de Tours en 1995. Sa nomination comme IGPN correspond bien à un emploi de complaisance. Le 15 janvier 2010, soit 4 mois après le début de l'enquête de la Cour des comptes sur les IGPN, Jean Germain était admis à faire valoir ses droits à la retraite, à compter du 11 septembre suivant, à l'âge de soixante-deux ans. Manifestement prévenu, le maire de Tours avait pris les devants pour éviter le scandale. L'ancien professeur de droit s'était dit « *choqué et blessé par les allégations de la Cour des comptes* » et les avait démenties, avant d'être battu aux municipales de Tours, en 2014, par son adversaire UMP. Cinq ans plus tard, alors qu'une deuxième affaire dite « des mariages chinois » le mettait en cause, il se suicidait à son domicile d'une décharge de fusil de chasse. Le jour même, le 7 avril 2015, le procès débutait devant le tribunal correctionnel de Tours, où il devait comparaître pour « complicité de prise illégale d'intérêts et détournement de fonds public ». Ancienne membre du cabinet du maire de Tours et sa maîtresse à l'époque, Lise Han, avait organisé, entre 2007 et 2011, des visites touristiques de Chinois, le. Le maire Jean Germain ceint de son écharpe tricolore posait pour la photo à la mairie lors de simulacres de mariages. Après son suicide, François Rebsamen, le ministre du Travail, avait salué rendu hommage à un « *homme intègre et honnête* » qui n'a pas « *supporté de voir son honneur bafoué dans les médias et de comparaître comme accusé alors qu'il se considérait comme innocent et victime d'une manipulation* ». Quant à Bruno le Roux, le patron des députés PS, il a estimé : « *Son geste exprime le désarroi d'un élu dévoué au bien public et qui n'a pas supporté que son honneur soit entaché par le procès judiciaire qui le concernait. Jean était un honnête homme.* »

Jean-Yves Le Drian a été Igen pendant 8 ans

Le 1er mars 1993 à quelques jours de la déroute des législatives, le futur ministre de la Défense, Jean-Yves Le Drian, a été également nommé Igen au tour extérieur par François Mitterrand. Le problème était simple : ce professeur d'histoire savait pertinemment qu'il avait peu de chances de récupérer son siège de député de Lorient, un mandat dont il avait dû démissionner pour devenir secrétaire d'État à la Mer. Il sera battu et ne récupérera son siège de député qu'en 1997. Mais, en 1993, le salaire d'Igen lui apportait un supplément de revenu appréciable, 4 000 euros net par mois, alors qu'il ne disposait que de sa seule indemnité mensuelle de maire de Lorient, soit 15 227 francs brut (soit 3 190 euros). Redevenu parlementaire en 1997, il s'est aussitôt mis en détachement et a été, sur sa demande, admis à faire valoir ses droits à la retraite, le 16 octobre 2001, à l'âge de cinquante-trois ans. Visiblement, le futur président de la région Bretagne a ainsi montré qu'il ne voulait pas user et abuser de cet emploi de complaisance. Un comportement rarissime à l'Igen et qui mérite donc d'être relevé.

La Cour des comptes n'est pas entrée dans des détails aussi bassement sordides à propos de Jean Germain et Léon Bertrand. Elle s'en est tenue à son enquête avec son langage : « *Il n'a pas été possible de retrouver que des traces matérielles minimes attestant de leur activité effective au sein de l'Igen : dix courtes notes manuscrites et un rapport daté de novembre 2009 pour M. Jean Germain, alors même que sa nomination remonte à dix-huit années, et un état de service attestant de la participation de M. Léon Bertrand, nommé en février 2008, à une dizaine de réunions entre octobre 2009 et juillet 2010. Ces activités ne se situent pas à la hauteur du plan de charge normal d'un inspecteur général de l'Éducation nationale et apparaissent sans commune mesure avec les rémunérations versées.* » D'autant moins « à la hauteur » que l'enquête de la Cour des comptes avait commencé en septembre 2009. Juste avant que ces deux Igen, pris d'une inspiration subite, aient décidé de travailler un petit peu pour le ministère de l'Éducation nationale. Hasard du calendrier sans doute, Jean Germain a demandé à faire valoir ses droits à la retraite de l'Igen dans le mois précédent l'envoi au Premier ministre du référé de la Cour. La perte financière pour ce retraité a été minime finalement puisqu'il a été élu, en septembre 2011, sénateur d'Indre-et-Loire. Soit un revenu mensuel net supplémentaire de 5 300 euros sans compter son Indemnité représentative de frais de mandat (Irfm) d'environ 6 000 euros net par mois. Calculer le montant total de ses indemnités d'élu à l'époque relève d'un exercice difficile puisque Jean Germain était le vice-roi du cumul des mandats (12 au compteur) dans l'Hexagone derrière Michel Delebarre.

Sarkozy nomme Igen un député battu et sa suppléante

Second grand fainéant détecté par la Cour des comptes à l'Igen, Léon Bertrand, a été nommé, le 7 juin 2008, dans ce corps par Nicolas Sarkozy, président de la République. À l'exemple de

Jean Germain et Jean-Yves Le Drian, il l'a été parce qu'il se retrouvait sans mandat ou fonction du jour au lendemain. Maire de Saint-Laurent-du-Maroni (Guyane) depuis 1983, Léon Bertrand avait été élu député UMP de Guyane, en 2002, avant de démissionner, étant nommé secrétaire d'État au Tourisme (2002-2007). Problème : en juin 2007, cet ancien professeur était battu dans la 2e circonscription de Guyane par le candidat socialiste. En dédommagement, le président de la République, Nicolas Sarkozy, le nommait Igen, le 7 février 2008. Il touchait une indemnité mensuelle brute de 3 421 euros en tant que maire de Saint-Laurent-du-Maroni, ayant été réélu dès le premier tour en 2008 avec 62,44 % des voix dans cette deuxième ville de Guyane de plus de 40 000 habitants. Son poste d'Igen lui permettait d'empocher un revenu supplémentaire mensuel de 6 000 euros net. Comme Jean Germain, Léon Bertrand avait oublié de demander une décharge d'horaire. Sa nomination comme Igen avait permis à l'ex-ministre, de passer du statut de PEGC (professeur d'enseignement général de collège) à celui d'inspecteur général, sautant au passage de nombreux échelons. Le 26 octobre 2010, Léon Bertrand était admis, sur sa demande, à faire valoir ses droits à la retraite à dater du 11 mai 2011. Hasard du calendrier ? Deux jours exactement avant l'envoi par Didier Migaud au Premier ministre, François Fillon, de son référé sur les Igen, où Léon Bertrand était nommément mis en cause… En tant que président de la Communauté de communes de l'Ouest guyanais (CCOG), Léon Bertrand, a été condamné en appel, en octobre 2014, dans une affaire de « favoritisme et de corruption ». La Cour d'appel de Fort-de-France lui a infligé 20 mois de prison, dont 16 fermes, et 2 ans de privation de ses droits civiques, auxquels s'ajoute une amende de 80 000 euros. Le procès concernait des dessous-de-table et une douzaine de marchés publics attribués à des entreprises retenues par la communauté de communes présidée par Léon Bertrand. Ce dernier s'est pourvu en cassation ce qui lui permet de conserver tous ses mandats jusqu'à la décision.

Dans son référé, le président de la Cour des comptes cite les déclarations du doyen de l'Igen à l'époque, François Perret : « *Celui-ci a souligné l'inaptitude à exercer les missions de l'Igen de certains inspecteurs "au cinquième tour"* [Nda : le tour extérieur]. *Ainsi, l'intégration professionnelle de deux inspecteurs, nommés alors même que l'avis émis par la commission chargée d'examiner l'aptitude à exercer les fonctions d'inspecteur général était explicitement réservé, n'a pu être menée à bien.* » Par « intégration professionnelle » non « menée à bien », la Cour signifie, en langage diplomatique, qu'elle n'a pas pu prouver la réalité du travail lié aux fonctions à plein temps des deux inspecteurs. Un peu plus loin dans son référé, la juridiction se demande pourquoi ce genre d'inspecteurs, très occupés par leurs mandats, n'est pas employé à temps partiel comme la loi le permet. Toujours cité par la Cour, le même doyen a relevé, dans une note du 9 septembre 2008, « *l'impossibilité d'adaptation de 5 des 12 Igen nommés au tour extérieur entre septembre 2002 et août 2008* ». La note précise que « *ces inspecteurs font preuve d'insuffisances professionnelles telles qu'ils ne sont pas en mesure d'acquérir les compétences nécessaires au bon accomplissement des tâches techniques confiées aux inspecteurs généraux de l'Éducation nationale* ». La Cour stigmatisait ainsi dans son langage policé l'inadaptation de bénéficiaires d'emplois quasiment fictifs et très bien payés. Les deux inspecteurs généraux nommés « malgré l'avis réservé » de la commission étaient Juliana Rimane, ex-députée UMP de Guyane (suppléante de Léon Bertrand) et Abderrahmane Dahmane, ancien conseiller Diversité-banlieue de Nicolas Sarkozy à l'Élysée. Les termes utilisés par la Cour laissent pointer l'agacement certain de François Perret.

Ex-bibliothécaire, titulaire d'une maîtrise en histoire et fille de l'ancienne maire gaulliste de Kourou, Juliana Rimane, cinquante-cinq ans, a commencé sa carrière politique comme suppléante du député UMP Léon Bertrand. Elle était députée de la 2e circonscription de Guyane de 2002 à 2007, Léon Bertrand étant nommé secrétaire d'État, puis ministre du Tourisme. Le problème : aux législatives de 2007, l'ancien ministre et sa suppléante étaient battus par le candidat PS. En conséquence, comme on l'a vu, le président de la République nommait Léon Bertrand Igen, le 7 février 2008, et Juliana Rimane, inspectrice générale, le 13 novembre suivant. Seulement, il y a eu un gros hic. La commission chargée d'apprécier l'aptitude à exercer les fonctions d'inspecteur général de l'Éducation nationale avait vu rouge et rendu au sujet de Juliana Rimane un avis réservé, quoique seulement consultatif. Dans le petit landerneau l'Igen, cette instance ne voulait pas être jugée complice d'avoir fourni un emploi fictif à un député battu et à sa suppléante. Du jamais vu ! Créée pour « habiller » ces nominations depuis le début des années 1990, la commission (composée du doyen et de deux inspecteurs) a pris pour une fois ses responsabilités.

Une première depuis l'arrivée de Nicolas Sarkozy qui a été suivie d'un deuxième avis réservé cette fois de cette commission à propos de la candidature d'Abderrahmane Dahmane. Âgé de soixante-sept ans aujourd'hui, ce Franco-Algérien a été président de nombreuses associations rassemblant les musulmans de France. Il a d'abord milité à gauche, puis à droite à partir de 2001. En 2005, son flirt a commencé avec Nicolas Sarkozy qui l'a fait placer au ministère de l'Intérieur en détachement de son métier de conseiller d'éducation. Parallèlement, il a exercé les fonctions de secrétaire national à l'UMP, chargé des relations avec les associations de Français issus de l'immigration. En 2007, il a suivi, à l'Élysée, le nouveau président de la République qui l'a décoré de la Légion d'honneur et nommé Igen, le 18 février 2009, au tour extérieur. Une nomination contestée par la commission d'aptitude de l'Igen qui avait rendu un avis réservé. Juste après débute entre les deux hommes une brouille de deux ans, qui prend fin, le 12 janvier 2011, lorsque Abderrahmane Dahmane est nommé conseiller technique à l'Élysée, avant d'être démis de ses fonctions le 11 mars suivant. Aux cantonales de 2011, l'ex-conseiller de la présidence a appelé à voter pour le Front républicain. Le mois suivant, à l'âge de soixante-trois ans, en guise de protestation contre la ligne politique de l'Élysée trop proche à ses yeux du Front national, il était admis, le 28 avril 2011, sur sa demande, à faire valoir ses droits à la retraite en tant qu'Igen. Une fois fâché avec Nicolas Sarkozy, Abderrahmane Dahmane a déclaré dans toute la presse qu'il s'agissait d'un « emploi de complaisance ». L'ancien conseiller d'éducation est restée Igen pendant 22 mois seulement, mais cela a suffi a donné un sacré coup de pouce à sa pension de retraite.

Pendant son quinquennat, le président de la République Nicolas Sarkozy a nommé une vingtaine de politiques à l'Igen en dehors des personnes citées ici. Certaines d'entre elles ne mettent jamais les pieds rue de la Fédération. Depuis son arrivée à l'Élysée, il y a trois ans, François Hollande n'a pas tenté de placer des blessés socialistes du suffrage universel et socialiste à l'Igen. Pas encore, peut-être… En revanche, son ministre de l'Éducation nationale, Vincent Peillon, a mis en place, le 26 décembre 2013, une prime de fonction et de résultats pour les inspecteurs généraux de l'Éducation national. Ce bonus de Noël est-il une manière discrète de lutter contre l'absentéisme endémique à l'Igen ? Difficile à dire… Le doyen touche une prime mensuelle maximale de fonction et de résultat de 5 600 euros brut, l'Igen de 1re classe en touche une de 4 600 euros brut et l'igen de 2e classe, une de 3 750 euros brut. Des primes s'ajoutant au salaire de base qui représente un peu moins du double. On peut espérer que ces primes ne tomberont pas dans l'escarcelle des Igen absolument débordés.

25 % des inspecteurs de l'Igas aux abonnés absents

L'Igas (Inspection générale des affaires sociales) n'a rien à voir avec l'Igen, sinécure discrète pour hauts fonctionnaires et politiques. À première vue… Rattaché organiquement à 8 ministères, ce corps de contrôle, d'audit et de conseil interministériel dans le secteur social, joue officiellement la transparence et affiche un bilan d'activité à priori très flatteur pour 2014 : « *125 membres "inspectant" pour 170 missions et 194 rapports* ». Traduisez, on est les meilleurs à l'Igas et les plus sérieux au service de l'intérêt général dans les corps de contrôle et d'inspection des services de l'État. À voir… Issu de la fusion de trois corps d'inspection (la Santé, la Sécurité sociale et le Travail), l'Igas créée en 1967 n'est pourtant pas un modèle d'équilibre et de transparence. Quelques exemples : cette institution ne communique ni sur les tranches d'âge de ses inspecteurs ni sur leur grade précis, encore moins sur leur position à l'extérieur du service, en détachement ou disponibilité, et enfin nullement sur la durée de ces affectations à l'extérieur. Des informations fournies pourtant dans les bilans d'activité de la plupart des autres grands corps. Par contre, ce bilan d'activité 2014 livre une information troublante. En effet, le corps des inspecteurs généraux des affaires sociales compte 94 inspecteurs au service et 83 en détachement ou en disponibilité sur 177 au total. Ce qui représente 53 % seulement des inspecteurs au service. Un pourcentage qui montre que ces fonctionnaires hauts sont loin d'être contents de leur sort puisqu'ils vont très souvent voir ailleurs, si la soupe y est meilleure. Leurs collègues à l'Igen, à la Cour des comptes, au CGEFi et au Conseil d'État travaillent à raison d'un pourcentage allant de 60 % à 87 % au sein de leur service. Parmi les grands corps, seuls les inspecteurs généraux des finances ont moins le sens de l'État que leurs petits camarades de l'Igas avec 13 % seulement d'entre eux au service à Bercy. On connaît les motivations de ces derniers : aller prendre des rémunérations stratosphériques et du pouvoir dans les multinationales du CAC-40. Le pourcentage de 53 % d'inspecteurs seulement en service à l'Igas montre autre chose… Formant une sorte de réservoir d'élites spécialisées sur les politiques publiques dans l'attente d'une alternance politique, nombre inspecteurs généraux s'ennuient à l'Igas qui n'est pas un grand corps avec ses privilèges. Aussi, ils ne se tuent pas au travail et adorent aller voir ailleurs à mi-temps ou plein temps, pour faire du conseil grassement rémunéré avec tous les risques que cela comporte en conflits d'intérêts, comme l'a montré l'affaire Aquillo Morelle.

Selon les résultats publiés pour 2014, 194 rapports ont été réalisés par 94 inspecteurs de l'Igas avec l'aide d'une trentaine de collaborateurs aptes à mener des enquêtes : 3 inspecteurs généraux nommés par le président de la République pour 5 ans, 11 conseillers généraux des établissements de santé (détachés par le ministre de la Santé) et 17 fonctionnaires mis à disposition par leur administration.

Résultat : un inspecteur produit un peu plus de 2 rapports par an. Pas terrible ! Ce chiffre de 2 rapports par an se montre nettement inférieur aux indications procurées par le site de l'Igas : pour boucler une enquête et rendre son rapport, un inspecteur doit mettre normalement entre un et quatre mois. Le score réel de deux rapports livrés par inspecteur est ridicule par rapport à celui du Conseil d'État (74), juste derrière les performances de l'IGF (2,2 rapports par inspecteur) et de la Cour des comptes (5,3) et devant le chiffre catastrophique du CGEFi (0,18). À deux pas du pont Mirabeau, aux onzième et seizième étages de la tour du même nom, les inspecteurs de l'Igas doivent travailler, serrés comme des sardines, à deux ou trois dans des bureaux de 30 m^2 avec l'aide en tout de 5 employés. Cette localisation incommode offre cependant deux avantages. Les inspecteurs jouissent d'un panorama exceptionnel sur la capitale et la Seine, notamment lors des couchers de soleil à l'automne et en hiver. Ces conditions de travail difficiles justifient le télétravail à domicile via l'Intranet de l'Igas et expliquent l'absence pendant de longues semaines de certains, notamment les inspecteurs-TGV qui vivent à l'autre bout de la France. Sans oublier les « amis du prince » intouchables qui restent passionnés par la politique et n'ont que faire du social. Nous avons interrogé plusieurs inspecteurs à la retraite et d'autres encore en activité. À les écouter, sur les 94 inspecteurs en activité aujourd'hui à l'Igas, un peu plus d'une vingtaine sont absolument débordés. Au total, environ 25 % d'entre eux se la coulent douce… On les voit peu ou presque jamais à la tour Mirabeau et ils se contentent de signer des rapports qu'ils ne lisent même pas pour nombre d'entre eux. Ces fonctionnaires hauts blanchis sous le harnais ont avalé bien des couleuvres, n'y croient plus – s'ils y ont jamais cru – et savent que ni le ministre de la Santé ni le patron de l'Igas ne peut les licencier ou changer de service. Bien sûr, ils perdent quelques plumes dans cette affaire : une bonne partie de leurs primes. Environ 2 000 euros des 8 500 mensuels qu'ils devraient empocher en fin de carrière.

Une certitude, personne n'a intérêt à porter cette affaire sur la place publique. L'honneur de la défense d'un grand corps passe avant tout. À la tour Mirabeau, l'essentiel est ailleurs. Aujourd'hui, il faut faire du chiffre, être efficace et surtout le faire savoir. Pourquoi ? Pour attirer les meilleurs de chaque promotion de l'Ena et donc dissuader les énarques de préférer comme d'habitude l'Inspection générale des finances, le Conseil d'État ou la Cour des comptes. Ces trois institutions les plus réputées de la haute fonction publique ont toujours confisqué la « botte », en recrutant uniquement parmi les 15 premiers de chaque promotion de l'Ena. Malgré ses efforts de « communication », l'Igas sélectionne, chaque année, 2 ou 3 candidats presque uniquement sur entretien, n'attirant que rarement les mieux classés. Pour séduire la fine fleur de l'intelligence française, rien de tel que de présenter un bilan flatteur. Mais il ne faut pas prendre les enfants du bon dieu pour des canards sauvages… L'Igas reste et restera un petit corps.

Fadela Amara, l'inspectrice invisible

L'Igas annonce avoir réalisé 194 rapports en 2014 et précise dans son bilan d'activité de cette année-là : « *Fin 2014, 561 rapports de l'Igas étaient disponibles sur les sites Internet de l'Igas. Depuis 2003, ils ont enregistré plus de 1,2 million de téléchargements. Les rapports peuvent enfin être rendus publics : les ministres peuvent décider leur publication.* » Ces chiffres élogieux occultent une information plutôt gênante : 75 % de tous ces rapports n'ont jamais été publiés. L'Igas se rengorge d'avoir livré 194 rapports en 2014, mais en a publié seulement 561 sur son site en 12 ans ! Soit une moyenne de près de 47 par an entre 2003 et 2014. Ce grand petit corps se contente de signaler que selon une loi du 17 juillet 1978 tous ses rapports ne sont pas publics en fonction d'une loi du 17 juillet 1978. Conclusion : seuls les ministères, qu'ils les aient commandés ou pas, peuvent donner le feu vert pour une publication. Inspectrice générale à l'Igas de 1983 à 2012, Hélène Strohl explique cet ahurissant manque de transparence par une obsession de ministres, qui n'a rien à voir avec un souci de protection de personnes ou de données dans les rapports : « *Mais quelques poussées de liberté et de courage mises à part, un directeur acceptera de faire diffuser une circulaire qu'il sait illégale, un chef d'inspection de ne pas rendre un rapport public, si le ministre imagine que cela lui nuirait, sans parler de l'exécution des plans et autres campagnes que tous les spécialistes du sujet savent ineptes, absurdes, sans intérêt*[1]. » Ces 194 rapports de l'année 2014 intéressent au premier chef les Français, puisqu'ils traitent de sujets touchant la vie de tous les citoyens : emploi, travail et formation, santé, action sociale et politique familiale, systèmes de couverture sociale publics ou privés.

Le 4 février 2015 au Père-Lachaise, aux obsèques du légendaire patron de l'Igas de 1982 à 1993, Michel Lucas (qui s'était battu pour sortir les affaires de l'« Arc » et du « sang contaminé »), le chef actuel de cette inspection, Pierre Boissier, avait tenu le plus sérieusement du monde à rappeler le souci d'indépendance de son service vis-à-vis des politiques : « *C'est également à Michel Lucas que l'Igas doit sa tradition d'indépendance. Il rappelait toujours que le travail de l'Inspection générale est d'aider le ministre, quel qu'il soit, dans sa prise de décision. Pour lui, les inspecteurs enquêtent, sont maîtres de leurs conclusions qu'ils transmettent au ministre. Lors de l'affaire du sang contaminé, Michel Lucas avait su trouver ce subtil équilibre entre le devoir de réserve et le devoir d'alerte du fonctionnaire, équilibre qui traduit cette double loyauté : à l'égard de l'exécutif et à l'égard de nos concitoyens. C'est à Michel Lucas que l'Igas doit sa notoriété, ce privilège d'être un des rares services d'administration centrale connu du grand public pour son devoir d'alerte et sa contribution au débat social.* » Le même « souci d'indépendance » sans doute qui a conduit Pierre Boissier à publier seulement 49 des 194 rapports réalisés, dit-il, par son service en 2014. Ce qui représente un pourcentage de 25 % de documents publiés, la publication des autres ayant, selon Pierre Boissier, été interdite par chaque ministre concerné. Pour estimer l'absentéisme parmi les inspecteurs de l'Igas, nous n'avons qu'un outil au départ à notre disposition : la liste des 49 rapports publiés

1. *Les Nouveaux Bien-pensants, op.cit.*

qui figure tout à la fin du rapport d'activité 2014 de l'Igas. Par ailleurs, nous avons également trouvé sur le site de l'Igas 29 rapports publiés pour les 9 premiers mois de 2015, mais le nombre de rapports tenus secrets pour cette même période n'est pas communiqué. Même chose pour les rapports retrouvés sur le site de l'Igas pour les années 2013, 2012 et 2011.

Nous avons donc étudié la liste des auteurs de ces rapports, puis l'avons confrontée à celle des énarques, médecins, pharmaciens, directeurs d'hôpitaux, anciens ministres et « amis du prince » nommés à l'Igas depuis quelques années. Premier constat : certains inspecteurs travaillent beaucoup plus que d'autres et permettent indirectement et involontairement à certains de se croiser les bras. Ainsi, pour 2014, la médaille d'or peut être attribuée à un simple inspecteur, Mohamed Khennouf qui, seul ou avec d'autres, a rédigé 5 rapports, et 3 autres pour les 9 premiers mois de 2015. Si cet ancien directeur de l'hôpital de Saint-Galmier (Loire) est également l'auteur de la même proportion de documents parmi les 145 rapports non publiés en 2014 et 2015, on comprend l'importance du gisement d'inspecteurs absolument débordés à l'Igas… Au hit-parade de l'absentéisme Fadela Amara arrive largement en tête depuis plus de 4 ans, mais elle a quelques excuses comme nous le verrons. Évincée brutalement du secrétariat d'État à la ville, le 14 novembre 2010, l'ancienne présidente de la Fédération nationale des potes s'est vu d'abord proposer par l'Élysée le poste d'ambassadeur thématique pour la Méditerranée. L'ex-patronne de Ni putes Ni soumises l'avait refusé, malheureusement pour elle, avant d'être nommée, par le chef de l'État, inspectrice générale des Affaires sociales, le 6 janvier 2011. Fadela Amara n'est l'auteur, seule ou en participation avec d'autres inspecteurs, d'aucun des rapports publiés par l'Igas en 2015, 2014, 2013, 2012 et 2011. Soit 218 rapports, dans lesquels le nom de Fadela Amara n'apparaît même pas une fois. Explication : selon plusieurs témoignages et malgré sa bonne volonté évidente, cette personne (titulaire d'un diplôme de comptabilité) n'est pas arrivée à participer à ces enquêtes dans des établissements hospitaliers. Elle a fondu en larmes à plusieurs reprises. Fadela Amara a proposé à l'administration de suivre une formation. Sans succès…

L'efficace doctoresse Voynet et le très discret juge Barella

Elle n'est pas la seule à ne pas avoir rédigé de rapport publié sur le site de l'Igas. Autre inspecteur général absolument débordé à la tour Mirabeau, l'ancien président de l'USM (Union syndicale des magistrats) de 2002 à 2006, Dominique Barella. Âgé aujourd'hui de cinquante-huit ans, ce militant socialiste de Sainte (Charente-Maritime) ne travaille plus dans la magistrature, ayant été radié de corps à sa demande, le 22 décembre 2014, pour intégrer l'Igas définitivement. De 2002 à 2006, le ministère de la Justice l'avait placé en disponibilité pour occuper la présidence de l'USM (Union syndicale des magistrats), syndicat majoritaire de la profession. Ce socialiste est alors placé en détachement pendant un peu plus de 2 ans à l'Igas, puis à l'Inspection générale de la ville de Paris pendant plus de 4 ans. Un poste qu'il a dû quitter, sa nomination ayant été annulée par le tribunal administratif de Paris. Dominique Barella est alors retourné à l'Igas, le 13 juin 2013, toujours en détachement de la magistrature, avant de quitter ce corps pour être titularisé à l'Igas, le 1er septembre 2014. Or, depuis juin 2013, l'inspecteur général Dominique Barella n'est pas l'auteur d'un seul des rapports publiés par l'Igas et reste payé environ 7 000 euros net par mois. En tant qu'inspecteur de l'Igas, il a été simplement auditionné par Martin Malvy, président du conseil régional Midi-Pyrénées, et Alain Lambert, président du conseil général de l'Orne, dans le cadre de leur rapport publié, en avril 2014, sous le titre « Pour un redressement des finances publiques fondé sur la confiance mutuelle et l'engagement de chacun ».

À l'inverse de Fadela Amara, le docteur Dominique Voynet, cinquante-six ans, s'est parfaitement glissée dans sa peau d'inspectrice générale des Affaires sociales. L'ancienne sénatrice, maire de Montreuil (Seine-Saint-Denis) depuis 2008, avait été nommée dans ce corps par le président François Hollande, le 16 avril 2004. Certes, elle n'a été l'auteur d'aucun des rapports publiés en 2014, mais en a rédigé deux l'année suivante. Le premier de 80 pages sur « La restructuration de la filière visuelle », le 14 septembre 2015, et le second de 57 pages sur « Les résidences avec services pour personnes âgées », le 11 mars 2015. L'ancienne candidate à la présidentielle se trouve dans la basse, mais honnête, moyenne des inspecteurs qui travaillent réellement à la tour Mirabeau. Être l'auteur de deux rapports publics dans l'année n'a rien de déshonorant. Dominique Voynet avait annoncé en novembre 2013 qu'elle ne se représenterait pas aux municipales à Montreuil, dont elle était maire depuis 2008, notamment en raison de ce qu'elle qualifiait de « dégradation de la vie politique ». Elle a fait le forcing pour être nommée à l'Igas. « Il fait bon y vivre » résume un de ses amis. « *La nomination de Dominique Voynet à l'Igas est un regrettable accroc à la République irréprochable que nos compatriotes appellent de leurs vœux* », avait pourtant affirmé à l'époque Claude Bartolone, président de l'Assemblée nationale. En tant qu'inspecteur général de l'Igas, Dominique Voynet, est payée moins de 7 000 euros net par mois, soit un peu moins qu'un salaire net mensuel de député ou de sénateur. Autre greffe réussie à l'Igas, certes à un train de sénateur : celle de l'ancien patron de la CFDT, François Chérèque, cinquante-neuf ans, qui a produit 3 rapports publics en 2013, 2 en 2014 et 1 en 2015. L'ancien patron de la CFDT a quitté son syndicat en novembre 2012 et a été nommé, le 3 février suivant, inspecteur général des Affaires sociales au tour extérieur par le président François Hollande. Rémunéré 7 257 euros net par mois, l'ancien patron du secteur santé de la CFDT n'est absolument pas débordé. Pourtant, il multiplie les casquettes : président du think tank Terra Nova, de l'Agence du service civique et chargé du suivi du plan gouvernemental de lutte contre la pauvreté. Fin 2015, il a interrompu provisoirement toutes ses fonctions pour cause de chimiothérapie.

Au hit-parade des inspecteurs généraux de l'Igas absolument débordés, l'ancien conseiller du président de la République François Hollande, Aquilino Morelle, cinquante-trois ans, occupe l'une des premières places. De 2007 à 2012, il a participé à la rédaction de quatre rapports publiés : 1 en 2010, 2 en 2011 (dont celui sur le Mediator) et 1 en 2012. À l'époque, travaillant à plein temps à la tour Mirabeau, il était également maître de conférences à Sciences Po Paris et professeur associé à l'université Panthéon-Sorbonne. Mais ce n'était pas tout… Il s'était également présenté sans succès à une élection législative en Seine-Maritime, avait été directeur de campagne d'Arnaud Montebourg pour la primaire présidentielle organisée en 2011 au PS et enfin avait rédigé des discours pour François Hollande lors de la présidentielle de 2012. Conseiller politique du président de la République du 15 mai 2012 au 18 avril 2014, il avait dû démissionner de ses fonctions à l'Élysée. En effet, Mediapart avait révélé qu'il conseillait un laboratoire pharmaceutique parallèlement à ses fonctions à l'Igas. L'enquête judiciaire a été classée sans suite par le parquet de Paris. Depuis son retour à l'Igas, il y a quinze mois, Aquilino Morelle n'a été l'auteur d'aucun rapport publié sur le site de cette inspection. « *Son bureau reste comme d'habitude inoccupé, ses collègues le critiquent parce qu'il fait dix fois moins de missions que les autres parce qu'il est encore proche du pouvoir*, explique un inspecteur général. *Mais on sent en même temps chez eux une réelle admiration, une vénération même pour ce roi de l'absentéisme qui est, a été et sera éclaboussé par l'or présidentiel.* »

Autres cas, où la loi et l'administration se montrent trop bonne poire : les décharges horaires, dont bénéficient légalement les élus qui veulent travailler uniquement à temps partiel tout en étant payé à plein temps. De 1999 à 2011, l'inspecteur général de l'Igas Pierre de Saintignon (nommé par Martine Aubry ministre de l'Emploi et de la Solidarité) était également premier adjoint à la mairie de Lille, vice-président de la communauté urbaine de Lille et de la région Nord-Pas-de-Calais, responsable fédérale du PS à Lille et président de Vitamine T (entreprise de lutte contre l'exclusion) ! Questionné par deux journalistes de *Nord éclair* sur son travail réel à l'Igas, ce bras droit de Martine Aubry répondait imperturbable : « *J'y travaille à 25 % du temps. En dix ans, j'ai signé 42 ou 23 rapports. Je travaille beaucoup. Je dors très peu, cinq heures par nuit. Je suis très organisé et j'ai le culte de la délégation*[1]. » Une belle métaphore qui fait sourire à la tour Mirabeau, où l'on se rappelle : « *Ce sexagénaire se contentait d'épiloguer à perte de vue sur des rapports, dont il n'avait écrit une seule ligne, mais qu'il avait signés.* » Dans son ouvrage[2], Hélène Strohl écrit à son propos : « *Il pouvait annuler sans cesse ses rendez-vous de travail, ne pas tenir ses engagements professionnels, il était largement racheté par sa capacité à faire participer son auditoire aux "grands moments de politique" comme si on y était !* »

Autre cas du même genre : l'un des leaders des frondeurs du PS, Jérôme Guedj, quarante-trois ans, conseiller général depuis 1998, élu conseiller municipal à Massy, président du conseil

1. Voir Laurie Moniez et Florence Traullé, interview de Pierre de Saintignon : « Je suis fidèle, mais libre » (*Nord éclair*, le 29 août 2009).
2. *Les Nouveaux Bien-Pensants*, *op. cit.*

général de l'Essonne en 2010, avait été nommé inspecteur général de l'Igas, en 1996, de manière tout à fait normale à sa sortie de l'Ena. Ce dernier demandait de plus en plus de décharges au fil de ses nouveaux mandats. Résultat : Jérôme Guedj a participé à la rédaction seulement de 2 rapports collectifs publiés en 2009, 1 en 2010 et 1 autre en 2011. De juillet 2012 à avril 2015, la loi l'a obligé à être placé en détachement de l'Igas en tant que député suppléant de François Lamy, devenu ministre délégué à la Ville. Aujourd'hui, il ne lui reste plus que son simple mandat de conseiller général. Aussi, ses collègues de l'Igas espèrent-ils le revoir…

CONCLUSION

À droite comme à gauche, la grande majorité des dirigeants politiques prétendent aujourd'hui tenir un discours de vérité : pour endiguer nos deux cancers, le chômage de masse et la dette galopante, il faut tailler à la hache dans les dépenses de l'État et réformer nos services publics. En deux mots, l'État, les collectivités locales, le monde de la santé et la Sécurité sociale doivent subir une cure d'amaigrissement radicale, tout en se montrant plus efficace, donc avec beaucoup moins de fonctionnaires.

Première à dresser la liste exacte de ces économies et les mettre œuvre, notre élite politico-administrative devrait montrer l'exemple au moment même où le gouvernement et le président de la République exigent de plus en plus de sacrifices des Français. Il n'est pas question de tout mettre sur le dos de ces 21 600 hauts fonctionnaires, mais ils ont une grosse part de responsabilité dans la panne de la croissance et la crise sociale, morale et intellectuelle, qui frappe notre pays. Il y a urgence à refonder la haute fonction publique. Une profonde réforme nécessaire, obligatoire.

Pour réussir à susciter l'adhésion des Français, le président de la République, son gouvernement et sa majorité parlementaire doivent s'attaquer aux privilèges indécents des fonctionnaires hauts. Il est impératif de mettre fin rapidement à ces mauvaises habitudes. Aux privilèges de ces hauts fonctionnaires qui ne sont pas jugés sur ce qu'ils font, mais sur ce qu'ils ont fait. C'est-à-dire sur leur diplôme de l'Ena, une assurance à vie contre le chômage, sans la moindre obligation d'assiduité ou de travail.

Le premier chantier consisterait à rendre inéligibles les hauts fonctionnaires, qui devront donc choisir entre l'administration et la politique. La loi empêcherait ainsi un fonctionnaire haut d'exercer un mandat de député, de sénateur, de maire d'une ville importante ou de président d'une métropole, région ou conseil départemental. Et vice et versa. Une fois élu, il devrait démissionner immédiatement de la haute fonction publique ou abandonner son mandat. Les hauts fonctionnaires représentent aujourd'hui 7 % des élus à l'Assemblée nationale et 10 %, au Sénat. À l'inverse des autres pays européen, la Grande-Bretagne a montré la voie du bon sens. Les hauts fonctionnaires y ont l'obligation de donner leur démission de la fonction publique avant même de se porter candidat aux élections législatives.

Un second chantier réformerait le statut de la fonction publique, réservé dorénavant aux institutions régaliennes de l'État : justice, police, défense et diplomatie. Un nouveau personnel de droit privé devrait être mis en place. Chacun de ses membres pourrait être sanctionné, voire révoqué, notamment en cas d'absentéisme systématique au travail ou de faute professionnelle. Une refondation de la haute fonction publique dans l'Hexagone supposerait une réforme profonde. Mais il n'y a aucune urgence, à droite comme à gauche, à ouvrir ces deux chantiers qui supprimeraient nombre de leurs privilèges…

Bien naïf celui qui aurait espéré en la République « exemplaire » de François Hollande ou « irréprochable » de Nicolas Sarkozy pour « contrôler » tous ces grands corps de contrôle et d'inspection ainsi que le Cese… Ce n'est pas demain que François Hollande, ou Nicolas Sarkozy, mettra en place un cordon sanitaire entre les professions de parlementaires et de hauts fonctionnaires ainsi qu'un nouveau statut de la fonction publique. Mais il y sans doute plus grave. Le manque d'assiduité et de déontologie frappe les plus hautes institutions de la République chargées de s'assurer de la légalité de mesures, de stigmatiser le gaspillage de l'argent public, de protéger le citoyen contre les abus d'où qu'ils viennent et d'accompagner la réforme essentielle de nos services publics. Or, sans parler des conflits d'intérêts, la femme de César doit être insoupçonnable. Les fonctionnaires hauts absolument débordés vérolent ces institutions de contrôle et d'inspection. Le manque d'assiduité et de déontologie frappe de la même manière nos 900 et quelque parlementaires. Pas question de diminuer leur nombre plus élevé d'un tiers par rapport à leurs collègues américains ou allemands. Détail insolite : ces enfants gâtés de notre monarchie républicaine, hauts fonctionnaires et parlementaires, sont mieux payés que les ministres de François Hollande.

Montjay-la-Tour, Belgrade (2014-2015)

TABLE DES MATIÈRES

Deuxième partie

Préfets, ambassadeurs, généraux : des fantômes au service de la République

Troisième partie

Inspecteurs, conseillers : Des contrôleurs hors de contrôle

Cet ouvrage a été mis en page par IGS-CP
à L'Isle-d'Espagnac (16)

Achevé d'imprimer en décembre 2015
par la Société TIRAGE - 91941 COURTABŒUF

ISBN : 978-2-35417-4296-9
Dépôt légal : novembre 2015
N° d'édition : Y00027/62
Imprimé en France